Kybernetische Aspekte
moderner Kommunikationstechnik

Wirtschaftskybernetik und Systemanalyse

Herausgegeben von

Prof. Dr. Jörg Baetge, Münster/Westfalen
Prof. Dr. Heribert Meffert, Münster/Westfalen
Prof. Dr. Karl-Ernst Schenk, Hamburg
Prof. Dr. Bernd Schiemenz, Marburg

Band 14

Kybernetische Aspekte moderner Kommunikationstechnik

Wissenschaftliche Jahrestagung der
Gesellschaft für Wirtschafts- und Sozialkybernetik
am 9. und 10. Oktober 1987 in Heidelberg

herausgegeben von

Prof. Dr. Roland Fahrion

Duncker & Humblot · Berlin

Gesellschaft für Wirtschafts- und Sozialkybernetik e. V.
6000 Frankfurt/Main
Sekretariat: Am Plan 2, D-3550 Marburg 1
Tel. 0 64 21/28 39 14-15

CIP-Titelaufnahme der Deutschen Bibliothek

Kybernetische Aspekte moderner Kommunikationstechnik: am 9. u. 10. Oktober 1987 in Heidelberg / hrsg. von Roland Fahrion. - Berlin: Duncker u. Humblot, 1988
(Wirtschaftskybernetik und Systemanalyse; Bd. 14) (Wissenschaftliche Jahrestagung der Gesellschaft für Wirtschafts- und Sozialkybernetik; 1987)
ISBN 3-428-06542-5
NE: Fahrion, Roland [Hrsg.]; 1. GT; Gesellschaft für Wirtschafts- und Sozialkybernetik: Wissenschaftliche Jahrestagung der...

Druck: Werner Hildebrand, Berlin 65
Printed in Germany

ISBN 3-428-06542-5

Vorwort

Die Gesellschaft für Wirtschafts- und Sozialkybernetik (GWS) veranstaltete am 9. und 10. Oktober 1987 ihre Jahrestagung in Heidelberg. Die Tagung wurde vom Lehrstuhl für Wirtschaftsinformatik, Wirtschaftswissenschaftliche Fakultät der Universität Heidelberg, ausgerichtet.

Das Tagungsprogramm stand unter dem Leitthema „Kybernetische Aspekte moderner Kommunikationstechnik". Referenten aus Wissenschaft und Praxis haben neuere Entwicklungen und methodische Ansätze zur Gestaltung von Kommunikationsbeziehungen in Wirtschaft und Gesellschaft vorgestellt. Gerade im Bereich der Kybernetik, und insbesondere bei technischen Anwendungen der Kybernetik, bekommt die Vernetzungsproblematik eine zunehmende Bedeutung. Außerdem wird, durch die heute verstärkte Dezentralisierung von DV-Kapazitäten, die innerbetriebliche Organisation mehr und mehr mit der Frage konfrontiert, in welcher Weise lokale Datenstationen, Arbeitsplatzcomputer und Peripheriegeräte in einem Kommunikationsverband zusammengeschlossen werden können.

Zur Eröffnung der Tagung richtete Prof. Dr. V. Sellin, Rektor der Ruprecht-Karls-Universität Heidelberg, ein Grußwort der veranstaltenden Universitäten an die Tagungsteilnehmer. Der Vorsitzende der GWS, Prof. Dr. B. Schiemenz, Universität Marburg, stellte in seinem Grußwort die Gesellschaft und deren vorrangige Zielsetzung einer engen Kooperation zwischen Vertretern aus Wissenschaft und Industrie vor, bevor dann der Tagungsleiter die Intention und aktuelle Bedeutung des gewählten Rahmenthemas hervorhob und die Tagung eröffnete.

Es lag im besonderen Interesse der Tagungsorganisation, den größten Teil des ersten Tages für gemeinsame Plenumssitzungen zu verwenden und den zweiten Tag vornehmlich für Fachvorträge in Parallelveranstaltungen vorzubehalten.

Im einführenden Vortrag der Plenumssitzung „Kybernetik im Unternehmen", stellte Dr. P. Sanner, Daimler-Benz AG Stuttgart, in einer Übersicht die Grundsätze kybernetischer Denkweise in einem Großunternehmen dar. Anschließend wurde in dem Referat von Prof. Dr. G. Pawellek, Technische Universität Hamburg-Harburg, eine sehr aktuelle Problematik aufgegriffen, die für kybernetische Aspekte der Kommunikation von besonderer Bedeutung sind: CIM (Computer Integrated Manufacturing) und die „Fabrik der Zukunft".

P. Sanner formulierte Ansätze für ein Kybernetikkonzept in Unternehmen und gab eine Zusammenstellung wichtiger Forderungen an eine kybernetische Konzeption an. Bei der Durchsetzung eines kybernetischen Prinzips empfahl er eine bottom-up Strategie, bei der die Vernetzung der Teilsysteme schrittweise in ein integriertes Regelkreissystem einmünden sollte. Er sieht die Anwendung der Kybernetik als Beitrag zur Verbesserung von Produktivität, Wirtschaftlichkeit und Rentabilität, deren Bedeutung zukünftig, im Zuge eines sich verschärfenden Wettbewerbs, zunehmen wird. G. Pawellek sieht in der „Fabrik der Zukunft" vor allem die Notwendigkeit einer logistikgerechten Neustrukturierung der produzierenden Unternehmen. Die Logistik ist hierbei das zentrale Orientierungselement, wobei die Automatisierung in den bisherigen Funktionsteilbereichen immer stärker auf vollständige Fertigungsbereiche für das gesamte Produktionsunternehmen übergreift. Von zunehmender Bedeutung sind Unternehmensstrategien wie „Make or Buy" und „Just in Time", mit denen eine weitgehende Synchronisierung der verschiedenen Transport-, Lager-, Fertigungs- und Montageprozesse möglich wird.

Am Nachmittag des ersten Tages fand eine Podiumsdiskussion unter dem Leitthema „Unternehmer — Unterlasser" — im Sog der Umwälzkraft moderner Kommunikationstechniken — statt, moderiert von Dieter Balkhausen, Wirtschaftsredakteur beim Zweiten Deutschen Fernsehen. Teilnehmer der Diskussionsrunde waren Prof. Dr. J. Baetge, Universität Münster, Prof. Dr. R. Endreß, Universität Stuttgart, Dr. h. c. H. Viessmann, Viessmannwerke Allendorf/Eder, Dr. R. Mecklinger, MBB München, und Dipl.-Ing. W. Buske, Deutsche Fernsprechergesellschaft Marburg. Außerdem referierte in einer weiteren Plenumsveranstaltung unter dem Leitthema „Kommunikationsformen in Unternehmen" Dr. W. Hugo, Mitglied der Geschäftsleitung der Robert Bosch GmbH Stuttgart, über „Moderne Kommunikations- und Organisationsformen im Vertrieb". Zentraler Ausgangspunkt seiner Ausführungen war ebenfalls der Hinweis auf den schärfer werdenden Wettbewerb auf heimischen und internationalen Märkten infolge einer zunehmenden Marktsättigung und einer, durch eine erhöhte Markttransparenz bedingte, Verkürzung der Produktlebenszyklen und der Vertriebswege. Für die Sichtbarmachung von betrieblichen Funktionsweisen und Zusammenhängen sind die Modellkonzeptionen der Kybernetik grundsätzlich geeignet, um verbesserte Einsichten in die Gestaltung der Kostenseite und des Ertragswachstums zu erreichen. Er berichtete über seine Erfahrungen im Bereich der Organisation der Waren- und Informationsströme, und erläuterte das elektronische Vertriebssteuerungssystem BOVIS, das ein umfassendes Berichtswesen, unterteilt nach Erzeugnissen, Kundengruppen, Umsatz und Absatzzahlen, erlaubt. Dieses Referat fand bei den Zuhörern großes Interesse und war Anlaß für eine sehr lebhafte Diskussion.

In den beiden zeitgleich ablaufenden Sitzungen über „Betriebswirtschaftliche Anwendungen der Kybernetik" und über „Kommunikationstechnik und Rechnerarchitekturen", wurden zwei sehr unterschiedliche Themenschwerpunkte behandelt, die zum einen aus der Sicht der unternehmerischen Anwendung, zum anderen mehr aus der Sicht der Entwicklung moderner Rechnerarchitekturen und Netzwerkstrukturen großes Interesse fanden.

Prof. Dr. C. Scholz, Universität Saarbrücken, befaßte sich mit dem momentanen Forschungsstand im Bereich der Unternehmenskultur, und bemängelte vor allem das Fehlen eines Konzeptes im Bereich der Unternehmenskultur und der Informatik im Hinblick auf eine wissenschaftlich-methodische Grundlage. Er hob die Bedeutung der kybernetischen Systemtheorie für die Behandlung dieser Thematik hervor, und versuchte eine Operationalisierung der „Informationskultur" im Rahmen lokaler Netze. Außerdem berichtete er über erste Ergebnisse seines Forschungsprojektes „Informationskultur". Diesem mehr theoretischen Grundsatzreferat wurde ein Erfahrungsbericht von Dipl. rer. pol. (techn.) H. Schulte, AGIPLAN Mühlheim/Ruhr, über kybernetische Anwendungen in der Praxis gegenübergestellt. Er sieht das Unternehmensmodell als ein kybernetisches Führungssystem, das aus einer Anzahl von Funktions- und Wirksystemen miteinander verkoppelt ist. Die Wirksysteme bestehen aus dem Produktsystem, welches durch den Umsatzverlauf von bestehenden und neuentwickelten Produkten bestimmt wird, einem technologischen Organisations- und Anlagesystem, das durch Kapitalbindung, flexible Fertigungsorganisation, und Höhe der Investitionen charakterisiert ist. In methodischer Hinsicht wurde auf ein Indikatorensystem für Führungskennzahlen hingewiesen.

Der Bericht von J. B. Staton vom Wissenschaftszentrum der IBM Heidelberg über „The Token Ring Lokal Area Network: Protokols and Extensions" zeigt die Möglichkeiten zur lokalen Vernetzung innerhalb von Unternehmen, und stellt die Vorteile gegenüber anderen lokalen Netzwerken heraus. Der Vortrag von Dipl. Volksw. E. Seith, Geschäftsführer der Stratus Computer GmbH, Eschborn, lieferte einen Überblick über den schnell wachsenden Markt von fehlertoleranten Rechnersystemen, die sich im kommerziellen Einsatz bereits bewährt haben. Am Beispiel von Anwendungen in Finanzinstitutionen und in der Fertigungsindustrie wurden Erfahrungen bei der Entwicklung, Einführung und beim betrieblichen Einsatz von fehlertoleranten Systemen mitgeteilt.

Zwei weitere Rahmenthemen „Modellbildung in Marketing und Planung" und „Systemtheorie und Kybernetik" wurden am zweiten Tag abgehalten. Prof. Dr. R. Pfeiffer und Dipl. Volksw. W. Glaser, Exportakademie Baden-Württemberg in Reutlingen, berichteten über PC-gestützte, kybernetische Teilsysteme zur Erstellung von Marketingkonzeptionen, sowohl für die Marktauswahl wie auch für die Marktplanungsrechnung. Mit dem ersten Teilsystem läßt sich eine

Rangfolge der potentiellen Absatzmärkte ermitteln, das zweite Teilsystem führt eine mehrperiodige Planungsrechnung auf der Basis einer Menge-Preis Zielsetzung durch. Die Vernetzung der Teilsysteme im Rahmen des PC-Programms erlaubt das Erkennen der Auswirkungen einer betrachteten Marketingstrategie. Das Referat von Dipl.-Kfm. F. Maier, Universität Osnabrück, über „Modellgestützte Investitionsplanung zur Erweiterung der Produktionskapazität“, ist dem Bereich der strategischen Unternehmensplanung zuzuordnen. Es wird ein Modell zur Analyse von Kapazitätserweiterungsinvestitionen vorgestellt und mit SYSTEM DYNAMICS realisiert. Für die Frage der Standortwahl neuer Betriebsstätten werden Simulationsergebnisse berichtet. Am Beispiel eines Betriebsführungssystems wurde von Prof. Dr. K. Henning und Dipl.-Ing. B. Ochterbeck, RWTH Aachen, auf die Anwendung eines dualen Entwurfsverfahrens hingewiesen. Nach deren Auffassung ist es unter kybernetischen Gesichtspunkten erforderlich, ein umgekehrtes Entwurfsverfahren durchzuführen, das sich zunächst an einer manuellen Abwicklung orientiert und sich erst allmählich in Richtung eines automatisierten Systems bewegt. Die Ausführungen werden für ein Betriebsführungssystem für Umschlagbahnhöfe exemplifiziert. Das Referat von R. Neck, Wirtschaftsuniversität Wien, befaßte sich auf der Basis der mathematischen Systemtheorie mit einer Klasse von Modellen, mit denen sich eine Klassifizierung von bestimmten Informationsstrukturen entwickeln läßt. Außerdem wird gezeigt, wie Probleme der Unsicherheit in der stochastischen und adaptiven Kontrolltheorie, wie auch Kommunikationsprobleme in der dynamischen Teamtheorie unter einem einheitlichen Aspekt formuliert werden können. Der kybernetische Aspekt war auch für das Referat von Prof. Dr. K. Henning und Dipl.-Ing. A. Bohnhof, RWTH Aachen, grundlegend für ihre Untersuchung des Sprechverhaltens der Benutzer von Computerspracherkennern. Diese dem Bereich Mensch-Maschine-Dialog zuzuordnende Untersuchung zeigt in ergonomischer Hinsicht neue Wege der Dateneingabetechnik auf, und weist in psychologischer Hinsicht auf die Bedeutung der Arbeitsplatzgestaltung bei der Nutzung von Computerspracherkennern hin.

Die abschließende Plenarsitzung wurde bewußt unter den sehr weiten Bogen einer philosophischen Betrachtung kybernetischen Denkens und Handelns in Systemen gestellt, wo in einem sehr beeindruckendem Beitrag Dr. H. Walek, Rationalisierungskuratorium der Deutschen Wirtschaft e.V., Eschborn, über Gestaltungsformen der Überlebenschancen von Systemen schlechthin und deren Einordnung in Kultur und Kybernetik referierte. Er hat eine Abgrenzung versucht, wie die Unternehmenskultur die Vorgesetzten-Mitarbeiter-Beziehung, die gruppendynamischen Prozesse und die Umwelteinflüsse umschließt, und gewissermaßen als Gestaltungsvariable einer Unternehmensleitung aufgefaßt werden kann. Insbesondere hob er die Selbstorganisationsfähigkeit von Substrukturen hervor, indem der Mensch selbst das kybernetische, das regelnde, Element, und damit der wichtigste Träger des gesellschaftlichen Wandels ist. Mit Nachdruck wird hervorgehoben, daß alle Planung und Systemtechnik schlechthin unmöglich ist, wenn man nicht zu einer neuen Kultur gelangt, in der neue kreative Systemelemente entstehen können.

In sämtlichen Beiträgen wurde von den Referenten deutlich gemacht, daß die Kybernetik mit ihren substantiellen und methodischen Ansätzen Lösungsmöglichkeiten für Probleme der theoretischen Systemstrukturierung, wie auch praktischer Applikationen, darstellen. Auch wurden von den Teilnehmern viele interessante Diskussionsbeiträge geleistet, die bei mancher — teilweise nicht unberechtigter Kritik an der vielleicht als nicht ausreichend erachteten Konkretisierung der Systemansätze — doch überwiegend die Wichtigkeit der Kybernetik für die Systementwicklung verdeutlicht haben.

Abschließend möchte ich noch einige Worte des Danks sagen. Mein Dank gilt den geleisteten Referats- und Diskussionsbeiträgen, ebenso den Sitzungsleitern Prof. Dr. H. Rühle von Lilienstern, Prof. Dr. B. Schiemenz, Prof. Dr. P. Milling und Dipl.-Ing. N. Brachthäuser. Insbesondere Kollege H. Rühle von Lilienstern unterstützte mich mit Hinweisen zur Beschaffung von Spendengeldern. Mit der finanziellen Unterstützung durch

— Bezirkssparkasse Heidelberg
— Commerzbank Heidelberg
— Daimler-Benz AG, Stuttgart
— Heidelberger Druckmaschinen AG, Heidelberg
— IBM Deutschland GmbH, Stuttgart
— Industrie- und Handelskammer, Mannheim
— Prominent Dosiertechnik, Heidelberg
— SAP GmbH, Walldorf
— Stratus Computer GmbH, Eschborn

ist die Durchführung der Tagung, des Rahmenprogramms und die Herausgabe des Tagungsbandes überhaupt erst möglich geworden. Ich möchte hierfür, insbesondere auch im Namen der GWS, meinen besonderen Dank aussprechen.

Der Erfolg der Tagung und des Rahmenprogramms war vor allem auch vom Einsatz und Fleiß meiner wissenschaftlichen und studentischen Mitarbeiter abhängig, die maßgeblich an der reibungslosen Abwicklung der Tagung beteiligt waren. Hier gilt mein besonderer Dank Herrn Dipl.-Volksw. A. Grünewald, der mir in allen Phasen der Tagungsvorbereitung eine wertvolle Unterstützung war, außerdem haben W. Gothein, J. Schwede, M. Steidel und E. Mechelke tatkräftig mitgeholfen.

Bei der Erstellung des Tagungsbandes wurde mir die Unterstützung von Herrn Dipl.-Volksw. J. Malzacher zuteil, der die einheitliche Formatierung der eingereichten Beiträge vorgenommen hat und an der äußeren Gestaltung des vorgelegten Tagungsbandes maßgeblich beteiligt war. Schließlich geht mein Dank an Frau C. Edler, die mir bei der Tagungsvorbereitung, bei der Erstellung einiger Berichte und am Tagungsstand eine unentbehrliche Hilfe war.

Heidelberg, im Juli 1988 *Roland Fahrion*

Inhalt

Anwendung des Kybernetischen Prinzips auf die Unternehmerische Planung und Gestaltung

Von Peter Sanner*

1. Vorbemerkung und Einleitung

1.1 Vorbemerkung

Es gibt Anlaß festzustellen, daß sich die Ausführungen nicht auf ein bestimmtes Unternehmen oder eine Branche beziehen und somit keine Rückschlüsse auf den dortigen Ist-Zustand gezogen werden können.
Dennoch baut manches, was zu diesem Themenkreis gesagt wird, auf Erkenntnissen und Erfahrungen in Unternehmen auf. Diese Beobachtungen und Erfahrungen aus der Unternehmenspraxis lassen sich - durch eine "kybernetische Brille" betrachtet - in den Rahmen kybernetischer Systeme einordnen.

1.2 Einleitung

Kybernetische Funktionen und Abläufe kann jeder im täglichen Leben und im Beruf feststellen. So gibt es in der Humanbiologie eine Vielzahl von Beispielen, wie beim Blutkreislauf, im Atmungssystem oder im Nervensystem, vielleicht sogar im gesamten menschlichen Organismus, die dem kyberneitschen System bzw. Denkansatz entsprechen.
Auch auf dem technischen Feld gibt es Abläufe, die sich im Rahmen eines "Regelkreis-Systems" vollziehen. Das vielzitierte Beispiel der Temperaturregelung für einen Wohn- oder

* Dr. Peter Sanner, Daimler-Benz AG, Stuttgart

Büroraum soll hier nicht eingehend behandelt werden.
Doch den Vorgang der Regelung - vielfach fälschlicherweise auch Eigen- oder Selbststeuerung genannt - ist als zentrales Element kybernetischene Denkens oder kybernetischer Kreisläufe besonders hervorzuheben. Dieser Regelvorgang - wie im folgenden noch zu erkennen - stellt einen wesentlichen Ausgangspunkt für die Ausführungen dar. Er wird auch auf den gesamten technischen Bereich projiziert.

Bekanntlich kommen gerade auf dem Gebiet der Technik Regelvorgänge sehr häufig vor; besser gesagt: sie werden dort bewußt dargestellt und erzeugt. Regelkreise im technischen Bereich und ihre Darstellung nach dem kybernetischen Prinzip werden in der entsprechenden Fachliteratur in großer Zahl dargestellt und erläutert.
Regelvorgänge, abbildbar in Regelkreisen mit den entsprechenden Symbolen in Form von Blockschaltbildern, gibt es auf dem technischen Feld in einer Vielfalt an Formen und Komplexität.

Sie können z. B. einen
- technologischen Vorgang bzw. einen Bearbeitungsvorgang auf einer Maschine oder Anlage, dann
- die Erreichung und Einhaltung eines bestimmten Zustandes von Mischungs- oder Konzentrationsverhältnissen oder
- die Umwandlung oder Veredelung eines Stoffes und dergleichen mehr

betreffen.

Diese Kreisläufe, Prozesse oder Systeme "im Kleinen" lassen sich in Kreisläufe "im Großen" in der Weise integrieren, daß z.B.

- ein System eines ganzen Produktionsbereiches, bestehend aus mehreren Maschinen, Anlagen, Bearbeitungsprozessen oder -vorgängen mit jeweils eigenen teilautonomen Regelkreisen betrachtet wird, oder daß

- in einem Material-, Gütertransport- oder Versorgungssystem - einschließlich Daten- und Informationskreislauf - die Lagereinrichtungen und Transportsysteme verstanden werden, die selbst eigenständige kybernetische Systeme darstellen und in einem "großen" Kreislauf zusammenwirken.

Als ein weiteres, etwas umfassenderes System läßt sich die Produktionssteuerung nach kybernetischen Kriterien erkennen bzw. gestalten und betreiben. Hier treten eine Reihe von Führungs- oder Zielgrößen auf, wobei zudem systeminterne Interdependenzen - zum Teil auch innerhalb der integrierten Untersysteme oder -regelkreise wirksam sind. Wichtige Zielgrößen sind dabei - das ist fast eine Selbstverständlichkeit -

- das Produkt
- die Menge
- die Zeit
- der Raum.

Die Formulierung in Frageform lautet:

- was, wird
- wie oft
- wann und
- wo

gebraucht?

Bewußt ist in dieser Darstellung oder Beschreibung eine erhebliche Vereinfachung oder "Abmagerung" vorgenommen, um die Komplexität zu begrenzen, wohlwissend, daß eine Vielzahl von ökonomischen "Auch-Zielgrößen" einbezogen werden sollte.
Auch treten in einem solchen "Produktionssteuerungs-System" eine Reihe von Störgrößen auf. Es handelt sich hierbei beispielsweise um

- Bedarfs- oder Mengenveränderung
- Materialverfügbarkeit oder noch kritischer - Nichtverfügbarkeit

- Maschinenstörungen
- Kapazitätsengpässe, usw.

Diese sollten, soweit das möglich ist, berücksichtigt werden. Insbesondere muß es das Ziel sein, die Wirkung derartiger Störgrößen auszugleichen und das System dadurch möglichst konstant und stabil zu halten.
Durch konsequente "Rückkopplung" der daraus resultierenden Wirkungen und / oder durch laufende Veränderung der Zielgrößen - beispielsweise in Anlehnung an Bewegungen auf dem Markt, d. h. Menge oder Zeitpunkt - läßt sich eine solche Produktionssteuerung mit den Merkmalen eines Regelkreises als ein stabiles System betreiben. Es entspricht bei konsequenter Vernetzung der einzelnen Elemente und Subsysteme dem kybernetischen Prinzip und Denkansatz.

Es gibt in Industrieunternehmen viele Einsätze solcher umfassender und durchdachter Produktionssteuerungssysteme, die erfolgreich angewandt werden. Selbstverständlich muß das idealtypische System unternehmensspezifisch modifiziert werden, ggf. um die Relevanz einer oder mehrerer bestimmter Größen zu berücksichtigen.

Eine Formel für die wirtschaftliche Losgröße, also für die Ermittlung der Menge, des "Wieviel", ist weitgehend bekannt. Hierbei werden eine Reihe quantitativer Daten, wie

- Rüstkosten $K_{R(L)}$ (L = pro Los)
- Lagerkosten $K_{L(S)}$ (S = pro Stück)
- Bedarf B
- Logistikkosten, usw.

berücksichtigt.

Die Menge ergibt sich aus nachstehender Formel als Wurzel aus dem
- Produkt von Bedarf x Rüstkosten, dividiert durch
- die Lagerkosten pro Los.

WIRTSCHAFTLICHE LOSGRÖSSE
(vereinfachte, pragmatische Formel)

$$X_W = \sqrt{\frac{2 \cdot B \cdot K_{RL}}{K_{LS}}}$$

X_W	=	wirtschaftliche Losgrösse (Stück)
B	=	Bedarf je Zeitintervall (z.B. Stück/Jahr)
K_{RL}	=	Rüstkosten je Los (DM)
K_{LS}	=	Lagerstückkosten (DM/Jahr u. Stück)

Nicht berücksichtigt: Maschinenengpass
Sicherheits-Lagerbestand
Behälter-Fassungsvermögen
Lagerflächen usw.

Es ist hier eine vereinfachte, pragmatische Formel für die wirtschaftliche Losgröße dargestellt. Sie enthält sowohl

- physikalische Symbole und Daten (Menge,Stück), als auch
- betriebswirtschaftliche Größen (Kosten).

Andere Aspekte oder Daten, die entsprechend der spezifischen Situation berücksichtigt werden müssen, sind hierbei aus Gründen der Vereinfachung nicht mit einbezogen (z.B. Maschinenkapazität, Kapazitätsengpässe, Sicherheits-Lagerbestand, Lagerflächensituation oder -defizit, Fassungsvermögen der Lagerbehälter u.a.).
Die Produktionssteuerung als ein kybernetisches System, das mehrere Subsysteme einschließen kann, ist als Beispiel auch deshalb angeführt, da dieses System zusammen mit anderen Systemen in übergeordnete Regelkreise integrierbar ist, sogar oft integriert werden muß.
Man kann überhaupt immer Systeme mit entsprechenden Daten und Größen in ein umfassendes "Gesamt"-System einbinden, worauf im Verlaufe der Ausführungen noch eingegangen wird.

2. Elemente der Kybernetik

Bevor dieses "Gesamtsystem" behandelt wird, wird in Abschnitt 2 und im Vorspann dazu auf einige Elemente oder Bausteine von Systemen des kybernetischen Prinzips eingegangen.

- Die Kybernetik soll - und dieses ist eine weitverbreitete und akzeptierte Auffassung - nicht nur ein Wissenschafts- und Funktionsbereich, sondern eine Denkweise sein.

- Eine kybernetisch bestimmte Unternehmensphilosophie bietet Perspektiven für die Zukunft, d.h. mit ihr lassen sich Unternehmensziele für die Zukunft planen und definieren. Diese "Ziele" müssen vielfach adaptiert werden, aufbauend auf Vorgängen und Bewegungen in der Realität. Solche vordefinierten Unternehmensziele und deren Erreichbarkeit sind als Ziel- oder Führungsgröße eines Regelkreises. zu verstehen.

- Wesentliche Grundlagen jeglicher kybernetischer Funktionsweise sind Information, Analyse und schließlich zu treffende Entscheidungen.

- Die Unternehmensplanung und die Unternehmensentwicklung sind, wieder unter Berücksichtigung des kybernetischen Prinzips, keine reine Zusammenführung oder das integrative Zusammenwirken von Teilplanungen, die in sich wieder Teilsysteme sind. Vielmehr sollte die Unternehmensplanung umfassender Regelkreis nach dem "Pars pro toto" - Prinzip" sein.

- Ein weiteres wichtiges Merkmal - wenn auch oft zu wenig berücksichtigt - ist eine ausgeprägte horizontale Verbindung, vor allem den Daten- und Informationsfluß betreffend. D. h., nicht nur die meist stark ausgeprägte vertikale Vernetzung, sondern die horizontale Vernetzung über die "Funktions-" oder "Funktional-Bereiche" hinweg, muß berücksichtigt bzw. umgesetzt werden.

- Dies kann bei kybernetischer Zuordnung horizontaler oder vertikaler Elemente im Struktur- und Organisationsgefüge eines Unternehmens zu neuen Denkansätzen über die Strukturierung führen. Unter Umständen mit dem Ergebnis der Notwendigkeit zur Neustrukturierung.

- Ein weiterer wichtiger Punkt, mehr Erkenntnis als Baustein zu nennen, ist die Interdependenz der verschiedenen Teilbereiche des Unternehmens untereinander.

  Diese wechselseitige Abhängigkeit erfordert konsequente Rückkopplung im Informations- und Entscheidungsbereich. Die Wettbewerbssituation erfordert zudem einen schnellen Informationsfluß. Dies verlangt - vielleicht etwas schlagwortartig ausgedrückt - ein Abrücken von der vielfach dominierenden "Tayloristischen Arbeitswelt" und ein Hinrücken zu einem mehr integrierten Denken, Planen und Handeln. Dies bedeutet auch, daß die Anforderungen an die Mitarbeiter sich verändern und zunehmen. Eine gute Ausbildung wird daher ein entscheidendes Kriterium für das Funktionieren komplexer Systeme sein. Diese zuvor genannte "Integration" kann in Teilbereichen oder Teilsystemen und im Rahmen eines Gesamtsystems betrachtet und durchgeführt werden. Also:

  Kybernetische Systeme können in Teilbereichen angewandt und eingeführt werden. Zur Integration und organischen Eingliederung in ein Gesamtsystem wird ihre Verdichtung oder Aggregierung erforderlich

- Eine solche Unternehmensplanung ist als Planungssystem nach dem kybernetischen Prinzip zu bezeichnen, ja sollte eine solche sein.

- Die Entwicklung und Projektion möglicher Alternativen sollen unter Anwendung vorhandener Planungsmethoden einem eigenen Bereich "Strategische Zukunftsplanung" übertragen werden. Diese Alternativplanungen, die manchmal versäumt oder unvollständig durchdacht und durchgeplant werden, sind für Unternehem sehr oft lebenswichtig.

- Die Funktionsfähigkeit von Regelkreisen - sowohl den Informationsfluß als auch die realen Abläufe und "Ist-Zustände" betreffend - wird durch ständige Rückkoppelung verbessert oder überhaupt erst ermöglicht und sichergestellt. Diese Vernetzung von Arbeitsplätzen und von Abteilungen mit unterschiedlichen Funktionen stellt ein kybernetisches Netzwerk oder - physikalisch gesprochen - ein Kraftfeld dar.
  Die "Rückkopplung", auch auf höheren Ebenen, - inhaltlich wie unternehmensstrukturell - erfordert eine Verdichtung, eine Aggregation der Information nach oben, d.h. die Bildung informatischer "Hierarchieebenen".

- Dies heißt keineswegs, daß unter Beachtung des kybernetischen Prinzips nur ein "Führungsregelkreis" oder ein Führungssystem geschaffen werden oder entstehen soll. Vielmehr sollte jeder Mitarbeiter, unabhängig von seiner hierarchischen Ebene, in die kybernetischen Regelkreisläufe eingebunden sein und dies auch wissen.
  Die Zusammenführung der verschiedenen Subsysteme oder Regelkreise zu einem Gesamtsystem kommt bildlich weniger einer Pyramide - ähnlich der Führungspyramide - sondern mehr einer sinnvollen Schachtelung von Regelkreisen und deren Interdependenzen gleich.

- Für den Aufbau eines "hausspezifischen"Systems gibt es kein Standardrezept oder Standardpaket. Es muß auf dem Hintergrund der für ein Unternehmen dominierenden Größen - Führungsgrößen/Stoßgrößen - "hauseigen" erdacht und implementiert werden.

- Erwartungen auf ein allgemeingültiges Patentrezept können nicht erfüllt werden. Es muß bezüglich des zum jeweiligen Unternehmen passenden Gesamtsystems auf spe-

zielle, individuelle Erarbeitung und Gestaltung verwiesen werden.
Zwar gibt es in der Fachliteratur genügend Hilfen, Hinweise und Beispiele zu den Bauelementen und zur Methodik der anzuwendenden Systemtechnik, aber man kommt nicht umhin, die unternehmensspezifische Erarbeitung zu machen.

- Wichtige Hilfsmittel und Instrumente bei der Systemerarbeitung und -darstellung sind mathematische Systeme. Sie stellen die formale "Sprache" dar, mit der die kybernetischen Bausteine in Beziehung zueinander gesetzt werden können und die Gesamtheit der Wechselbeziehungen erfaßt werden kann.
  Man braucht diese formale Darstellung; denn erst nach der formalen Konkretisierung kann die praktische, planerische Bearbeitung durch Rechner und EDV-Anlagen und -Systeme sowie mathematische Methoden erfolgen.

- Mit Hilfe kybernetischer Systeme oder Regelkreise läßt sich die Erreichung von Zielgrößen, wie z.B.

  Produktivität
  Wirtschaftlichkeit
  Rentabilität

  verbessern.

  Das Erdenken und Durchführen von Maßnahmen bleibt natürlich erforderlich. Das Auswählen und Entscheiden der möglichst richtigen Maßnahmen ist jedoch leichter, wenn erreicht wird, durch permanente Rückkoppelung der Wirkung oder des "outputs" aus dem System sowohl die Wirkung von Maßnahmen als auch von nicht vorauskalkulierbaren Störgrößen im System mit zu berücksichtigen.

- Daraus leitet sich ein wichtiges Merkmal der Kybernetik ab, nämlich

  die Flexibilität.

Ein System darf nicht starr sein; es muß in der Lage sein, sich im Zeitverlauf dynamisch an veränderte Situationen anzupassen.

- Das heißt auf Managemententscheidungen und - maßnahmen - auch auf der Ebene der Unternehmensführung - kann auch bei systemmäßiger Vernetzung aller Größen oder Regelkreise nicht verzichtet werden.
  Mittelpunkt und Zentrale des vernetzten kybernetischen Systems und der Teilsysteme ist die Unternehmensführung. Sie ist das Zentrum kybernetisch bestimmter "Kreisläufe" des Unternehmens. Daher sind die entsprechenden Positionen mit unternehmerisch denkenden Persönlichkeiten zu besetzen, die bereit und in der Lage sind, die kybernetische Denkungsweise oder das kybernetische Prinzip zu tragen und anzuwenden.
  Bei der meist vorhandenen Vielfältigkeit und Komplexität der Vorgänge ist eine gute und erfolgreiche Führung fast gar nicht anders möglich.

3. Mögliche Ansätze für eine kybernetische Konzeption im Unternehmen

oder

Zu erfüllende Forderungen für eine kybernetische Konzeption im Unternehmen

Im folgenden Abschnitt werden einige mögliche gedankliche Ansätze oder "Forderungen" für eine kybernetische Konzeption, - und zwar zehn an der Zahl - gültig auch für eine Gesamtkonzeption im Unternehmen aufgeführt.

1. Als erstes sei die "Vernetzung" von Teilsystemen, auch kleiner Regelkreise, im Unternehmen genannt, mit dem Ziel, daraus ein kybernetisches Gesamtsystem zusammenzufügen.
   Das bedeutet, daß die Regelkreise der Teilsysteme in den globalen Regelkreis für das gesamte Unternehmen eingebunden oder integriert werden. Das heißt, daß auch die Ausgangsgrößen der Teilsystemkreise in den globalen Regelkreis eingehen.
   Die Eingangsgrößen, die in die Regelkreise der Teilsysteme eingehen, können als eigene Zielgröße für das Teilsystem vorgegeben sein oder - aus dem globalen Regelkreis kommend - eine "input"- Größe für das Teilsystem sein.
   Das Management steht im Mittelpunkt des globalen Regelkreis-Systems. Es muß sich des Regelkreises und der durch ihn zur Verfügung stehenden Information, Daten und "Wirkungsmeßwerte" für die eigene Entscheidung bedienen. Es verbleibt ihm die Möglichkeit und die Chance, durch Maßnahmen auf das "System" einzuwirken. Dies alles klingt bei verbaler Beschreibung kompliziert. An Hand eines vereinfachten Blockschaltbildes ist das Zusammenwirken der verschiedenen Regelkreise leichter darstellbar und besser nachvollziehbar.

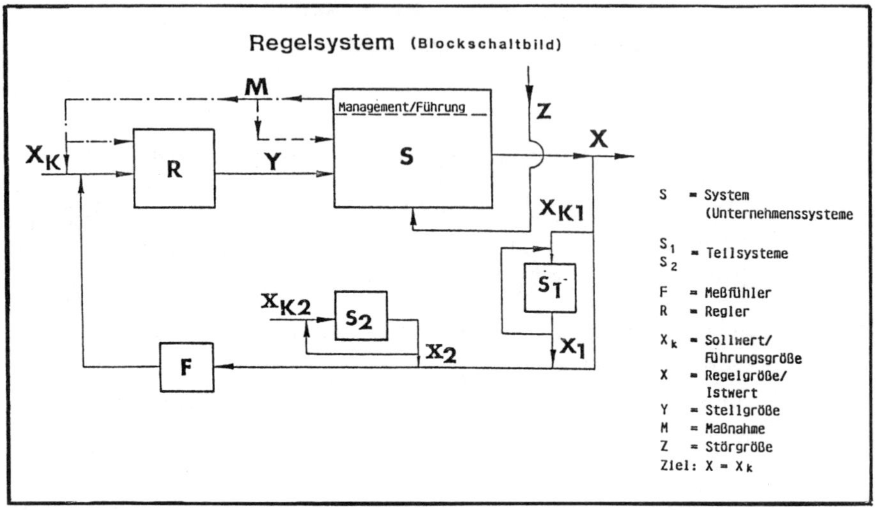

Die Regelkreise der Teilsysteme und deren Einbindung in einen Gesamtregelkreis sind im vorangehenden Bild schematisch dargestellt. Eines der beiden Teilsysteme enthält die Eingangsgröße bzw. Führungsgröße aus dem Gesamtregelkreis.
Die Wirkungsweise der "Maßnahmen", speziell der Management-Maßnahmen ist alternativ - einmal direkt in das System, einmal in den Regler bzw. auf die Sollgröße - dargestellt.

2. In ein solches globales Gesamtsystem müssen auch zunehmend makroökonomische Entwicklungen und Tendenzen, wie z. B. Marktentwicklung, Wirtschaft, Politik usw. mit einbezogen werden.
Dabei ist bei diesen äußeren Einflußfaktoren zu unterscheiden, ob sie das systeminterne Informations- und Planungssystem überhaupt beeinflussen und die systeminternen Interdependenzen verändern.

3. Die folgende 3. Aussage scheint zunächst etwas im Wi-

derspruch zu stehen, insbesondere zur Zielsetzung eines kybernetischen Gesamsystems, d.h., zum globalen großen Regelkreis. Sie lautet:

> Die Vorzüge der Dezentralisieruung in Form der kleineren Regelkreise für Teilsysteme, die ein begrenztes "Eigenleben" haben, sollten genutzt werden. Dies verhindert - wie unter Punkt 2 bereits ausgeführt - keineswegs, diese in den globalen Gesamtregelkreis oder in das "Gesamtsystem" zu integrieren.

Bei dieser Gelegenheit wird, da eben das Wort "Eigenleben" für einen Regelkreis benutzt wurde, eine Aussage gemacht, die möglicherweise überrascht. Sie wird als eine Art "Kann-Betrachtung" bezeichnet:
Man kann ein Unternehmen mit den vielfältigen Verflechtungen, den Wirkungen, den Aktionen und Reaktionen als einen "Organismus" betrachten.

4. Nun zu Punkt 4, der "Forderungliste":
Durch die Zuordnung der vertikalen und horizontalen Funktionen, die Verbindung und Koppelung in einem System können und sollen die Information, die Planung und die Entscheidungen durch die Führung eines Unternehmens möglichst effizient und funktionstüchtig gestaltet werden.
Dies erfordert auch, daß die gegenseitigen Beziehungen, die Interdependenzen, im Detail - einschließlich der Wirkungsrichtung - klar definiert werde.

5. Unter Punkt 5 seien nochmals genannt:
Die Planung und der Aufbau von kybernetisch steuerbaren, d.h. regelbaren "Flußsystemen" im Unternehmen. dies betrifft den Daten- und Informationsfluß, die Maßnahmen, die Wirkungen usw.

6. Als 6. und sehr wichtiger Punkt wird eine unverzicht-

bare Forderung, aber auch ein Element, nämlich die ständige Rückkoppelung genannt.
Diese "Rückkopplung ist eine wichtige Grundsäule für das Funktionieren von Regelkreisen und kybernetischen Systemen oder Teilsystemen, sowohl bei der "Planung" als auch bei "Systemabläufen".

7. Unter Punkt 7 wird ein Beispiel, also nicht eine Grundforderung für kybernetisches Denken und Anwendung des kybernetischen Prinzips angeführt.
Es ist die "Logistik" als ein Teilsystem, das eine hohe Autonomie erhalten kann. Hierin wird der Daten-, Material- und Güterfluß geregelt und in diesem Bereich kann - wenn man ihn systemmäßig aufbaut und betreibt - das kybernetische Prinzip angewandt werden. Die Logistik kann als eine "Tochter" der Kybernetik bezeichnet werden.

8. Unter diesem Punkt wird eine Möglichkeit der Folgen kybernetischen Denkens und kybernetischer Systeme und Abläufe genannt.
Es kann, bedingt durch die Einführung kybernetisch aufgebauter Systeme und Abläufe zu einer Änderung der organisationsstrukturellen Gestaltung von Unternehmen kommen. Dies auch aufgrund des Soll-/Ist-Vergleiches als Folge der Einbindung der Systeme, des Informationsflusses und der Aktionen sowie deren Auswirkungen auf den großen, interaktiven Kreislauf. Dies ist vermutlich eine zwangsläufige Entwicklung, der dann Rechnung zu tragen ist.

9. Unter Punkt 9 werden die Menschen im Management und in der Unternehmensführung angesprochen. Obwohl alle im kybernetischen System eingebunden sind oder sein sollen, ist insbesondere eine positive und aktive Einstellung zum kybernetischen Prinzip für das Management und die Unternehmensführung eine wichtige Voraussetzung für die Wirksamkeit bei der Gestaltung und Imple-

mentierung kybernetisch durchdachter und aufgebauter Systeme bzw. des entsprechenden Systemdenkens.

10. Als 10. und letzten Punkt unter der Rubrik "Mögliche Ansätze" oder der sogenannten "Forderungen" - praktisch als Zielsetzung - wird noch die Integration von Konzeption, Planung und Unternehmensentwicklung in einem aussagefähigen kybernetischen System, also in einen - bereits zuvor genannten - globalen, großen Regelkreis, genannt.
Die Planung des Unternehmens, also die Unternehmensplanung, rückt ab von der Methode der "Extrapolation der Vergangenheit" in die Zukunft hin zu einer "Zukunftsplanung".

4. Grundsätzliches Vorgehen für den Aufbau und die Anwendung eines funktionierenden kybernetischen Prinzips im Unternehmen

Es werden in diesem Abschnitt Aussagen über das grundsätzliche Vorgehen, die Teile und Einzelteile für den Aufbau und die Anwendung eines funktionierenden kybernetischen Prinzips im Unternehmen gemacht.
In diesem Zusammenhang folgen auch einige Bemerkungen zu der Frage, was und wie etwas zu tun ist.

1. Zunächst hierzu der Hinweis, daß die Systementwicklung und -einführung von unten her, also "bottom-up" erfolgen sollte, d.h. ausgehend von oder aufbauend auf funktionierenden Teilsystemen. Die umgekehrte Richtung, also die "top-down-Methode" ist nicht zu empfehlen.

2. Das heißt zweitens, daß die Entwicklung kybernetischer

Teilsysteme die Grundlage eines funktionierenden Gesamtsystems - auch auf den Planungsbereich bezogen - sein muß.
Diese Teilsysteme und deren Ergebnisse müssen dann in den umfassenden Globalkreis eingebracht und integriert werden.

3. Als Drittes der Hinweis, daß die Vernetzung der Teilsysteme schrittweise erfolgen sollte; also nicht ein Global- oder Gesamtsystem einführen, ohne vorher die Basis durch Schaffung funktionierender Teilsysteme erstellt zu haben.

4. Dann viertens ein wichtiger Grundsatz:
Die Information ist ein zentraler Begriff und die Voraussetzung zur Gestaltung und Betreibung eines integrierten Regelkreis-Systems.
Dabei kommt es auf den Einsatz qualifizierter Informationen an, nicht auf die Quantität. Die Information - als Grundlage von Entscheidungen und Maßnahemn - muß geordnet und sortiert, gegebenenfalls auch aggregiert werden.

5. Weiter verlangt eine integrierte Planung nach diesem Prinzip - z.B. eine Unternehmensplanung - eine konsequente Rückkoppelung, was bekanntermaßen ein charakteristisches Merkmal von Regelkreisen ist.
Dies bedeutet laufende Aktualisierung der Eingangsgrößen in das System.
Im Falle der Unternehmensplanung also Anpassung der Führungsgrößen und Einbringen und Veränderungen der Störgrößen. Dieses sowohl während der Planungsphase, die ja Zeit benötigt, als auch während der realen oder konkreten physischen Abwicklung.

6. Als nächstes seien unter Punkt 6 die Informatik und die konzeptionellen Ansätze für die Planung einschließlich der Planungsmethoden und -instrumentarien

als Grundlage einer tragfähigen und aussagefähigen Unternehmensplanung und -führung genannt.
Die Formalisierung der einzubringenden Erkenntnisse und Daten ist für den Systemaufbau und die Planungsdurchführung entscheidend.
(Wichtige Bestimmungsfaktoren für ein kybernetisches Planungssystem sind z. B. Zeit, Menge und Mengenbewertung sowie Raum, unter Umständen auch zeitkritische Faktoren und Bedingungen).

7. Die konzeptionelle Realisierung kybernetischer Teil- und Gesamtsysteme muß durch mathematische und elektronische Instrumentarien unterstützt und verbessert werden:

8. Falls die Analyse es ergibt oder die Systemgestaltung es nahelegt, kann es nützlich, unter Umständen sogar erforderlich sein, eine vertikal orientierte Organisation schrittweise zu einer integrierten "Systemorganisation " umzuwandeln, bei der die funktionale Aufgabenzuordnung zumindest teilweise verändert wird.

9. Neuntens und letztens:
Nicht nur für Controlling-Zwecke sondern auch zur Steuerung und Führung ist die Schaffung eines integrierten Kennzahlsystems für die kybernetischen Teilsysteme und für das globale Gesamtsystem zu empfehlen; man kann sogar sagen: es ist unabdingbar.
Dazu gehören beispielsweise Kennzahlen wie Mengen, Mengen pro Zeiteinheit oder pro Zeitintervall, betriebswirtschaftliche Größen wie Kosten, Erlöse usw., Vorräte, Absatzzahlen.

5. Das kybernetische Prinzip als Beitrag zur Verbesserung bzw. bestmöglichen Erreichung von Produktivität, Wirtschaftlichkeit und Rentabilität

- Diese in der Überschrift zum letzten und abschließenden Teil der Ausführungen genannten Wirkungen und Ziele im Rahmen der Unternehmenspolitik, der unternehmerischen Entscheidungen, der Unternehmensplanung und der Unternehmensstrategie sind - neben selbstverständlich anderen auch - für alle Unternehmen, und zwar unabhängig von der Unternehmensgröße, der Branche und der Produktpalette, lebenswichtig.

- Wenn es möglich ist, hierbei durch den Aufbau und die Anwendung kybernetischer Systeme und Regelkreise Verbesserungen zu erreichen - und dies ist möglich - dann bietet sich das kybernetische Ordnungsprinzip für die Planung der "Unternehmens-Zukunft", also für die Unternehmensplanung, geradezu an.

- Die Planung ist dabei keine Stabsfunktion, sondern eine Führungsfunktion.
  Selbstverständlich verbleiben dem Management und den Planern, trotz der vorhandenen Systemtechnik für Teil- und Globalsysteme, sehr wichtige und verantwortungsvolle Aufgaben.
  Dieses Planungssystem muß von Management und Planern mit Leben erfüllt und für Entscheidungsvorbereitung sowie Entscheidungsfindung genutzt werden

- In diesem Zusammenhang sei nochmals an das Informationssystem als Ausgangspunkt und Wissensbasis für unternehmerische Entscheidungen erinnert; die Notwendigkeit der Informationsverdichtung wurde bereits erwähnt.

- Bei der Planung, Steuerung und Führung des Unternehmens hilft die Kybernetik mit ihren Systemen, bessere, sicherere und gezieltere Entscheidungen zu treffen.

- Ganz wesentlich ist die Festlegung und Definition von Zielgrößen, die in das Feld der Zukunft passen, das heißt, die auch längerfristig noch realistisch oder realisierbar sind. Denn nur dann kann es gelingen, obwohl durch Rückkoppelung im Regelkreis Stellgrößen erzeugt werden, das "System" Planung und das "System" Unternehmen in einen stabilen Zustand und zur Funktionsfähigkeit zu bringen.

- Daß die Festlegung von "zukunftsverträglichen" Führungs- oder Zielgrößen schwierig, unter Umständen sogar existenzkritisch sein kann, ist bekannt.

- Es gibt Methoden der Prognosetechnik, die eine Vielzahl externer Einflüsse und Wirkungen oder Störgrößen berücksichtigen, um die Treffsicherheit zu erhöhen.

- Stellt man sich exemplarisch die "Szenariotechnik" vor, dann ist bekannt, daß sich die mögliche Zukunftssituation - dargestellt über der Zeitachse - innerhalb eines sich "öffnenden Trichters" bewegt.
  Es gibt also nicht eine Zukunftsperspektive, sondern - im Plural gesprochen - mehrere oder sogar viele "Zukünfte".

- Gerade mit Hilfe von Systemen nach dem kybernetischen Prinzip müssen für die Zukunft verschiedene Alternativen, d. h. Alternativen mit unterschiedlichen möglichen Störgrößen und gegebenenfalls auch unterschiedlichen Zielgrößen im Simulationsprozeß bis zur Entscheidungsreife durchgeplant werden.

- Es besteht dann die Möglichkeit, die vorgeplante Variante zu fahren, die der aktuellen, realen Situation am nächsten kommt.
  Die restlichen Korrekturen können zum Teil durch das

"System" oder mit Hilfe des Systems durchgeführt werden.
Denn dieses System stellt einen Regelkreis mit der Fähigkeit der "Regelung" dar.

6. Schlußbemerkung

- Es wäre habhafter gewesen, wenn eine Planung mit konkreten Daten vorgeführt worden wäre.
  Dabei wäre es jedoch unvermeidlich gewesen, branchenspezifische oder sogar firmenspezifische Aspekte und Daten einzubringen.
  Dies sollte jedoch vermieden werden, um den Ausführungen über kybernetische Systeme möglichst einen "allgemein gültigen Charakter" zu geben.

- Zumindest konnten zu diesen bzw. solchen Fragen einige Bausteine beigetragen werden.

- Es wurde versucht, anhand herausgegriffener Beispiele eine möglichst "neutrale" Darstellung des kybernetischen Prinzips zu geben.

- In den einzelnen Abschnitten wurden erwähnt:
  Die Grundmerkmale, Elemente und Bausteine des kybernetischen Prinzips und kybernetischer Systeme im Unternehmen.
  Die Forderungen an eine kybernetische Konzeption.
  Der (mögliche) Aufbau und die Anwendung des kybernetischen Prinzips, und schließlich
  die kybernetischen Systeme oder das kybernetische Globalsystem als Beitrag zur Verbesserung von Schwerpunkten, wie Produktivität, Wirtschaftlichkeit und Rentabilität.

Zusammenfassend ist

- das Erkennen der Grundmerkmale des kybernetischen Prinzips, sowie

- der Anforderungen an eine kybernetische Konzeption als Gesamtsystem zur Verbesserung von Produktivität, Wirtschaftlichkeit und Rentabilität, und

- das Denken in kybernetischen Systemen überhaupt

entscheidend für die Erfüllung und Realisierung der Zielgröße:

Unternehmensplanung, Unternehmenssteuerung und Unternehmensführung mit kybernetischen Systemen und im kybernetischen Denken.

Fabrik der Zukunft — Logistikgerechte Neustrukturierung produzierender Unternehmen

Von Günther Pawellek*

1. Fabrik der Zukunft — konkrete Aufgabe oder Vision?

1.1 Entwicklungstendenzen

Arbeitsteilung, leistungsfähige Maschinen und Massenproduktion haben in der Vergangenheit die Arbeitsproduktivität in den Industrieunternehmen stark ansteigen lassen. Dennoch ist das Konzept, das diesen "Fabriken der Vergangenheit" zugrunde lag, mit dem industriellen Wandel vom Verkäufer- zum Käufermarkt in die Krise geraten. Heute und in absehbarer Zukunft bestimmen nämlich marktfähige Produkte und marktorientierte Produktion den Unternehmenserfolg[1]. Dies nicht nur im Sinne von Marketing, sondern insbesondere durch marktorientiertes - d.h. produkt- und auftragsorientiertes - Führen der Produktionsprozesse sowohl bei Hersteller- als auch bei Zulieferunternehmen.

Die Marktentwicklung und veränderten Anforderungen an unsere Produktionsstätten lassen sich wie folgt charakterisieren:

o kürzere Verweildauer der Produkte und Technologien im Unternehmen,
o steigende Anzahl verwendeter Materialien und Fertigungs-

* Prof. Dr.-Ing. Günther Pawellek, Fachgebiet Logistik/Flexible Produktion, Technische Universität Hamburg-Harburg.

verfahren,
- schneller wachsende Teile- und Typenvarianz derProdukte,
- kürzere Lieferzeit,
- höhere Anforderungen an Qualität und Zuverlässigkeit.

Diese Entwicklungstendenzen führten in unseren herkömmlichen, gewachsenen Produktionsstätten z.B. zu folgenden gravierenden Mißständen:

- Über 350 Milliarden DM binden nach Aussage des VDI deutsche Unternehmen heute in ihrer Vorratshaltung.
- Die Logistikkosten summieren sich häufig auf rund 1/3 vom Umsatz.
- Von der Durchlaufzeit eines Produktes werden in den meisten Industrieunternehmen i.d.R. weniger als 10 % für die tatsächliche Bearbeitung genutzt.

Die Entwicklungstendenzen und Zahlenbeispiele machen deutlich, daß ein Erneuerungsprozeß bei der Gestaltung und Steuerung produzierender Unternehmen dringend notwendig ist. Sie zeigen auch, daß eine bessere Koordination bzw. Synchronisation aller Fertigungs- und Materialflußvorgänge nicht nur eine Modeerscheinung sein kann. Vielmehr ist davon auszugehen, daß in der "Fabrik der Zukunft" Prozesse nur noch logistisch optimiert ablaufen.

Logistikorientierung ist daher ein wesentliches Ziel im Neustrukturierungsprozeß der Produktionsunternehmen heute und in absehbarer Zukunft. Denn Logistik ist schon lange nicht mehr nur ein Thema der Distribution von Waren, sondern auch das ihrer Herstellung. Und die Automatisierung, bisher von einzelnen Funktionen und Verrichtungen, greift über auf komplette Fertigungsbereiche mit Richtung auf Computer Integrated Manufacturing (CIM) für die gesamte Fabrik.

1.2 Charakterisierung der „Fabrik der Zukunft"

Die Vision der Logistiker ist auch in den güterproduzierenden Unternehmen die Fließfertigung: möglichst automatisch, computergesteuert in flexibel vernetzten Regelkreisen wie in der Prozeßindustrie. Vom Zulieferanten ausgehend fließt das Material, ohne unnötigen Aufenthalt durch Zwischenlagerung, Just-in-Time über die einzelnen Fertigungs- und Montagestationen, um als fertiges Produkt über den Vertrieb zum richtigen Zeitpunkt den Käufer zu erreichen.

Soweit die Vision. Die "Fabrik der Zukunft" ist damit durchaus nicht identisch. Sie ist nämlich nicht als automatisierte, menschenleere Fabrik zu verstehen. Vielmehr sind es andere Eigenschaften, welche die "Fabrik der Zukunft" aus heutiger Sicht charakterisieren, wie z.B.

o flexibel,
o materialflußorientiert,
o funktionsintegriert,
o partizipativ.

Diese Eigenschaften sind wie folgt definiert:

o **Flexibel:** Fähigkeit der Arbeitssysteme (Technik, Organisation, Mensch) auf kurzfristige Veränderungen schnell reagieren zu können. Die Flexibilität der Systeme entspricht den Nachfrageschwankungen, sichert die Verfügbarkeit der Kapazitäten und gewährleistet die Lieferfähigkeit. Ihre potentielle Flexibilität ermöglicht ferner den laufenden Anpassungsprozeß an den fortschreitenden technischen und wirtschaftlichen Wandel.
o **Materialflußorientiert:** Güter- und Informationsströme werden produkt- und auftragsorientiert geplant, kontrolliert und gesteuert. Die permanente Kenntnis über den aktuellen Stand aller Aufträge erlaubt die Produktion nach Just-in-Time-Prinzipien, maximiert den Servicegrad und

optimiert Bestände und Lieferzeit.

- **Funktionsintegriert:** Die Funktionsbereiche Vertrieb, Konstruktion, Arbeitsvorbereitung, Einkauf, Fertigung, Lagerung, Transport, Montage, Versand sind bei einer durchgängigen Gestaltung aller im Betrieb vorhandenen Informationen über gemeinsame Datenbasis und Arbeitsinhalte miteinander verknüpft. Diese informationsmässige Integration der Funktionen bewirkt, daß die betrieblichen Prozesse schnell, sicher und störungsfrei ablaufen und Redundanzen eliminiert sind.
- **Partizipativ:** Die Mitarbeiter aller Funktionen und Ebenen sind in der "Fabrik der Zukunft" in die Gestaltung des Betriebsgeschehens einbezogen. Diese Partizipation ermöglicht, durch Aktivierung von Kreativität und Initiative sowie Übertragung von Kompetenzen und Verantwortung, die sich aus Flexibilisierung, Auftragsorientierung und Informationsverbund ergebenden neuen Handlungs- und Entscheidungsspielräume voll zu nutzen.

Produktivität und Ertragskraft der "Fabrik der Zukunft" sind von diesen vier Eigenschaften abhängig. Sie haben die bisherigen Ansätze für die Verbesserung der Wirtschaftlichkeit produzierender Unternehmen - wie Rationalisierung, Stückkostensenkung oder Gemeinkostenabbau - mit dem Ziel der langfristigen Unternehmenssicherung in den Hintergrund gedrängt.

1.3 Konsequenzen und Hindernisse

Die veränderten Marktanforderungen sind größtenteils durch logistische Zielgrößen wie Durchlaufzeit, Lieferzeit und Bestände bestimmt. Deshalb kann auch der Neustrukturierungsprozeß, an dessen Anfang wir stehen und der durch die technologische Entwicklung der Mikroelektronik eingeleitet wurde, als ein "logistikorientierter" bezeichnet werden. Dieser Neustrukturierungsprozeß wird zur Überwindung der Produktionsstrukturen aus der Zeit des Wiederaufbaus führen und damit zu einem völlig neuen Niveau von Produktivität, Flexibilität und Qualität produzierender Unternehmen.

Der logistikorientierte Neustrukturierungsprozeß setzt logistisches Denken voraus. Dies heißt gesamtunternehmerisch denken, und zwar in allen Unternehmensbereichen und auf allen Ebenen. Denn die logistischen Zielgrößen verlangen eine Abkehr von der kapazitätsorientierten "Fabrik der Vergangenheit" und fordern statt dessen materialflußorientierte Organisationskonzepte auf der Basis marktfähiger Produkte (Bild1).

Konkrete Aufgabe der Unternehmensleitungen ist, ihr Unternehmen im jeweils richtigen Maß markt- und logistikorientiert auszurichten. Haupthindernisse, die es dabei zu überwinden gibt, sind:

- o gewachsene, unflexible Organisationsstrukturen im Unternehmen, die Schnittstellenprobleme z.B. in Form mangelnder Abstimmung zwischen den Unternehmensbereichen und daraus resultierende Zielkonflikte hervorrufen (Bild2),
- o risikoreiche Bedarfsplanung in der Materialwirtschaft aufgrund fehlender Durchgängigkeit vorhandener PPS-Systeme im Bereich von Fertigung und Montage,
- o nichtintegrierte Insellösungen in der gesamten Auftragsabwicklung von der Konstruktion bis hin zum Vertrieb.

Kein Wunder also, daß statt eines durchgängigen Materialflusses oftmals eine Aneinanderreihung von Sicherheits- und Risikobeständen entlang der logistischen Kette anzutreffen sind.

Dieser schlichte Schluß hat weitreichende Konsequenzen. Er verlangt, die

- o Strategien,
- o Strukturen und
- o Systeme

der "Fabrik der Vergangenheit" in dieser Reihenfolge in Frage zu stellen. Sie sind ganzheitlich zu überdenken, neu zu gestalten und in ein unternehmensspezifisches Innovationsprogramm zur schrittweisen Realisierung aufeinander abgestimmter Maßnahmenbündel für die "Fabrik der Zukunft" einzubringen.

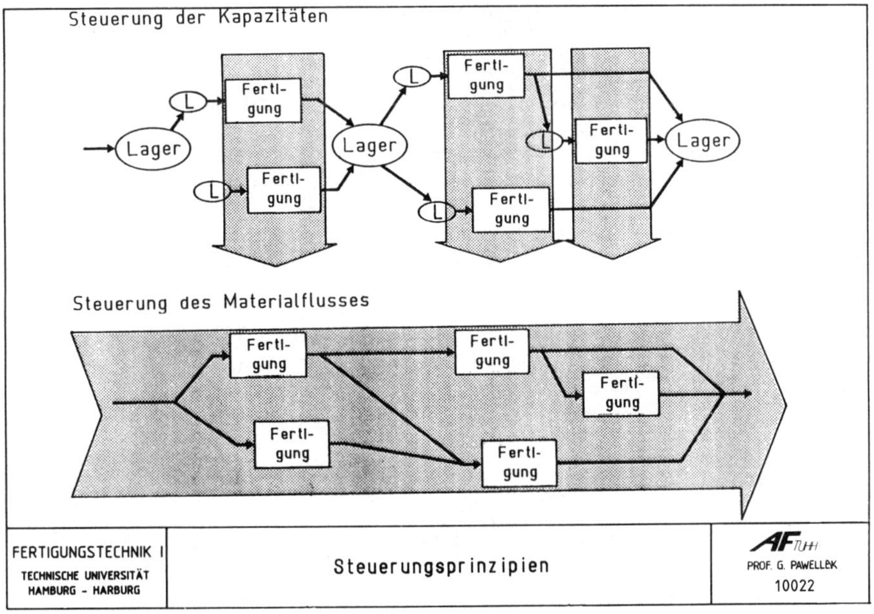

Bild 1: Flußorientierung sorgt für bestandsarmen und flexiblen Produktionsprozeß

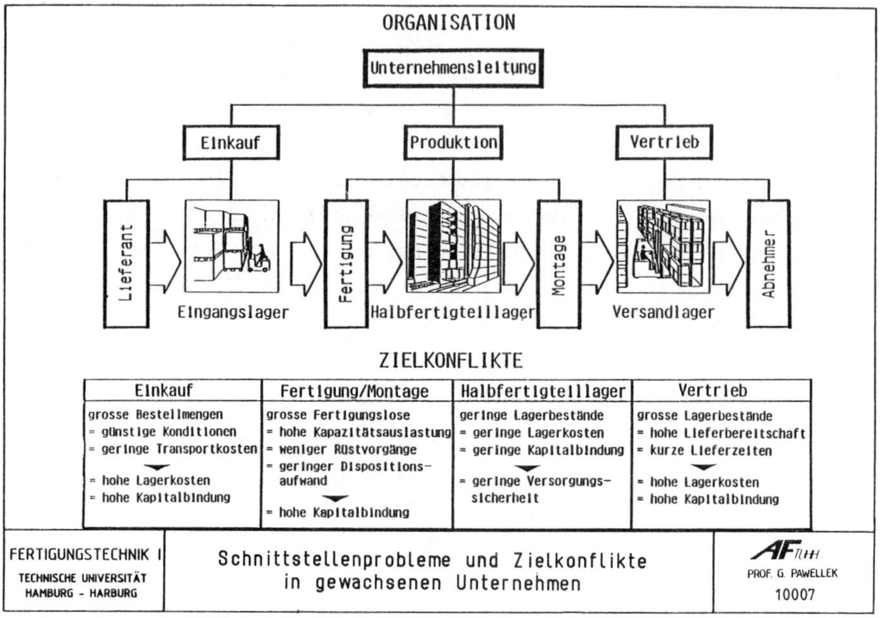

Bild 2: Zielkonflikte und Schnittstellenprobleme
in gewachsenen Unternehmen

2. Neue Strategien logistikorientierter Unternehmen

2.1 Strategie-Hierarchie

Zunächst zu den Strategien. In einem Unternehmen werden zur Erreichung von Unternehmenszielen von über- und untergeordneten Instanzen Ziele und Strategien definiert. Es existiert damit eine Strategie-Hierarchie (Bild3), die sich an der Unternehmensorganisation orientiert[2]. Als langfristige Strategien sind darin die Unternehmensstrategien anzusehen. Sie werden aus den Unternehmenszielen abgeleitet; so z.B. aus Zielen wie Kostenreduktion, Leistungsverbesserung, Qualitätssteigerung oder Autonomieerhaltung.

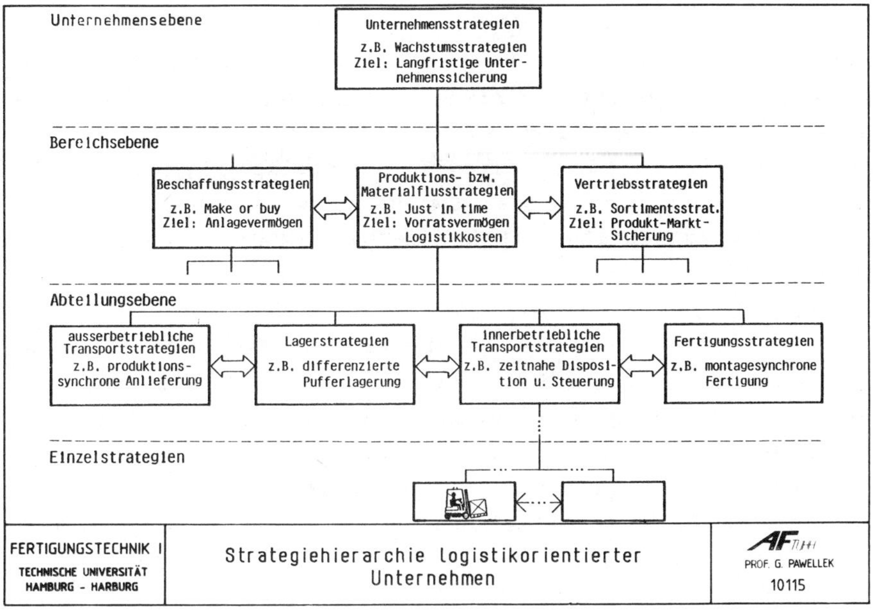

Bild 3: Strategiehierarchie logistikgerechter Unternehmen

Aus den Unternehmensstrategien sind Strategien für z.B. Beschaffung, Produktions- bzw. Materialflußbereiche und Vertrieb, aus diesen wiederum für den inner- und außerbetrieblichen Transport, für die Lagerhaltung etc. abzuleiten. Die längerfristigen Entscheidungen auf Unternehmens- und Bereichsebene beeinflussen also gravierend die Leistungsfähigkeit in den einzelnen Abteilungen. Sie bestimmen Struktur und Systeme und stecken daher den Rahmen ab, in dem sich dann die Erstellung unternehmerischer und logistischer Leistungen bewegen kann.

2.2 Logistikstrategien produzierender Unternehmen

Bei der marktorientierten Produktion ist der Unternehmenserfolg durch logistische Kriterien wie Bestände, Durchlaufzeit und Lieferzeit bestimmt. Entsprechend müssen die Unternehmensziele und -strategien ebenfalls logistikgerecht definiert sein. Von großer Bedeutung sind dabei die neuen Unternehmensstrategien "Make-or-Buy" (MOB) und "Just-in-Time" (JIT).

Mit der Optimierung von MOB-Entscheidungen wird das Ziel verfolgt, Fehlinvestitionen in hochwertige Technologien und Anlagen möglichst zu vermeiden. Bezogen auf die Logistik sind damit gleichzeitig aber auch Veränderungen von Quellen und Senken der Materialströme verbunden. MOB-Entscheidungen schaffen also neue Rahmenbedingungen für die logistische Leistungserstellung.

Mit der JIT-Strategie sollen Produktionsunterbrechungen drastisch gesenkt und die einzelnen Transport-, Lager-, Fertigungs- und Montageprozesse optimal aufeinander abgestimmt bzw. synchronisiert werden. So dient innerhalb der Produktion z.B. die "montagesynchrone Fertigung" der verbrauchsgerechten und bestandsarmen Gestaltung und Steuerung des Produktionsprozesses. Durch "produktionssynchrone Beschaffung" werden die Zulieferer in die bedarfsorientierte Ablauforganisation eingebunden (Bild4).

Die wesentlichen Lösungsansätze zur Realisierung der produktionssynchronen Beschaffung sind technischer als auch organisatorischer Art[3]:

o Auf der technischen Ebene z.B. die (Bild5) naheräumliche Anordnung (z.B. Daimler-Benz/Keiper Recaro, AUDI/Schmitz, BMW/Peguform), die Zusammenlegung der Läger von Zulieferer und Empfänger (z.B. Bosch/Rhenus, BMW/Schenker, Ford/ Ferrostaal) oder die Pufferung auf Transportmittel (z.B.

Nissan/Stahlproduzenten).

o Auf der organisatorischen Ebene die Zulaufsteuerung (z.B. Volvo in Schweden/Zulieferer aus der Bundesrepublik Deutschland), die DFÜ Datenfernübertragung der Bedarfe und Lieferungen (z.B. VW/Zulieferer) oder die Verkettung der PPS-Systeme.

Voraussetzung für eine erfolgreiche Umsetzung der JIT-Strategien ist eine bessere Koordinierung der bisher vorwiegend noch funktionsoptimierten Teilsysteme. Hierzu gehört eine materialflußorientierte und informationsmäßige Integration aller an der Auftragsabwicklung beteiligten Unternehmensbereiche[4]. Darüber hinaus können sowohl im Produktionsunternehmen als auch beim Zulieferer erhebliche Änderungen in den Ablauf- und Kapazitätsstrukturen notwendig sein. Die Geschäftsbeziehungen verändern sich, und langfristige Rahmenverträge sind die Basis einer partnerschaftlichen Zusammenarbeit.

2.3 Strategien für die innerbetriebliche Logistik

Logistikstrategien, wie z.B. JIT, stellen höhere Anforderungen an die innerbetriebliche Logistik. Betrachten wir uns z.B. die Organisation der Transportabwicklung[5].

Hier können lang- und kurzfristige Strategien unterschieden werden.

Bei langfristigen Strategien wird die momentane Situation des Ablaufgeschehens nicht berücksichtigt. Beispiele sind die Entwicklung von Fahr- oder Zeitplänen (z.B. Ringverkehr), die Einrichtung von Pendeltransportstrecken oder die Vermietung von Transportmitteln an Betriebsbereiche. Vorteil solcher langfristigen Strategien ist der geringe Informations- und Entscheidungsaufwand. Als Nachteil anzusehen ist jedoch die eingeschränkte Flexibilität des innerbetrieblichen Transports, sich auf veränderte Nachfrage schnell einstellen zu können.

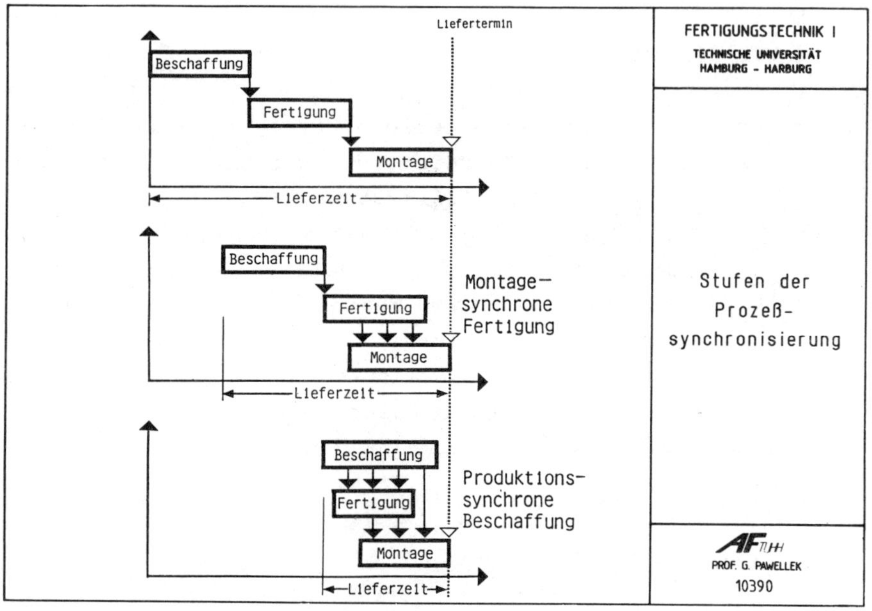

Bild 4: Stufen der Prozeßsynchronisierung

Bei kurzfristigen Strategien erfolgt der Arbeitsmitteleinsatz unter Berücksichtigung der momentanen Situation.

Dies ist z.B. erforderlich

- o bei stochastischem Transportaufkommen, wenn die produktionsseitig geforderten Erledigungsintervalle sehr kurz sind, aber auch
- o bei synchronisierten Produktionsprozessen, wenn eine produktionssynchrone Bereitstellung durch die innerbetriebliche Logistik Just-in-Time gewährleistet sein muß.

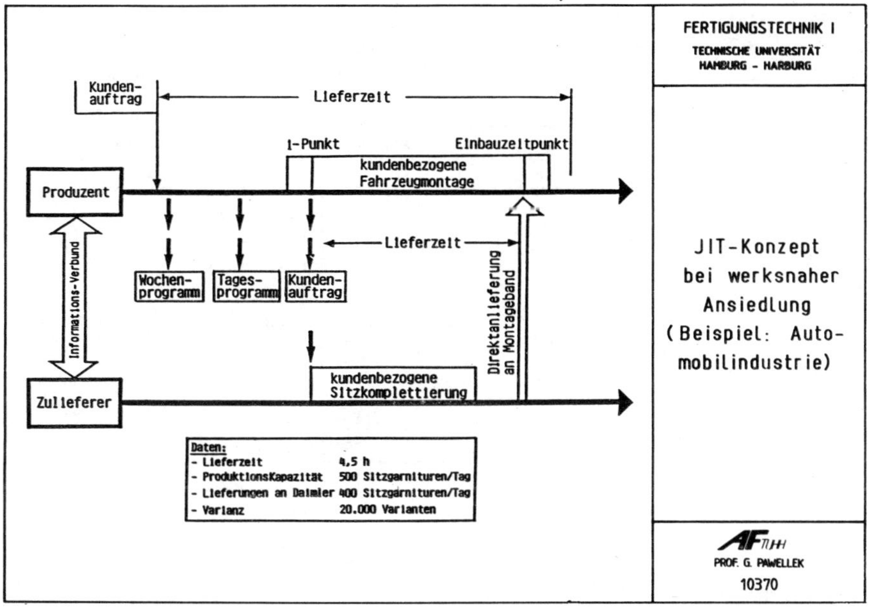

Bild 5: JIT-Konzept bei werksnaher Ansiedlung durch den Zulieferer

Beide Fälle kann die Logistik nur mit einer Strategie der äußerst zeitnahen Disposition der logistischen Arbeitsmittel erfüllen (Bild6).

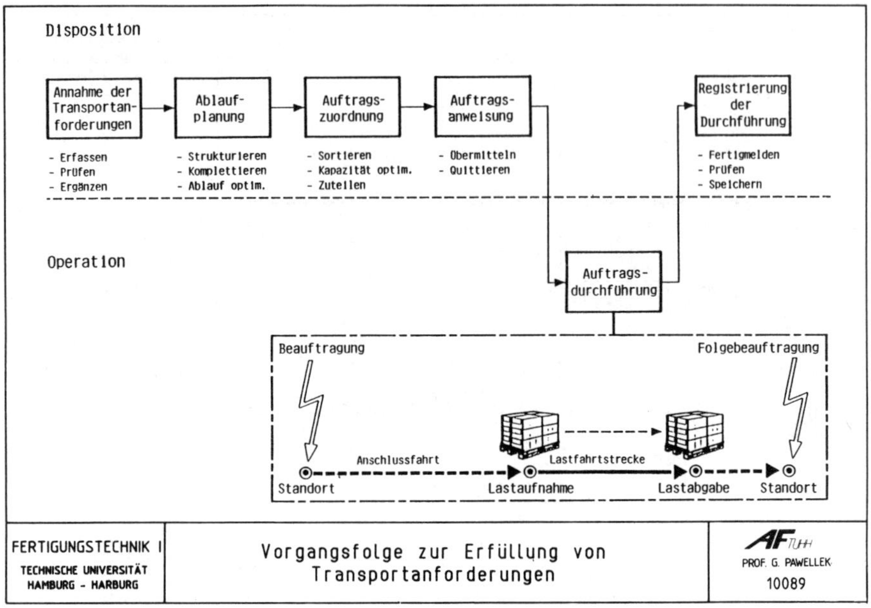

Bild 6: Vorgangsfolge zur zeitnahen Erfüllung von Transportanforderungen

3. Neue Strukturen für die Fließfertigung

3.1 Analyse und Gestaltung der Fabrikstrukturen

Fließfertigung setzt flußorientierte Fabrikstrukturen voraus. Ziel ist es daher, zunächst die neuen Ablaufstrukturen zu schaffen, um darauf aufbauend die optimalen Systeme wie Technologien und CIM-Komponenten zu bestimmen. Gewachsene Ablaufstrukturen müssen hierzu ganzheitlich analysiert, neu überdacht und gestaltet werden[6]. So wird von der heute oft noch vorherrschenden verrichtungsorientierten Werkstattfertigung zunehmend abgerückt werden müssen (Bild7). Im Vordergrund stehen neue Produktionsstrukturen und -prinzipien, wie z.B. gruppenorientierte Ablaufstrukturen, durch die partiell eine Flußorientierung erreicht werden kann.

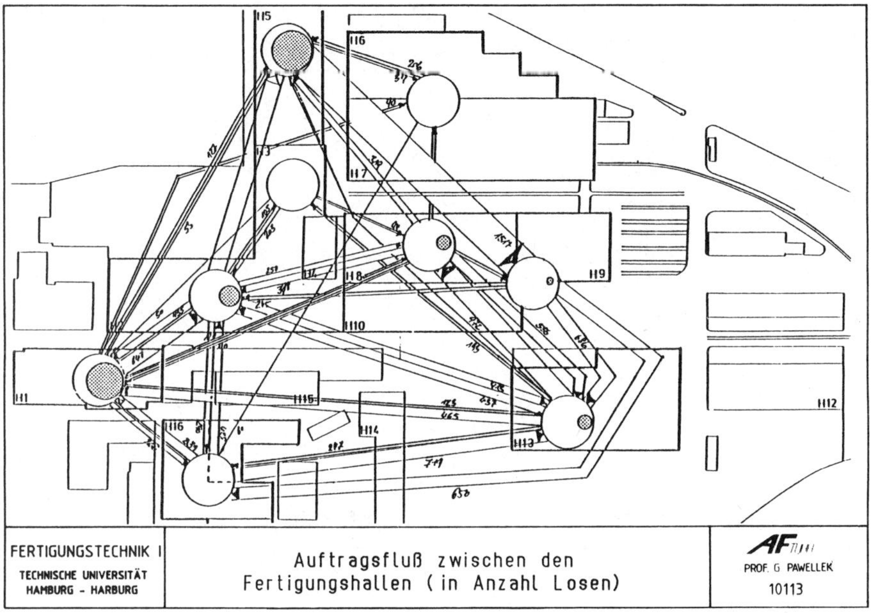

Bild 7: Auftragsfluß in Transport-Losen bei Werkstattfertigung (Beispiel: Getriebebau)

Als Basis für die flußorientierte Neugestaltung dient die ganzheitliche Analyse und Gestaltung der Fabrikationsstrukturen. Hierzu zählen im wesentlichen die[7]

- o Produkt- und Auftragsstruktur,
- o Technologie- und Werkstattstruktur,
- o Organisations- und Steuerungsstruktur,
- o Kapazitäts- und Beziehungsstruktur,
- o Materialfluß- und Fertigungsstruktur.

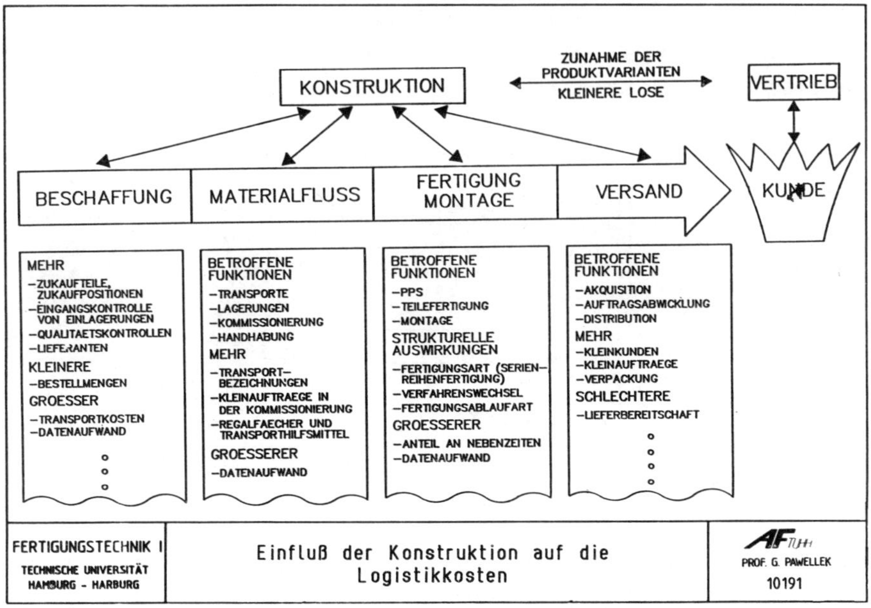

Bild 8: Einfluß der Konstruktion auf die Logistikkosten verschiedener Unternehmensbereiche

Da die "Fabrik der Zukunft" marktorientiert produziert, muß sie zunächst produkt- und auftragsgerecht sein. Dies ist dann gegeben, wenn neben den Prämissen Qualität und Lieferzeit auch das Ziel minimaler Auftragskosten unter Berücksichtigung von Produktionskosten und Auftragsdurchlauf als Ganzes optimiert ist. Dabei steht zunächst das Produkt selbst am Anfang aller Überlegungen.

3.2 Logistikgerechte Produktstruktur

Der erzielbare Erfolg einer logistikorientierten Neustrukturierung wird wesentlich von der logistikgerechten Gestaltung der Produkte bestimmt[8]. So wirkt sich beispielsweise bei marktorientierter Produktion die Anpassung an Absatzschwankungen besonders störend aus, wenn z.B. die Produkte mit unterschiedlichen Fertigungsverfahren konstruiert sind (z.B. geschweißt, geschraubt, genietet) oder wenn viele unterschiedliche Grundmodelle gleichzeitig hergestellt werden müssen. Auch die Zunahme der Teilevielfalt wirkt sich meist nachteilig auf die Logistikkosten aus (Bild8).

Auf die Konstruktion kommt die Forderung zu, neue Ideen bezüglich der Wandelbarkeit der Produkte zu entwickeln. Dabei kommt es darauf an, die Produkte in der technischen Konzeption so auszulegen, daß sie ein hohes Maß an Variationsmöglichkeiten bieten, damit den Forderungen des Marktes nach individueller Bedienung Rechnung getragen wird.

Die Anwendung des Baukastenkonzeptes in Verbindung mit einem geeigneten Nummernsystem und Strukturierungsprinzip stellen die organisatorische Grundlage für die logistikgerechte Produktgestaltung dar. Neu ist die Vorgehensweise, daß die Grundeinheit eines Baukastens konsequent nur diejenigen Positionen erfaßt, die innerhalb einer Gerätefamilie völlig gleich sind. Ein solcher Baukasten stellt unter Umständen nur das Kernstück (z.B. Chassis) einer Produktgruppe dar und ist selbst nicht funktionsfähig. Erst durch kundenauftragsbezogenes Hinzufügen weiterer Variantenbausteine wird daraus ein verkaufsfähiges Produkt.

Eine wesentliche Anforderung an die Konstruktion ist die richtige Wahl der Schnittlinie zwischen Grundeinheit und Variantenbausteinen. Sie wirkt sich unter anderem auch aus auf die gesamte Ablaufstruktur des Produktionsprozesses. Von der Produktstruktur hängt die Materialflußstruktur mit ihren Zwischenlägern sowie Sicherheits- und Sortierpuffer ab, letztlich auch die Bestände im Produktionsprozeß selbst. Das Ergebnis der logistikgerechten Gestaltung ist eine neue Produktstruktur, die auf die Anforderungen des Marktes und die Erfordernisse der Fertigung so abgestimmt ist, daß niedrige Produktionskosten bei gleichzeitiger flexibler Fertigung und hoher Lieferbereitschaft mit geringen Lagerbeständen erreicht wird[9].

3.3 Logistikgerechte Produktionsstruktur

In logistikgerechten Produktionsstrukturen sind die komplexen Produktionsabläufe in Gruppen von Teilprozessen so zerlegt, daß überschaubare Fertigungsabschnitte mit möglichst selbststeuernden Planungs- und Dispositionsmöglichkeiten entstehen. Lösungsansätze der Kybernetik kommen auch hierbei zur Anwendung, wie z.B.[10] das Prinzip der strukturierten Vernetzung (Bild9). Die vernetzten Ablaufstrukturen sind nach Produkten, Produktionsstufen und Steuerungsprinzipien differenziert gestaltet. Neben Materialflußabschnitten sind dabei Läger und Puffer wichtige Strukturierungselemente[11]. Die Läger bilden Dispositionsstufen in der innerbetrieblichen Transportkette vom Wareneingang bis Warenausgang. In Bild 10 sind beispielhaft die wesentlichen Zwischenläger unterschieden auf den Ebenen der

- Material- und Kaufteile,
- Teile- und Baugruppen sowie
- Endprodukte.

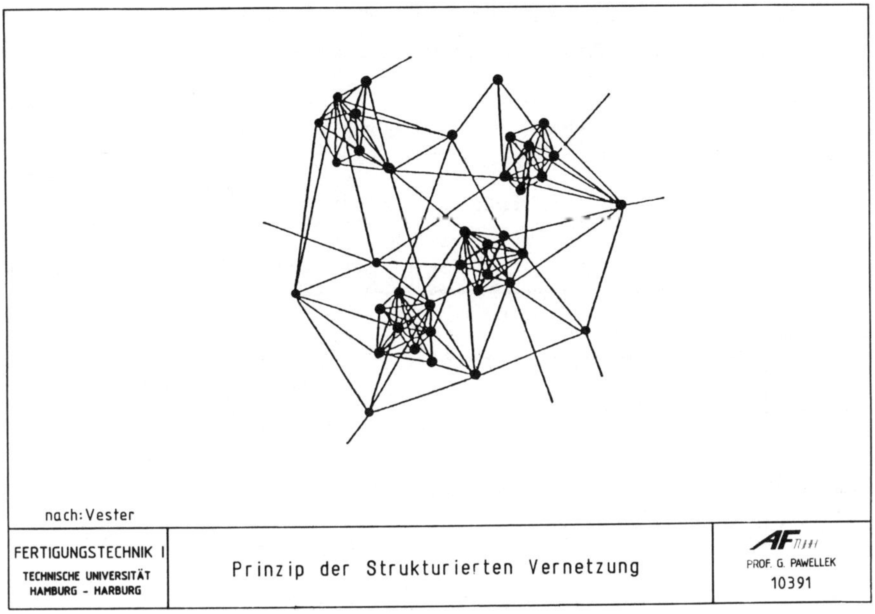

Bild 9: Prinzip der strukturierten Vernetzung[10]

Da die vom Kunden gewünschte Lieferzeit i.d.R. sehr viel kürzer ist als die gesamte Durchlaufzeit von der Material- und Kaufteileebene bis zur Endproduktebene, ist die organisatorische Schnittstelle in der Ablaufstruktur von besonderer Bedeutung. Sie teilt die Ablaufstruktur in einen kundenunabhängig fertigenden Vorfertigungs- und Vormontagebereich und einen kundenabhängigen Endmontagebereich. Vom Zwischenlager auf der Teile- und Baugruppenebene aus wird möglichst noch der größere Anteil der Wertschöpfung innerhalb der vom Markt verlangten kurzen Lieferzeit erbracht. Um die Auswirkungen von Nachfrageschwankungen und Prognosefehlern so klein wie möglich zu halten, sollte die Produktionsstruktur an der Stelle der Auftragsprognoseebene den Querschnitt der geringsten Teilevielfalt haben. Durch logistikgerechte Produktstrukturierung ist anzustreben, daß die Teilevielfalt erst nach der Prognoseebene stark ansteigt, um dann auf der Endproduktebene die vom Markt geforderte wesentlich höhere Produktvarianz zu erreichen.

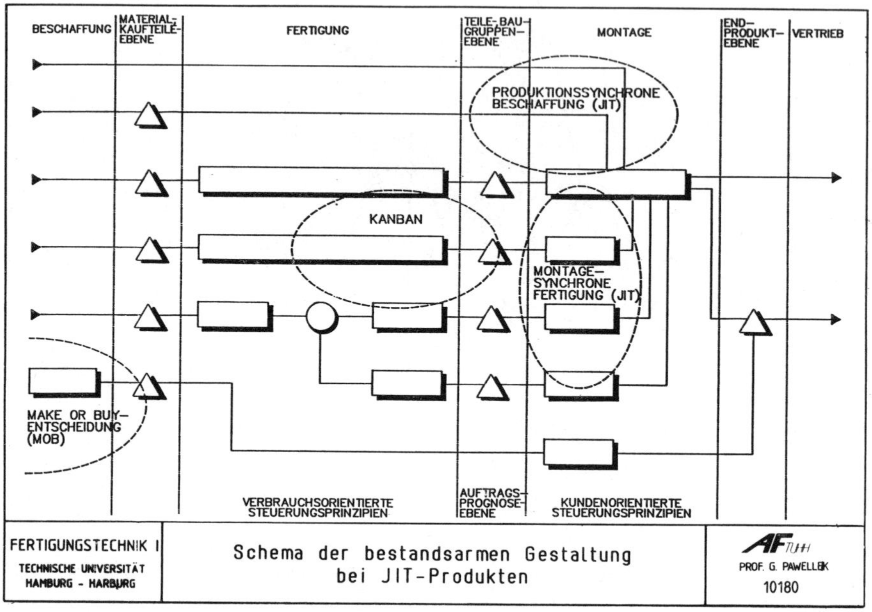

Bild 10: Materialflußstruktur und Steuerungsprinzipien zwischen Wareneingang und -ausgang bei JIT-Produktion

Von den Zwischenlägern sind die Puffer zu unterscheiden. Sie können verschiedene Funktionen erfüllen[11], wie

- o Reduzieren von Störungsauswirkungen,
- o Synchronisieren von Fertigungsabschnitten oder einzelnen Arbeitsplätzen,
- o Umsortieren von Fertigungs- und Montagereihenfolgen.

Grundvoraussetzung einer logistikorientierten Neustrukturierung der Produktion im Sinne "Fabrik der Zukunft" in kleine, über Materialflußabschnitte, Läger und Puffer vernetzte Fertigungsbereiche sind die richtigen Schnittstellendefinitionen in der Ablauf- und Aufbauorganisation[12] Die

Produkt-, Technologie- und Werkstattstrukturanalyse bilden die Basis hierfür. Die per Beziehungs- und Belegungsstrukturanalyse ermittelbaren Ablaufgruppen müssen bezüglich ihrer funktionalen Flexibilität und Kapazitätsbedarfe überprüft werden. Computergestützte Planungshilfsmittel[13] erlauben hierbei heute eine Ganzheitsbetrachtung, z.B. zur Analyse aller Teile, aller Maschinen und aller Arbeitsplätze (Bild11), statt der früheren Planung mit Repräsentanten.

Die Produktionsprinzipien, d.h. die Fertigungs-, Montage-, Lager- und Transportprinzipien, und die Produktionsstruk-

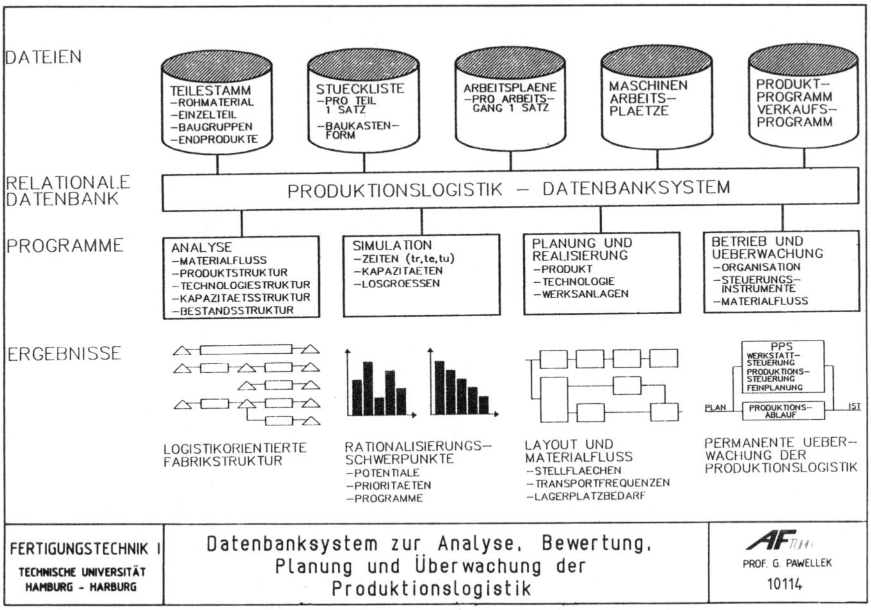

Bild 11: Datenbanksystem als modernes Planungsmittel zur logistikgerechten Neustrukturierung der Produktion

turen, wie Materialfluß-, Fertigungsablauf- und Kapazitätsbedarfsstrukturen, bestimmen die Ablauforganisation bei logistikgerechter Produktion. Bei der Bildung der räumlich und organisatorisch konzentrierten Fertigungslinien, -zellen oder -gruppen sind wegen der schrittweisen Neustrukturierung vorhandener Substanzen sowohl die gegebenen als auch die neuen Fertigungs- und Lagertechnologien in die Betrachtung einzubeziehen.

4. Neue Systeme für die „Fabrik der Zukunft"

4.1 Automatisierungsinseln und Verkettung

Logistikgerechte Unternehmens- und Bereichsstrategien sowie flußorientierte Ablaufstrukturen sind Grundlage für die Gestaltung der Systeme. Darauf aufbauend erfolgt schrittweise die technologische Auslegung der Fertigungs- und Montageinseln, der Zwischenläger und Puffer, des innerbetrieblichen Transports etc. Der Inselbegriff steht hier selbstverständlich für strukturell und informationsmäßig integrierte Insellösungen für vernetzte Teilsysteme.

Die Verkettung automatisierter Funktionen, von Materialfluß und Lagerfunktionen mit Bearbeitungsfunktionen, ermöglicht einen steuerbaren und damit optimierbaren Materialdurchsatz. Eine Voraussetzung ist, daß alle diese Funktionen über ein entsprechend aufeinander abgestimmtes Automatisierungsniveau verfügen. Für die Verkettung selbst bietet der Markt heute eine fast unübersehbare Vielfalt an Möglichkeiten[14], so z.B. fahrerlose Transportsysteme, Elektrohängebahnen, Be- und Entladeautomaten, Kommissionier-, Portalroboter und sonstige Handhabungsautomaten.

Bei Beurteilung und Wirtschaftlichkeitsbetrachtung geeigneter logistischer Systemlösungen müssen die Ziele der Logistik einerseits und die Systemgröße andererseits aufeinander abgestimmt und berücksichtigt werden. So treten z.B. bei komplexen Fertigungssystemen (Bild12), in denen logi-

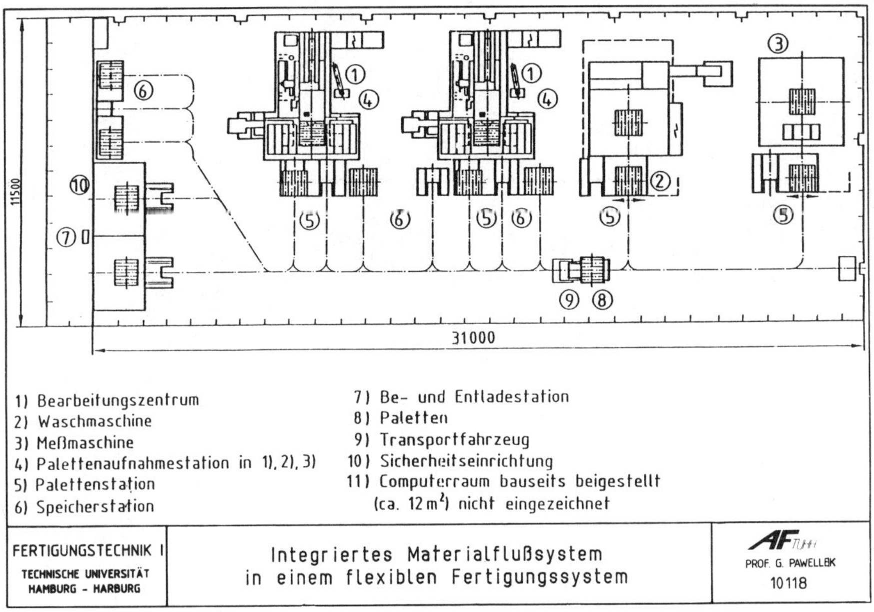

Bild 12: Fahrerloses Transportsystem als Subsystem eines flexiblen Fertigungssystems (Werkbild Fa. Scharmann)

stische Systeme integrierte Subsysteme darstellen, die klassischen logistischen Zielgrößen zurück. Anders z.B. bei Transportsystemen, die rein für die Aufgabe des Materialtransports eingesetzt sind. Hier ist darauf zu achten, daß die Schnittstellen in der logistischen Kette beispielsweise zwischen Fertigungs- und Transportfunktionen[15] richtig gelegt werden (Bild13). Komplexe Automatisierungsinseln lassen sich eben nur ganzheitlich betrachten. Bei diesen i.d.R. strategischen Maßnahmen ist zudem die Einbeziehung der dynamischen Investitionsrechnung unerläßlich[16].

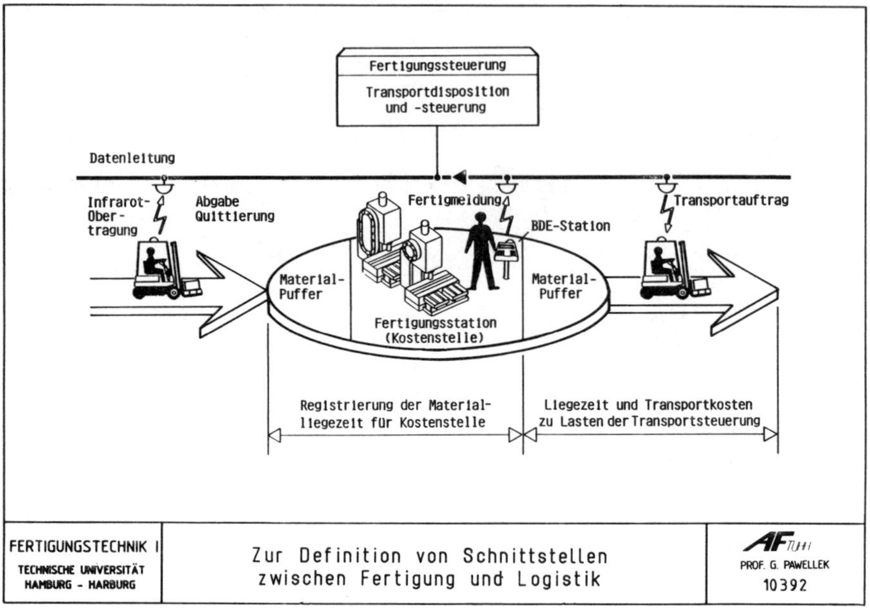

Bild 13: Zur Definition von Schnittstellen zwischen Fertigung und Logistik[15]

4.2 Aufbau logistischer Betriebssysteme

Logistik-Strategien der beschriebenen Art, wie z.B. die "zeitnahe Disposition von Flurförderzeugen" oder der "Realtime-Betrieb von fahrerlosen Transportsystemen", können nur im Zusammenhang mit entsprechenden Logistik-Planungs- und Steuerungssystemen bzw. Logistik-Betriebssystemen realisiert werden. Deren Aufbau in die vier Ebenen Operation, Steuerung, Disposition und Administration (Bild14) orientiert sich an der hierarchisch gegliederten betrieblichen Strukturorganisation[17/18].

In der Operationsebene steht die Durchführung der Materialbewegungen mit förder-, lager- und umschlagtechnischen Geräten im Vordergrund. Über die Systemschnittstellen, die durch die Verkettung der Funktionsbereiche geschaffen wurden, erfolgt die Identifikation der Materialflußobjekte und damit die Informationserfassung für das Logistik-Betriebssystem. Eine Integration von Logistik und CIM kann dadurch sichergestellt werden.

Die Steuerungsebene dient der Steuerung einzelner Systemelemente - wie z.B. Weichen, Kreuzungen, Lagerbediengeräte - und ganzer Netzwerke. Typische Netzwerke sind Puffer, Sortierkreise, Ver- und Entsorgungssysteme innerhalb flexibler Fertigungssysteme.

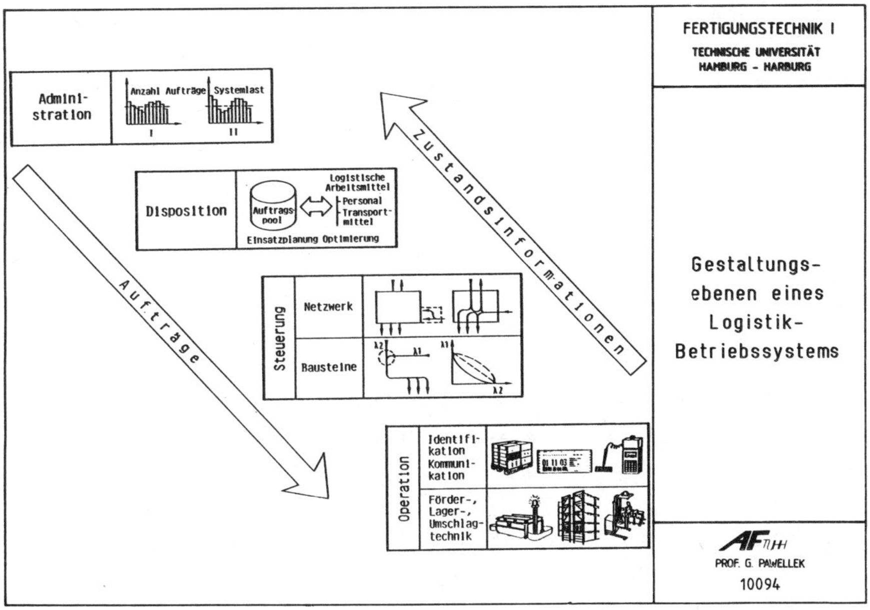

Bild 14: Hierarchische Ebenen eines Logistik Betriebssystems

In der Dispositionsebene erfolgt die Disposition, d.h. die Zuordnung von logistischen Aufgaben zu den entsprechenden logistischen Systemen. Je nach Optimierungsstrategien kann hierbei flußorientierte Ablaufplanung und kapazitätsorientierte Auftragszuordnung zum Tragen kommen. Über die Systemschnittstellen im Materialfluß können die Netzwerke koordiniert werden.

Die Administrationsebene steht für die Durchführung von Leistungsüberwachung, Kostenverrechnung und Betriebsstatistik. Daraus können auch langfristige Strategien aus gesamtbetrieblicher Sicht wie Personal-, Arbeitsmittelkapazitäten und Automatisierungsniveau abgeleitet werden.

Jedes Materialflußsystem läßt sich in dieser oder ähnlicher Struktur aufbauen. Mit den durch die Ablaufstrukturierung geschaffenen Schnittstellen besteht die Möglichkeit, ein Logistik-Betriebssystem stufenweise zu realisieren. Ein entsprechendes Logistik-Konzept erlaubt im Verbund mit moderner Kommunikationstechnik die Installation bereichsübergreifender Informationssysteme.

4.3 Integration in CIM-Strukturen

Der konsequente Einsatz der Informationstechnik in der Fabrik ermöglicht die optimale Synchronisierung aller Prozesse im Produktions- und Materialfluß[19].

Ein gutes Beispiel liefert hierzu die zentrale Beauftragung und Verwaltung von FTS, Schlepper/Anhängern und Staplern in verschiedenen Produktionsbereichen mittels einer Kommunikationstechnik über BUS-Strukturen und Infra-Rot-Datenübertragung (Bild15). Durch strategiekonforme Nutzung von Online-Informationen können Einsparungen allein im Materialfluß von 25% fast immer erzielt und eine 100%ige Bestandstransparenz erreicht werden[15].

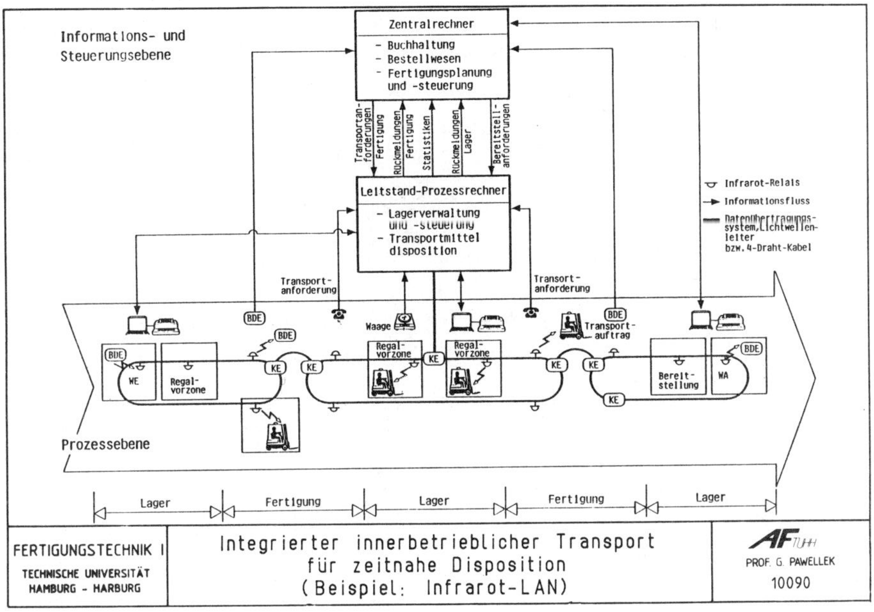

Bild 15: Integrierter innerbetrieblicher Transport für zeitnahe Dispositions- und Steuerungsstrategien

Die Verknüpfung verschiedener Funktionsbereiche der Fabrik wie Vertrieb, Konstruktion, Einkauf, Logistik, Produktion etc. erfolgt auf der Basis gemeinsamer Daten und Arbeitsinhalte. Diese informationelle Integration der Funktionen bewirkt, daß die betrieblichen Prozesse schnell, sicher und störungsfrei ablaufen und Redundanzen eliminiert werden. So können z.B. dann gleichzeitig mit dem Konstruktionsprozeß eine Herstellkostenrechnung unter Einbeziehung der Logistikkosten sowie eine parallele Konzeption für fertigungsintegrierte Qualitätssicherung erfolgen.

Durch eine abgestufte Integration des Informationsflusses von den Arbeitsmitteln und Anlagen bis zu einem übergeordneten zentralen Management-Kontrollsystem können dann solche Lösungen, wie sie Bild 16 beispielhaft zum Ausdruck bringt, erfolgreich und in überschaubarem Zeitraum realisiert werden.

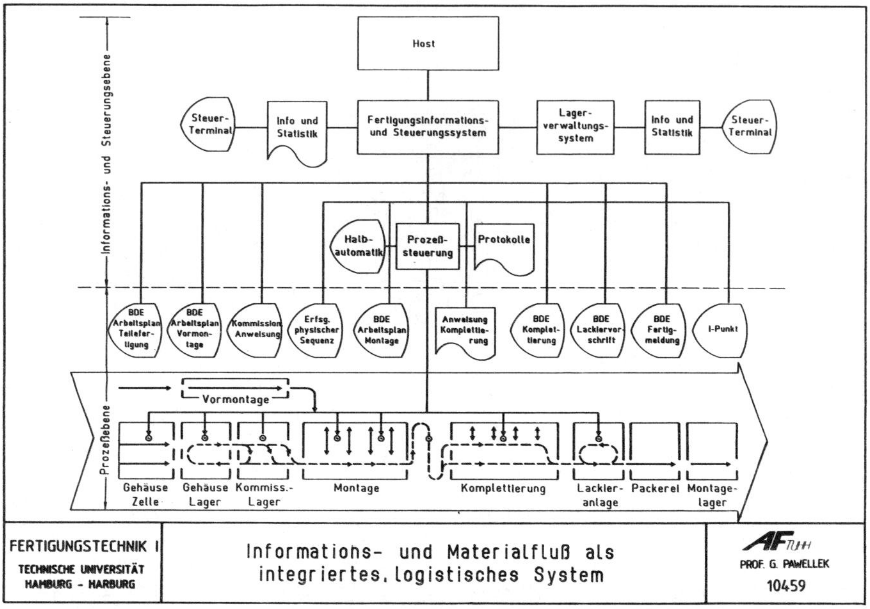

Bild 16: Informations- und Materialfluß als integriertes, logistisches System

5. Zusammenfassung und Ausblick

Neue Logistikstrategien prägen die Gestaltung zukünftiger Fabrikstrukturen. Sie sind aus den übergeordneten Unternehmenszielen und -strategien abzuleiten. Angestrebt wird eine Fließfertigung wie in der Prozeßindustrie, damit eine völlig neue Produktivität der Gesamtlogistik im Unternehmen.

Voraussetzungen sind hierzu die ganzheitliche Überprüfung und Neugestaltung der Ablaufstrukturen und Systeme in der Produktion. Definierte Schnittstellen schaffen dann die

Möglichkeit zum Aufbau und Ausbau integrierter Automatisierungsinseln, wie z.B. in Bild 17 veranschaulicht. Hierarchisch aufgebaute Logistik-Betriebssysteme ermöglichen einen online-gesteuerten Material- bzw. Produktionsfluß, eingebettet in CIM für die gesamte Produktion.

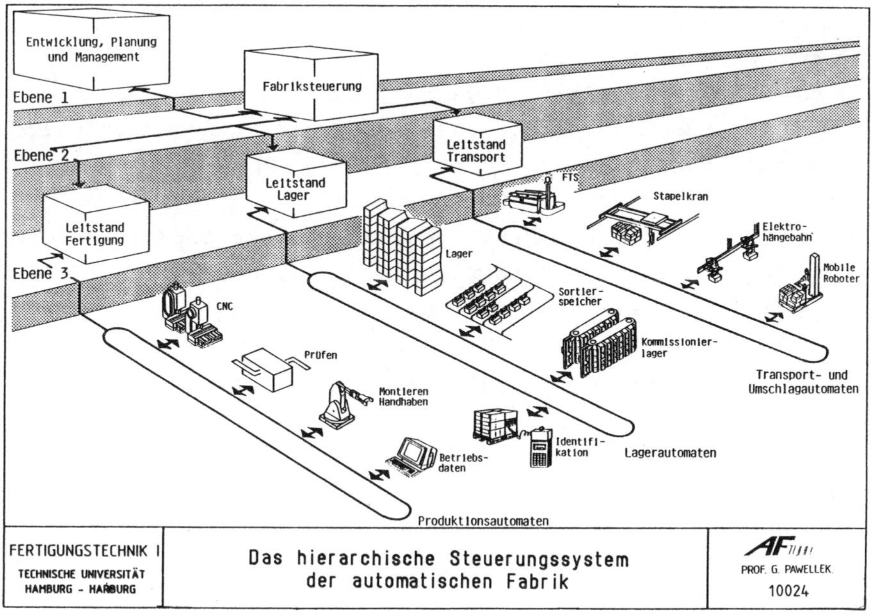

Bild 17: Integrierte Automatisierungsinseln in der "Fabrik der Zukunft"[21]

Unabdingbar auf dem Weg zur "Fabrik der Zukunft" ist die sorgfältige Entwicklung und schrittweise Realisierung eines unternehmensspezifisch entwickelten, strategisch angelegten Innovationsprogramms auf der Basis einer ganzheitlichen Betrachtung des Unternehmens[20]. Es umfaßt Bausteine (Geräte, Anlagen, Komponenten, Software und Hardware), die konstruierbar im Sinne einer schrittweisen Realisierung des Innovationsprogramms zu ganzheitlichen Lösungen führen[21]. Der Weg zur "Fabrik der Zukunft" führt über

o Auffassung der vernetzten Produktionsprozesse als logistische Regelkreise (autonome Subsysteme),

- o strukturierte Vernetzung mit allgemein gültigen Strukturierungsregeln (Materialflußabschnitte, Prognose- und Dispositionsebenen, Puffermodelle der Fabrik),
- o Meßstellen für die Leistungsüberwachung aller Fließprozesse in Fertigungs- und Materialflußbereichen,
- o hierarchische Logistik-Informationssysteme mit Informationsmanagement,
- o neue ablauforientierte Organisationsstrukturen,
- o neue Instrumente und Methoden zur ganzheitlichen und permanenten Planung.

Die neuen Strategien, Strukturen und Systeme fordern jedoch auch die rechtzeitige Einbeziehung des Arbeitnehmers in den ganzheitlichen Gestaltungsprozeß. Nur dann kann die gewünschte Effizienz bei der logistikgerechten Neustrukturierung des Unternehmens erwartet werden.

6. Literatur

1 **Pawellek, G.**: Logistikorientierte Neuordnung produzierzierender Unternehmen. ZwF Zeitschrift für wirtschaftliche Fertigung 80(1985)8, S.353-358

2 **Pawellek, G.**: Industrieller Wandel: Fabrik der Zukunft. In: Jahrbuch der Logistik 1988, S.10-16

3 **Rühle v. Lilienstern, H.; Pawellek, G.**: Zuliefermarkt im Umbruch. Logistik: Herausforderung für das Management (5). Blick durch die Wirtschaft v. 12.03.1987

4 **Schulte, H.**: Produktionsinformationssysteme und Einbeziehung der Zulieferer - Neue Lösungsansätze für PPS-Systeme. Zeitschrift für Logistik (1985)4, S.75-78

5 **Pawellek, G.**: Transport-Organisation - Ablaufplanung als eine organisatorische Verbesserung bei innerwerklichen Transportketten. Zeitschrift für Logistik 3(1982)2, S.59 -64

6 **Pawellek, G.**: Ganzheitliche Industrieplanung -Logistikorientierte Neustrukturierung fordert innovative Ganzheitsbetrachtung. In: Materialfluß, Logistik und Technik 1985, Schriftenreihe des Institutes für Fördertechnik der Universität Karlsruhe, Heft 9. Karlsruhe 1985, S.99-111

7 **Pawellek, G.; Polensky, W.**: Produktionslogistikanalyse - Innovative Ansätze für die grundlegende Verbesserung von Fertigung und Montage. Handbuch zum TAW-Seminar "Fabrikplanung und Organisation (II)" am 26.03.1987 in Wuppertal

8 **Pawellek, G.; Schulte, H.**: Logistikgerechte Konstruktion - Auswirkungen der Produktgestaltung auf die Produktionslogistik. Zeitschrift für Logistik 8(1987)9, S.35-39

9 **Kottkamp, E.**: Logistikgerechte Neustrukturierung - Ableitung logistischer Abläufe der Produktion aus der Produktstruktur. Zeitschrift für Logistik (1987)9, S.40-43

10 **Vester, F.**: Neuland des Denkens. München 1980

11 **Pawellek, G.; de Jong, H.**: Läger und Puffer bei der Just-in-Time-Produktion. Industrieanzeiger Extra 109 (1987) 71, S.70-74

12 **Pawellek, G.; de Jong, H.**: Logistikgerechte Just-in-Time-Produktion - Entwicklung und Realisierung einer JIT-Konzeption für montageintensive Produktionsprozesse. VDI-Zeitschrift (1987)9

13 **Pawellek, G.; Schulte, H.**: Die Entwicklung der "Fabrik für die Zukunft" in der Praxis - Neue Methoden und EDV-Tools. Industriebau (1987)3, S.140-147

14 **Pawellek, G.**: Innovative Lösungen in der Logistik - Die logistikorientierte Produktion und Verteilung. Sonderpublikation "Lagertechnik 85", S.6-9

15 **Hachmann, F.; Bode, W.**: Informationstechnische Integration von Flurförderzeugen. In: Kongreßhandbuch zum 4. Internationalen Logistik-Kongreß, Dortmund 1983

16 **Knipschild, D.**: Wirtschaftlichkeit und Nutzen von fahrerlosen Transportsystemen. ZwF Zeitschrift für wirtschaftliche Fertigung 81(1986)12, S.677-681

17 **Pawellek, G.**: Ablaufplanung bei innerwerklichen Transportketten. Forschungsberichte zur Industriellen Logistik Nr. 20, hrsg. vom Institut für Logistik der Deutschen Gesellschaft für Logistik e.V., Dortmund 1981

18 **Kuhn, A.**; Großeschallau, W.: Modellelemente und Konstruktionsregeln für Materialfluß-Simulationssysteme. Fördern und Heben 35(1985)4, S.253-257

19 **Pawellek**, G.: CIM und Logistik (Teil 2) - Automatisierung und Integration in überschaubaren Schritten. Fördertechnik (1988)2, S.19-22

20 **Lehmköster**, B.; Pawellek, G.: Unternehmensplanung - Steigerung der Rentabilität durch systematische Produkt- und Technologieplanung. Handelsblatt Nr. 67 vom 8.04. 1986, S.26

21 **Kuhn**, A.: Bausteine zur Gestaltung logistischer Systeme. Vortrag anl. der Industriemesse 1986, Brünn

7. Abbildungsverzeichnis

Bild 13: Zur Definition von Schnittstellen zwischen Fertigung und Logistik[15]

Bild 14: Hierarchische Ebenen eines Logistik-Betriebssystems

Bild 15: Integrierter innerbetrieblicher Transport für zeitnahe Dispositions- und Steuerungsstrategien

Bild 16: Informations- und Materialfluß als integriertes, logistisches System

Bild 17: Integrierte Automatisierungsinseln in der "Fabrik der Zukunft"[21]

Erklärung und Gestaltung der „Informationskultur" mit Hilfe dualer Regelung

Von Christian Scholz*

1. Problemstellung

1.1 Unternehmenskultur als Schlüsselfaktor

Unternehmenskultur ist die aggregierte Verbindung aus Erfahrungen der Organisationsmitglieder, historisch überlieferten Erfolgsmustern sowie durch Tradition entstandenen Normen und Werte. Unternehmenskultur spiegelt das wieder, was die Mitglieder des Unternehmens als "einmalig und markant" für ihr Unternehmen ansehen: Die Unternehmenskultur ist somit das implizite Bewußtsein eines Unternehmens, das sich aus dem Verhalten der Organisationsmitglieder ergibt, und das umgekehrt die formalen sowie die informalen Verhaltensweisen der Individuen steuert (Scholz 1987a, 88).

Die Bestseller von Peters und Waterman (1982) sowie von Deal und Kennedy (1982) sprechen eine klare Sprache: Danach ist die Unternehmenskultur ein wichtiger, wenn nicht sogar der ausschlaggebende Faktor für den Unternehmenserfolg. Bei näherer Analyse kristallisiert sich als potentieller Grund dafür die Fähigkeit einer starken Unternehmenskultur heraus, strategische Stimmigkeiten im Unternehmen zu schaffen (vgl. Scholz 1987c): Sie gibt als Autopilot Hinweise auf

* Prof. Dr. Christian Scholz, Lehrstuhl für Betriebswirtschaftslehre, insbesondere Organisation, Personal- und Informationsmanagement, Universität des Saarlandes, 6600 Saarbrücken 11.

strategiekonformes Verhalten. Diese strategische Stimmigkeit aber ist zwingende Voraussetzung für den Erfolg des Unternehmens.

Neben dieser Kausalkette Unternehmenskultur-Stimmigkeit-Erfolg beeinflußt umgekehrt auch der Erfolg den Grad der strategischen Stimmigkeit, wenn erfolgreiches Verhalten als "Leitbild" angesehen und internalisiert wird. Eine hohe Stimmigkeit wiederum wirkt positiv auf die Unternehmenskultur, da ein stimmiges Verhalten eher aufnehmbar ist. Gleiches gilt für den Unternehmenserfolg: Erfolgreiche Unternehmen können danach leichter eine starke Kultur aufbauen als von Mißerfolg geprägte Organisationen. Zwischen Unternehmenskultur, strategischer Stimmigkeit und Unternehmenserfolg ist daher von einem vernetzten System von Einflußgrößen auszugehen, das sich aber - wie alle derartigen Systeme - nur schwer empirisch erfassen und abbilden läßt.

Während somit ein implizites Grundverständnis vom Inhalt der Unternehmenskultur genauso zu konstatieren ist wie ein Konsens hinsichtlich der Bedeutung der Unternehmenskultur, bleiben mehrere Fragen offen: Sie betreffen

- die Erfassung der Ist-Kultur,
- die Bestimmung entsprechender Soll-Kulturen und
- die Entwicklung von Beeinflussungsmechanismen zur Kulturänderung.

Die Fülle der hierzu gemachten und mit dem Etikett der Allgemeingültigkeit versehenen Vorschläge darf nicht darüber hinwegtäuschen, daß diese Fragen zur Zeit im wesentlichen noch als unbeantwortet eingestuft werden müssen (vgl. Scholz 1988b).

Ein möglicher Ausweg aus dieser Problematik besteht in spezialisierenden Weiterentwicklungen von Teilkonzepten zur Bewältigung unternehmenskultureller Phänomene. Dieser These folgend konzentriert sich ein Forschungsprojekt an der Universität des Saarlandes auf die Informationskultur als ein zentrales Segment der Unternehmenskultur.

1.2 Informationskultur als Herausforderung

Informationskultur ist das implizite Bewußtsein einer Organisation, das Aussagen über ihr typisches Informationsverhalten macht. Dieses Informationsverhalten manifestiert sich in organisationsspezifischen Formen der Beschaffung, Verarbeitung und Weiterleitung von Informationen.

Informationskultur als unternehmensspezifische Auffassung von "typischem" Informationsverhalten schlägt sich nieder in den Erfahrungen der Organisationsmitglieder, in etablierten Erfolgsmustern aus der Vergangenheit, in geteilten Werten und Zielen sowie in expliziten und impliziten Verhaltensrichtlinien zum Umgang mit Informationen.

Die entscheidende These, die für die zentrale Bedeutung der Informationskultur spricht, besagt, daß gerade der Umgang mit Informationen im Unternehmen ausschlaggebend für die charakteristische Prägung des Unternehmens und für seinen Erfolg ist.

Anders als bei der klassisch-analytischen Erforschung des Informationsverhaltens soll aber nachfolgend nicht versucht werden, den Prozeß der Informationsverarbeitung in kleinste Einheiten zu zerlegen und dann diese empirisch zu erfassen. Vielmehr wird von der Existenz unternehmensspezifischer Spielregeln im Umgang mit Informationen ausgegangen: Danach steuert die von den Organisationsmitgliedern (intuitiv) erfaßte Informationskultur als kollektiv perzipiertes und akzeptiertes Verhaltensmuster das unternehmensspezifische und damit auch das individuelle Informationsverhalten.

Während es noch relativ leicht fällt, auf die potentielle Bedeutung der Informationskultur beispielsweise als zentrale Innovationsdeterminante hinzuweisen (Scholz 1988c), bereiten Erfassung und Gestaltung der Informationskultur noch immense Schwierigkeiten.

Wie der vorliegende Beitrag zeigt, liefert das Konzept der dualen Regelung ein hilfreiches Paradigma für den Umgang mit der Informationskultur: Es erzwingt zum einen eine strikt systemtheoretisch-kybernetische Betrachtungsweise, zum anderen liefert es bei entsprechender Adaption ein sinnvoll differenziertes und damit auch situativ einsetzbares Modell.

2. Bausteine für ein duales (Informations-)Kulturmodell

2.1 Die drei Ebenen von Schein

Auch die konzeptionelle Erfassung der Informationskultur über die duale Regelung erfordert ein aus der Unternehmenskultur abgeleitetes Grundmodell. Hier bietet sich der Ansatz von Schein an, da er - wie noch zu zeigen sein wird - als hierarchisches Regelkreismodell interpretierbar und damit konkretisierbar ist.

Nach Schein (1985,13-21) wird die Unternehmenskultur durch eine Vielzahl von kulturtragenden Elementen geprägt, die sich auf drei Ebenen lokalisieren lassen:

o Auf der sichtbaren beziehungsweise hörbaren und somit direkt beobachtbaren Ebene zeigt sich die Kultur eines

Unternehmens in künstlich geschaffenen Komponenten. Solche Artefakte sind Gebäude und Raumausstattungen, aber auch (unbewußt geschaffene) Kulturmanifestationen wie Slogans und Rituale. So kann die Architektur eines Verwaltungsgebäudes genauso Schlüsse auf die Unternehmenskultur zulassen wie Rituale oder Zeremonien.

- Mehr noch als die Artefakte der direkt beobachtbaren Ebene beeinflussen die Werte der Organisationsmitglieder das Verhalten im Unternehmen. Vor allem die internalisierten Wertvorstellungen wirken hier dauerhaft verhaltenssteuernd.
- Die dritte Ebene beinhaltet die Grundannahmen der Organisationsmitglieder als ihre kaum noch diskutierten Einstellungen zur Umwelt, zur Realität sowie zum Menschen und seinen Handlungen. Kulturtragende Annahmen ("guiding beliefs") haben als Kernstück der Unternehmenskultur den größten Einfluß auf das Verhalten der Organisationsmitglieder, lassen sich aber nur schwer ermitteln: Sie sind als "Unterbewußtsein" der Organisation allenfalls über subtile Erfassungsmethoden erhebbar.

Überträgt man dieses 3-Ebenen-Modell von Schein in ein hierarchisches Regelkreismodell, so kommt zwangsläufig den Grundannahmen die Rolle des obersten Reglers zu. Sie beeinflussen die Werte, diese ihrerseits die Artefakte. Umgekehrt geht als Feedback-Information über die Zustandsgröße die Ausprägung der Artefakte und der Werte in die Grundannahmen ein und führt sukzessiv zu ihrer Veränderung.

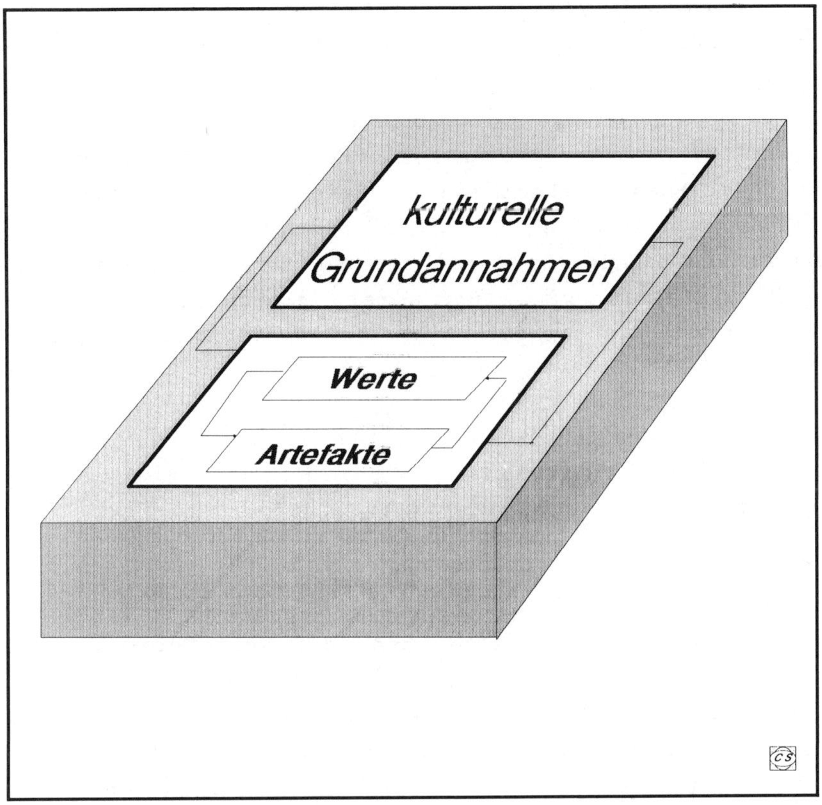

Abb. 1: Das Modell von Schein in Regelkreisdarstellung

2.2 Duale Regelung

Der zweite Baustein für das hier zu entwickelnde Modell ist die Grundstruktur einer dualen Regelung. Sie zeichnet sich durch phasenbezogene Umkehr der Regelungsverhältnisse aus: Bezogen auf einen einfachen Regelkreis aus zwei Komponenten bedeutet duale Regelung (Zypkin 1970; Scholz 1981,32), daß

- in einem Fall die Komponente A den Regler und die Kompo-

nente B die Regelstrecke,
- im anderen Fall die Komponente A die Regelstrecke und die Komponente B den Regler

darstellt. Zwischen diesen beiden Fällen wird abgewechselt, wobei der Phasenwechsel vom jeweiligen Problem abhängt: Das Spektrum möglicher Ausprägungen reicht hier von einer klaren Phasentrennung (wie bei der partizipativen Zielfestlegung) bis hin zu einer fast gleichzeitigen ("semisimultanen") Wirksamkeit beider Informationsbeziehungen.

2.3 Informationskultur

"Informationskultur" existiert in den Köpfen der Organisationsmitglieder und hilft ihnen, die Fülle gezeigter Verhaltensweisen im Unternehmen zu verstehen und die scheinbare Systemlosigkeit auf einige wenige Grundprinzipien zurückzuführen. Die Informationskultur ist daher als real existierendes Phänomen mit verhaltenssteuernder Wirkung anzusehen. Auch wenn die Informationskultur ein stark komplexitätsreduzierendes und damit relativ einfaches Grundmuster organisatorischen Informationsverhaltens darstellt, gilt es die Frage nach ihrer Erfaßbarkeit zu beantworten.

Als dritter Baustein des hier zu präsentierenden Ansatzes soll daher (kurz) auf ein einfaches - aber trotzdem wirksames - Instrument zur Erfassung dieser Informationskultur eingegangen werden: Diese Methodik (Scholz 1987b) setzt an einem von McClelland (1953; 1975; 1985) entwickelten Vorschlag an, der eine Differenzierung zwischen

- dem Streben nach Macht,
- dem Streben nach Leistung,
- dem Streben nach Zugehörigkeit sowie

- dem Streben nach Vermeidung

vornimmt. Während McClelland seinen Bedürfnis-Mix ausschließlich einzelfallspezifisch auf der individuellen Verhaltensebene ansiedelt, bietet es sich als instrumentelle Komponente eines informationskulturellen Ansatzes an, diese Bedürfnisse als generelle Basisnormen für die Organisation zu postulieren. Zudem sind alternative Bezugsbasen vorzusehen, wonach sich die Basisnormen

- auf das Individuum,
- die Gruppe oder
- das gesamte Unternehmen

beziehen. Damit ergeben sich zwölf potentielle Dimensionen der Informationskultur.

Beispiele für Normen	Individuum	Gruppe	Unternehmen
Streben nach Leistung			
Streben nach Macht			
Streben nach Zugehörigkeit			
Streben nach Vermeidung			

Übersicht 1: Basisnormen einer Informationskultur

Nimmt man zur Verdeutlichung dieser beiden Weiterentwicklungen des Ansatzes von McClelland exemplarisch das Machtmotiv als Teil einer Informationskultur, so führt dies zu folgenden drei Möglichkeiten:

o Die Information dient ausschließlich der Erhaltung und Vergrößerung der individuellen Macht. Es gehört danach zu den allgemein akzeptierten Spielregeln, Informationsbarrieren aufzubauen und nur selektiv (möglichst unwichtige) Informationen weiterzugeben.

- o Die Informationsbarrieren werden um die Gruppe (z.B. Abteilung) gezogen; es findet also ein freier Informationsaustausch nur innerhalb der Gruppe statt mit dem Ziel einer Machtsteigerung der Gruppe. Diesem Ziel als förderlich angesehen wird auch die Abschottung der Gruppe gegenüber konkurrierenden Gruppen.
- o Im dritten Fall wird das Streben nach Macht auf das gesamte Unternehmen bezogen. Hier fehlen intraorganisatorische Informationsbarrieren. Dagegen existieren Schutzmechanismen, die den freien Informationsaustausch mit konkurrierenden Unternehmen verhindern sollen, da Information als (strategisches) Machtpotential für das Unternehmen angesehen wird.

In allen drei Fällen handelt es sich jeweils um allgemein akzeptierte, kollektive Basisnormen im Unternehmen, die Aussagen über den Umgang mit Informationen machen (Übersicht 1). Dieses Aufzeigen alternativer Basisnormen für (Des-)Informationsverhalten bedeutet kein Urteil über die Vorziehenswürdigkeit bestimmter Alternativen: Vielmehr können alle drei Möglichkeiten sowie ihre diversen Mischformen im Einzelfall effektiv und effizient funktionieren. So kann das Vermeidungsstreben eine durchaus sinnvolle Komplexitätsreduktion bewirken, aber auch zu einer gefährlichen Reduktion der informatorischen Absicherung betrieblicher Entscheidungen führen.

Aufgrund der partiellen Redundanz dieser zwölf informationsbezogenen Basisnormen im Unternehmen wird nachfolgend eine Beschränkung auf fünf Basisnormen vorgenommen, nämlich auf

- Leistungsstreben bezogen auf die Gruppe,
- Leistungsstreben bezogen auf das Unternehmen,
- individuelles Vermeidungsstreben,
- individuelles Machtstreben und
- gruppenbezogenes Zugehörigkeitsstreben.

Diesen fünf Merkmalen ist der größte Einfluß auf die Informations-Verarbeitungsprozesse im Unternehmen zuzusprechen. Diese Merkmale decken nur einen Teilaspekt der Informationskultur ab. Der Beschreibungssatz ist daher zu erweitern, wobei sich im Umgang mit betrieblichen Informationstechnologien die Merkmale Sicherheit, Offenheit, Ordnung, Zentralisation, Technologiefreudigkeit, Flexibilität und Standardisierung anbieten. Übersicht 2 beinhaltet Definitionen für diese Merkmale und gibt Hinweise auf mögliche Erhebungstechniken.

Diese zwölf Merkmale, die in Übersicht 2 zusammengefaßt sind, sind nur als erster Ausgangspunkt für die Erfassung der Informationskultur anzusehen. Dies betrifft sowohl den Merkmalssatz als auch die Erhebung der jeweiligen Merkmalsausprägungen. Hier sind weitere Forschungsarbeiten dringend erforderlich. Besonders Expertensysteme dürften dabei eine wichtige Hilfe bei der Kulturanalyse bieten (Scholz/Rohloff 1987).

	Merkmal	Definition	Erfassung
1	Leistungsstreben/ Gruppe	Streben nach Erfolg und Zielerreichung in der Gruppe	TAT modifiziert Tiefeninterviews (1–5)
2	Leistungsstreben/ Unternehmen	unternehmensbezogenes Streben nach Erfolg/Zielerreichung	
3	Vermeidungsstreben/ Individuum	individuelles Bedürfnis, bestimmte Dinge zu vermeiden	
4	Machtstreben/ Individuum	individuelles Streben nach Überlegenheit und Macht	
5	Zugehörigkeitsstreben/ Gruppe	Streben nach sozialen Kontakten in der Gruppe	
6	Sicherheit	Schutz vor veränderten Bedingungen	Fragebogen Interviews (6–7)
7	Offenheit	unlimitierte Beziehungen im Unternehmen sowie zur Umwelt	
8	Ordnung	Festlegung von Aufgabenerfüllungsprozessen	Dokumentenanalyse Interviews mit Experten Mitarbeiterinterviews (8–9)
9	Zentralisation	Kompetenzverteilung im Leitungssystem	
10	Technologiefreudigkeit	Ausrichtung an technischen Neuerungen	Bestandsaufnahme der eingesetzten Technologie, Interviews, Fragebogen
11	Flexibilität	Anpassungsfähigkeit an veränderte Situationen	Dokumentenanalyse Interviews mit Experten Mitarbeiterinterviews (11–12)
12	Standardisierung	Vereinheitlichung von Aufgabenerfüllungsprozessen	

Übersicht 2: Merkmale für Informationskulturen

2.4 Kreisdiagramm

Ein aussagefähiges Instrument zur Darstellung einer durch diese zwölf Merkmale präsentierten Informationskultur ist das Kreisdiagramm (Abbildung 2): Es weist gleichzeitig die Ausprägung mehrerer Merkmale auf. Der Nullpunkt liegt jeweils in der Mitte, die maximale Ausprägung am Kreisrand. Mit einer derartigen Darstellungsform kann man - anders als bei den herkömmlichen Profildiagrammen - Merkmalskombinationen visuell leicht erfassen, weil (ähnlich wie bei einer Uhr) die Position einer herausragenden Zacke lokalisiert werden kann.

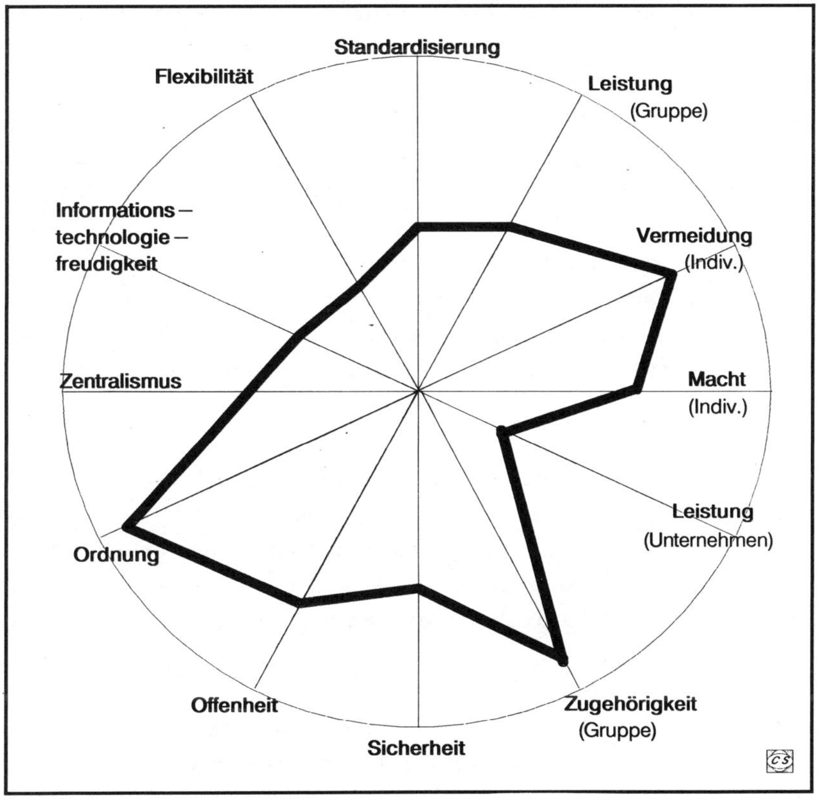

Abb. 2: Kreisdiagramm zur Kulturerfassung und exemplarische Informationskultur

3. Vorschlag für ein duales (Informations-)Kulturmodell

3.1 Darstellung

Die beiden interagierenden Komponenten im dualen Regelkreismodell sind im hier zu entwickelnden dualen Kulturmodell die Leitungshierarchie und die Kulturhierarchie (Abbildung 3):

Die Leitungshierarchie entspricht dem hierarchischen Regelkreis aus der Organisationskybernetik. Die Unternehmensleitung gilt dabei als oberster Regler. In diesem dualen Regelkreismodell erhält der oberste Regler keine weiteren Führungsgrößen. Trotzdem muß - wie an anderer Stelle (Scholz 1987a, 209-224) ausgeführt - von der Existenz weiterer Regler ausgegangen werden, die als sozio-ökonomisches Umfeld oder als Kapitaleigner Interessen gegenüber der Unternehmensleitung artikulieren. Wie bei (rekursiv-) hierarchischen Regelkreisen üblich, besteht die Regelstrecke der Unternehmensleitung ihrerseits wieder aus mindestens einem Regler, beispielsweise der Bereichsleitung. Darunter liegt die betriebliche Realebene als Basisregelstrecke.

Die Unternehmenskultur stellt einen (eigenständigen) hierarchischen Regelkreis dar. Eine Möglichkeit zur konzeptionellen Konkretisierung dieser Kulturhierarchie ist das oben diskutierte Modell von Schein, wenn dessen drei Kulturebenen als hierarchisches Regelkreismodell aufgefaßt werden (Abbildung 1).

Gemäß dem Grundkonzept der dualen Regelung kommt es zwischen beiden Regelkreishierarchien zu einer wechselseitigen Vorgabe von Führungsgrößen:

Zunächst wirken die kulturellen Grundannahmen als Soll-Wert

(w1) für alle Regler und Regelstrecken auf der Leitungshierarchie. So sind es gerade die "guiding beliefs", die im Sinne von impliziten Normen das Verhalten der Organisationsmitglieder deutlich steuern; die Rückkopplung (x1) besteht aus dem tatsächlichen Verhalten der Organisationsmitglieder. Die Unternehmenskultur versucht also stabilisierend auf das Verhalten der Organisationsmitglieder einzuwirken und dieses an die impliziten Kulturnormen der Unternehmenskultur anzugleichen. Aufgrund der Rückkopplungen des tatsächlichen Verhaltens kommt es aber dennoch sukzessive zu Veränderungen der kulturellen Grundannahmen.

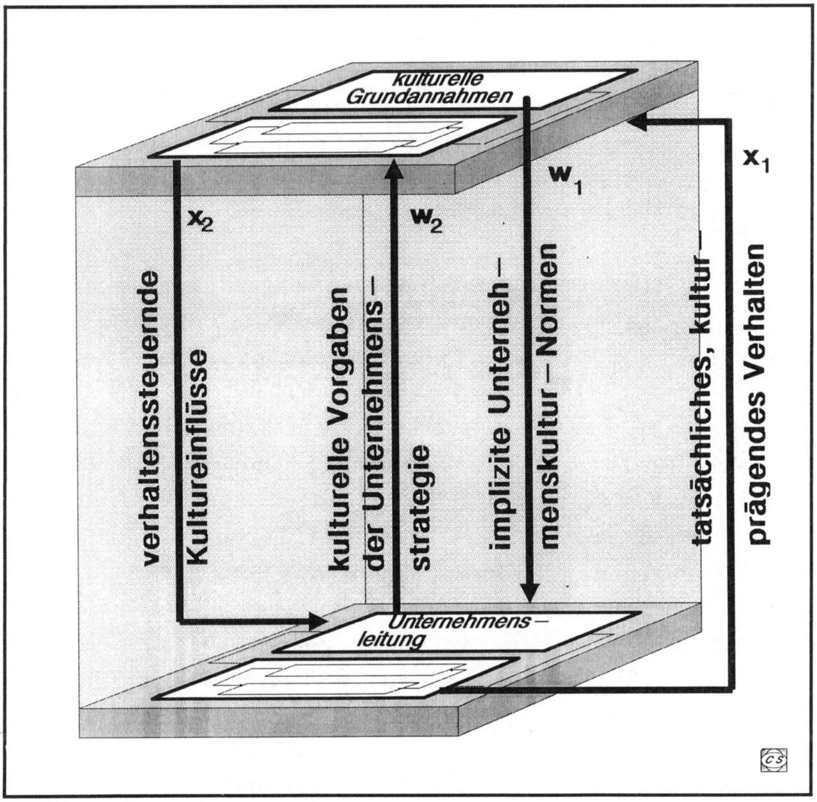

Abb. 3: Duales (Informations-)Kulturmodell

Verbindet man die Leitungshierarchie mit der Kulturhierarchie ausschließlich über die Regelungsbeziehungen w1 und x1, so arbeitet die Unternehmenskultur als übergeordneter Regler. In diesem Fall würde die betriebliche Leitungshierarchie (lediglich) um einen weiteren, höherrangigen Regler ergänzt: Dies würde zu einem streng hierarchischen Regelkreissystem führen. Eine Reihe von Autoren aus der Unternehmenskultur-Forschung (Davis 1984) sehen dementsprechend die Unternehmenskultur als oberstes Steuerungselement für organisatorisches Verhalten.

Eine duale Regelung ergibt sich erst durch die Einführung von zwei weiteren Informationsbeziehungen (w2, x2) zwischen der Leitungshierarchie. Derartige Beziehungen sind nicht nur präskriptiv sinnvoll, sondern vor allem deskriptiv plausibel: So versucht auch die Unternehmensleitung Einfluß auf die Unternehmenskultur zu nehmen. Sie muß eine Unternehmenskultur schaffen, die im Einklang mit der Unternehmensstrategie steht, sofern nicht sowieso die Strategie bereits aus der Kultur abgeleitet wurde.

Diese "Soll-Kultur" als Führungsgröße (w2) kann aber nicht an den kulturellen Grundannahmen als Regelstrecke ansetzen, obwohl dies auf den ersten Blick als einfache Lösung des Problems erscheint und deshalb auch in der Praxis (Kobi/Wüthrich 1986) versucht wird. Eine nähere Analyse unternehmenskultureller Zusammenhänge zeigt sehr bald die Unmöglichkeit derartiger Einflußnahmen: Grundannahmen wie "Kundenorientierung" oder "Kosteneffizienz" können nicht verordnet werden. Vielmehr kann die Unternehmensleitung zunächst nur auf der leicht zugänglichen Ebene der Artefakte operieren. Sie gerät damit zwangsläufig in Konflikt mit den Regelungseingriffen der kulturellen Grundannahmen, die auf eine Konsistenz der Werte und Artefakte achten.

Trotzdem kann und muß die Unternehmensleitung über ein "symbolisches Management" (vgl. Pfeffer 1981; Pondy et al. 1983; Dill 1987, 279-294; Heinen 1987, 109-118 + 183-196; Neuberger/Kompa 1987, 235-258) Artefakte schaffen, die dann eine zu verändernde Kultur signalisieren. Da die Unternehmensmitglieder diese Zustandsgröße aber ebenfalls erfassen (x2), kommt es zu verhaltenssteuernden Kultureinflüssen, die von diesen Artefakten ausgehen.

Damit ist die Grundstruktur einer dualen Regelung erreicht: Zum einen ist die Kulturhierarchie der Regler, der die Leitungshierarchie in Richtung auf eine implizite Kultur lenkt; zum anderen ist die Leitungshierarchie der Regler, der die Kulturhierarchie als Regelstrecke ansieht.

Das duale Kulturmodell liefert somit eine wesentlich komplexere Grundstruktur, als sie üblicherweise in der Unternehmenskultur-Forschung Verwendung findet. Dort wird zwar überwiegend teilweise (implizit) von einer Soll- und einer Ist-Kultur ausgegangen (vgl. Peters/Waterman 1982; Deal/Kennedy 1982; Davis 1984), ohne aber zwischen den verschiedenen Formen der Führungsgrößen und den verschiedenen Formen der Zustandsgrößen zu differenzieren. Gerade dieser Unterschied macht aber die Komplexität der Unternehmenskultur und ihre Problematik (sowie ihre Faszination) aus.

3.2 Konkretisierung für die Informationskultur

Im Idealfall stimmen die Kulturmanifestationen, die zwischen der Leitungshierarchie und der Kulturhierarchie transportiert werden, überein. An einem (etwas überspitzten) Beispiel soll allerdings gezeigt werden, wie speziell bei der Informationskultur durchaus von teilweise gravierenden Abweichungen auszugehen ist (Abbildung 4).

3.2.1 Grundannahmen als Führungsgröße (wl)

Eine sicherlich verbreitete Informationskultur-Form ist die Bürokratiekultur: Sie ist gekennzeichnet durch hohe Ausprägung für die Merkmale Standardisierung, Zentralisierung, Ordnung, Sicherheit und Vermeidungsstreben sowie niedrige Werte für Flexibilität, Informations-Technologiefreudigkeit, Offenheit und Leistung. Diese Kultur hat unmittelbare Implikationen für das Informationsverhalten: Da nicht die Leistung im Mittelpunkt steht, wird allenfalls auf Konformität mit dem System geachtet, das dann dem einzelnen maximale Sicherheit liefert. Sie wird allerdings erkauft durch geringe Flexibilität und hohe Standardisierung. Die Einführung neuer Informationstechnologien erscheint hier genauso schwierig wie die Veränderung alter Informationswege.

3.2.2 Unternehmensstrategie als Führungsgröße (w2)

Aufgabe der Unternehmensleitung ist es, die Abstimmung zwischen Unternehmensstrategie und Unternehmenskultur herzustellen: Auf die akademisch anmutende (nichtsdestoweniger praktisch aber bedeutsame) Frage nach

- einer Kulturdefinition in Abhängigkeit von der Strategie oder
- einem Strategiefit von der Kultur

soll an dieser Stelle nicht eingegangen werden (vgl. dazu Scholz 1987c). Entscheidend ist vielmehr, daß abgesehen von einer globalen Unternehmenskultur auch eine spezifische Informationskultur in Abhängigkeit von der Unternehmensstrategie definiert werden kann und muß.

Ein Beispiel für eine solche situativ zu wählende Informationskultur ist die "Innovationskultur" mit folgenden Charakteristika:

- Offenheit, als Möglichkeit auch neue Ideen zuzulassen,
- Flexibilität, als Fähigkeit auch vorher nichtdefinierte Lösungswege zu beschreiten,
- Zugehörigkeit zur Gruppe, als Form der individuellen Absicherung,
- Leistung bezogen auf die Gruppe, als Primat des Kollektivs,

kombiniert mit niedrigen Werten für Zentralismus und gruppenbezogener Macht.

Dieses Kulturmuster repräsentiert eine von mehreren Möglichkeiten, durch Betonung einer spezifischen Informationskultur die Innovationsfreudigkeit im Unternehmen zu erhöhen. Es ist hier als einer von mehreren Idealtypen zu verstehen: Die konkrete Ausprägung von (situativen) "Innovations-Profilen" läßt sich allenfalls einzelfallspezifisch oder nach umfangreichen empirischen Arbeiten definieren. Im hier postulierten dualen Kulturmodell soll diese Innovationskultur deshalb ausschließlich als Beispiel für eine mögliche Informationskultur dienen, die von der Unternehmensleitung in Abhängigkeit von einer vorliegenden Unternehmensstrategie postuliert wurde.

3.2.3 Kultursymptome (x2)

Wie oben ausgeführt, schlagen sich kulturbezogene Zielvorstellungen der Unternehmensleitung zunächst in Kultur-Artefakten nieder: Diese strahlen als künstlich geschaffene Kulturmanifestationen unternehmenskulturelle Wirkungen aus.

Auch hierfür gibt es eine Vielzahl von Realisationsmöglichkeiten. Bedeutsam im Hinblick auf die Informationskultur ist der Kultureinfluß, der von computergestützten Informationssystemen (CIS) ausgeht: Ergänzend zu den funktionalen Merkmalen besitzen computergestützte Informationssysteme symbolische Bedeutung, da sie unter anderem Macht, Einfluß oder Technologiefreudigkeit ausdrücken. Diese symbolischen Werte von Computersystemen wirken ihrerseits wieder auf die Informationskultur beziehungsweise auf die Unternehmenskultur.

Mit symbolischen Wirkungen diverser Kulturphänomene beschäftigt sich die Unternehmenskulturforschung seit langem (Pfeffer 1981; Smircich/Morgan 1982; Pondy et al. 1983; Daft/Weick 1984; Heinen 1987, 118-136), ohne sich allerdings dabei substantiell mit den symbolischen Implikationen computergestützter Informationssysteme zu befassen. Ihr Potential erschließt sich jedoch, wenn zwei (bekannte) Klassifikationsschemata aus der Symbolik-Forschung miteinander kombiniert und auf computergestützte Informationssysteme zugeordnet werden (vgl. Scholz 1987b).

o Danach werden Symbole zum einen klassifiziert nach drei Typenklassen (vgl. Dandridge/Mitroff/Joyce 1980):

  - Beim verbalen Aspekt geht es ausschließlich um die Diskussion über computergestützte Informationssysteme. Es bleibt gleichgültig, welche Funktionen das System tatsächlich ausübt.
  - Bei der aktionsorientierten Betrachtungsweise steht die tatsächliche Handlung im Mittelpunkt; auch hier ist es gleichgültig, welche Funktionen das computergestützte Informationssystem tatsächlich erfüllt: Ausschlaggebend ist nur, daß es eingeführt und durch einen bestimmten Prozeß in das Untenehmen beziehungsweise in die Abteilung implementiert wird.
  - Die dritte Typenklasse ist die materielle Betrachtungsweise. Hier entsteht die Symbolik dadurch, daß ein com-

putergestütztes System konkret (materiell) vorhanden und über Attribute charakterisierbar ist, an denen Symbole ansetzen.

o Diese drei Typenklassen lassen sich durch Verwendung einer Systematik weiter differenzieren, die sich auf die tatsächlichen Funktionen der Symbole beziehen (vgl. Dandridge/Mitroff/Joyce 1980; Dandridge 1983):

- Auf dieser Funktionsseite gibt es zunächst Symbole, die Gegenstände beschreiben und durch diese Beschreibung Informationskulturelle Bedeutungen offenlegen (können).
- Als zweite mögliche Funktion dienen Symbole dazu, durch ihre sichtbare Existenz die Ordnung im Unternehmen oder in der Abteilung zu manifestieren und dafür zu sorgen, daß Veränderungen nicht eintreten können ("stabilisierende Funktion").
- Die dritte Funktion, die von Symbolen ausgehen kann, ist die Kontrolle von Ressourcen: Hier dient der Computereinsatz zu Ressourcen-Allokationen im Unternehmen; der Computer ist also nicht als physikalischer Gegenstand interessant; entscheidend ist vielmehr, daß solche Geräte in bestimmtem Umfang in bestimmte Abteilungen "vordringen" und dies mit Mittelzuteilung verknüpft ist.

Übersicht 3 zeigt als Kombination die daraus resultierenden neun Möglichkeiten.
Vertieft man exemplarisch aus Übersicht 3 die Zelle links oben, so dominiert hier die Diskussion darüber, welche Funktionen der Computer tatsächlich ausführen soll. Dabei will man aber nicht etwa die Eigenschaften des Computers ergründen: Vielmehr bringt das Gespräch über den Computer informationskulturelle Phänomene an den Tag, die auch unabhängig von diesem System existieren. Im Gegensatz dazu geht es in der Zelle rechts unten in materieller Hinsicht tatsächlich um das computergestützte Informationssystem mit seinen (technischen) Funktionen: Durch seine Einführung

werden jedoch auch (symbolische) Zeichen gesetzt, die weitere Folgeentscheidungen binden. Auf diese Weise sind kulturelle Änderungen in Organisationen durchführbar: So können ausreichende EDV-Etats in Verbindung mit Ansätzen zum Personal Computing dafür sorgen, daß Abteilungen nicht nur technisch-funktional aufgewertet werden, sondern auch symbolisch ein größeres Gewicht erhalten.

	verbal	aktionsorientiert	materiell
beschreibend	Diskussion über Attribute, um zu einer gemeinschaftlichen Interpretation durch Datensammlung zu gelangen	Lokalisieren der Kultur-CIS-Beziehung im symbolischen Management	Bestandsaufnahme vorhandener CIS
systemerhaltend	Diskussion, um eine gemeinschaftliche Interpretation durch Bereitstellung von Daten zu erlangen	Verstärkung des Kultur-CIS-Fit durch symbolisches Management	Systemabgrenzung durch spezifische CIS-Ausgestaltung
ressourcen-kontrollierend	Diskussion, um eine Änderung in der Interpretation durch Bereitstellen neuer Daten zu realisieren	Unterstützung der Kulturänderung durch symbolisches CIS-Management	Unterstützung der Kulturänderung durch CIS-Änderung

Übersicht 3: Symbolische Bedeutung von computergestützten Informationssystemen

Übertragen auf das Informationskultur-Kreisdiagramm, gibt es naheliegenderweise auch bei computergestützten Informationssystemen eine Vielzahl von möglichen Ausprägungen. Die "CIS-Kultur" in Abbildung 4 ist dadurch gekennzeichnet, daß Merkmale wie Zentralismus und Macht stark ausgeprägt sind. Selbst im Zeitalter des Personal Computing stellen derartige Strukturen (in Industrieunternehmen genauso wie in Verwaltungen und Universitäten) nicht unbedingt die Ausnahme dar.

Um Mißverständnisse zu vermeiden: Diese eine CIS-Kultur ist lediglich eine von vielen möglichen Kulturformen, die an den computergestützten Informationssystemen als Kultur-Artefakte ansetzen. Es bleibt einer einzelfallspezifischen Analyse vorbehalten, die tatsächlichen kulturbeeinflussenden Faktoren zu bestimmen, die von einem vorhandenen beziehungsweise neu einzuführenden System ausgehen.

Speziell die Einführung von lokalen Netzen ist hier ein wichtiges Instrument, um informationskulturelle Phänomene zu analysieren: Meist steht weniger die tatsächlich zu realisierende Leistung im Mittelpunkt, als vielmehr die Interpretation der Existenz solcher Netze, ihres Zugangs und der Mitwirkung bei ihrer Gestaltung. Dies führt zu einer hohen Ausprägung des Machtmotivs, das dann aber letztlich in Verbindung mit dem Vermeidungsstreben sowie geringer Offenheit und Abneigung gegen Standardisierung zu einer de facto Blockade derartiger Netze führen kann.

3.2.4 Tatsächliche Kulturmanifestationen (xl)

Den letzten Ausschlag für die Entwicklung der Informationskultur im Unternehmen gibt das tatsächlich gezeigte Informationsverhalten der Organisationsmitglieder: Nicht die individuellen Einstellungen zur Informationstechnologie prägen somit die Informationskultur, sondern das individuelle Verhalten, das in kollektivperzipierte Verhaltensmuster mündet. Sukzessive entsteht somit eine geteilte Auffassung vom "typischen" Informationsverhalten im Unternehmen. Dieses wirkt letztlich als Rückkopplung und führt graduell zu einer Veränderung der grundlegenden Basisnormen im Unternehmen.

Ein Beispiel einer solchen Kulturmanifestation ist die "Technologie-Freak-Kultur": Hier steht ausschließlich die Auseinandersetzung mit den Computersystemen im Vordergrund, aber nicht im Hinblick auf die damit erbringbaren und für das Unternehmensziel nutzbaren Leistungen, sondern ausschließlich als Selbstzweck (der Spaß macht).

3.3 Zusammenfassende Bewertung des Beispiels

Zu den vorangegangenen Abschnitten wurden mit

- der Bürokratiekultur,
- der Innovationskultur,
- der CIS-Kultur und
- der Technologie-Freak-Kultur

vier extreme Formen von Informationskultur präsentiert. Auch wenn es sich beim gegenwärtigen Stand der Forschung noch um keine großzahlig-empirisch fundierten Muster handelt, bleiben zwei zentrale Feststellungen:

- o Erstens ist von einer beeindruckenden Fülle durchaus unterschiedlicher Informationskulturen auszugehen. Bereits die im oben beschriebenen Kreisdiagramm verwendeten Dimensionen signalisieren das Potential an möglichen Kulturarten.
- o Zweitens weist die Diskussion des dualen Kulturmodells auf die Gefahr hin, daß in einem Unternehmen zu einem Zeitpunkt mehrere Kulturarten auftreten. Dieser Kulturkonflikt geht über das allgemeine Problem der Subkulturen (Martin/Siehl 1983) weit hinaus, da nach dem dualen Kulturmodell bereits für eine kulturtragende Gruppe im Unternehmen vier Kulturarten aufeinanderprallen können.

Der letztgenannte Aspekt zeigt sich noch einmal in der zusammenfassenden Abbildung 4, die eine Erklärung für das (erstaunliche) Zustandekommen der Technologie-Freak-Kultur liefert: Wegen der hochgradigen Vernetzung im realen und damit auch im dualen Kultursystem entspricht das tatsächlich gezeigte Informationsverhalten weder zwingend der ursprünglichen Basisnorm (w1) noch der von der Unternehmensleitung intendierten Kultur (w2) oder den Implikationen der Kulturartefakte (x2).

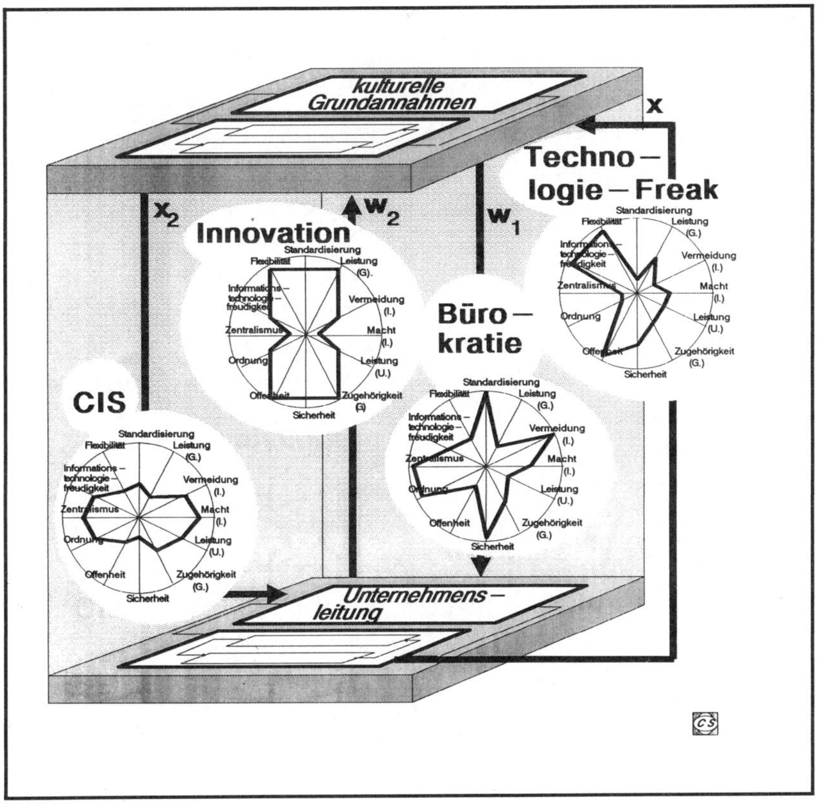

Abb. 4: Duales Kulturmodell mit vier exemplarischen Informationskulturarten

In unserem als extremes Beispiel zu verstehenden Fall folgt aus der radikalen Diskrepanz zwischen der Bürokratiekultur (w1) und der Innovationskultur (w2) zwar eine an der CIS-Kultur (x2) orientierte Kultur: Aufgrund des hohen Vermeidungsstrebens (w1) der Basisnorm führt eine Überbetonung von Merkmalen wie Offenheit und Informations-Technologiefreudigkeit bei gleichzeitigem Fehlen des Leistungsstrebens (vgl. Basisnorm w1) dazu, daß sich eine als "Technologie-Freak-Kultur" zu bezeichnende Form einer Informationskultur bildet (x1).

4. Perspektiven

4.1 Konsequenzen für die Forschung

Das duale Kulturmodell hilft als Erklärungsansatz beim Verständnis der Zusammenhänge, die zur Realisation unternehmens- beziehungsweise informationskultureller Manifestationen im Unternehmen führen. Gerade deshalb leiten sich aus diesem Modell eine Reihe von Implikationen für weitergehende Forschungsarbeiten ab: Im Hinblick auf die Erhebungsmethodik sind Instrumente zu entwickeln, die (weitergehend als direkte Analogien zu McClelland) Aussagen darüber machen, wie stark beispielsweise informationsbezogenes Vermeidungsstreben

- auf individueller,
- auf gruppenbezogener oder
- auf unternehmensbezogener Ebene

ausgeprägt ist. Dies erfordert die zum Teil in Laborexperimenten realisierbare Konstruktion vollkommen neuartiger Testdesigns.

Ausschließlich in praktischer Feldforschung erhebbar sind dagegen die erforderlichen Kulturdimensionen. Hier könnte ähnlich wie bei den Ohio-State-Studien (Stogdill/Coons 1957) vorgegangen werden: Ausgehend von mehreren plausibilitätsgestützten Komponenten wären Einzel-Items abzuleiten, ihre Ausprägungen in empirisch-großzahliger Forschung zu erheben und zentrale Dimensionen über Faktorenanalysen herauszufiltern.

Nach Entwurf entsprechender Testdesigns und nach empirischer Bestimmung der relevanten Dimensionen ließe sich dann ein komplexeres Modell kultureller Zusammenhänge bilden. Dieses könnte und müßte auch auf das Problem der Subkulturen im Unternehmen eingehen.

Parallel zu den oben skizzierten drei Forschungsaufgaben ist es Aufgabe der Systemsimulation, die zeitliche Interdependenz zwischen den einzelnen kulturprägenden Faktoren zu ergründen. Dabei spielt vor allem die Tatsache eine wichtige Rolle, daß den unterschiedlichen Informationsbeziehungen in Abbildung 4 unterschiedliche Zeithorizonte zuzuordnen sind. So wirken die "guiding beliefs" (w1) allenfalls langfristig, während von der Unternehmensleitung intendierte Kultursignale (w2) auch kurzfristig zu setzen sind. Diese Aufgabe ließe sich speziell in Form stetiger Modelle realisieren.

4.2 Konsequenzen für die Praxis

Die Tatsache, daß viele der oben skizzierten Forschungsaufgaben noch nicht bewältigt sind, schließt nicht aus, daß sich bereits deutliche Implikationen auch für die betriebliche Praxis ergeben: Gerade die bereits vorliegenden Forschungserkenntnisse lassen es zwingend erscheinen, daß sich die Unternehmensleitung nicht nur den klassischen, strategischen Führungsentscheidungen widmet, sondern darüber hinaus unternehmenskulturelle Überlegungen und daraus abgeleitete Ansätze (Scholz/Hofbauer 1987; 1988) in ihr Führungsrepertoire aufnimmt (Scholz 1988d, Abschnitt 6.4). Diese müssen allerdings wesentlich komplexer ausfallen, als üblicherweise in der Unternehmenskultur der Anschein erweckt wird: Hier zeigt gerade das duale Kulturmodell deutlich, wo und warum intensive unternehmenskulturelle Analysen erforderlich sind.

Sie führen letztlich zu einem systematischen Kulturmanagement im Unternehmen (Scholz 1988a), dessen eine Dimension eine systematische Auseinandersetzung mit der Informationskultur im Unternehmen ist. Ein derartiges Informationskultur-Management sieht wie folgt aus:

Zunächst muß es (quasi als Schritt O) einen Auslöser für die Auseinandersetzung mit unternehmenskulturellen Phänomenen geben. Dies dürfte im Regelfall eine Krise im Unternehmen sein, nicht auszuschließen ist aber auch die Möglichkeit eines grundsätzlichen Interesses der Unternehmensleitung an unternehmenskulturellen Überlegungen.

Schritt 1 beinhaltet die Überzeugung des (übrigen) Top-Managements, da die Unternehmenskultur und speziell die Informationskultur letztlich alle Mitglieder des Unternehmens betrifft. Hinzu kommt eine Signalwirkung, die gerade die Involvierung des Top-Managements unumgänglich macht.

Es folgt als **Schritt 2** die analoge Überzeugung des mittleren Managements. Seine Mitglieder müssen später sowohl die Analysephase als auch die Gestaltungsphase mittragen. Ob diese Überzeugungsarbeit schwieriger ist als die "Bekehrung" des Top-Managements kann sich allenfalls ex post herausstellen. Überzeugung des mittleren Managements kann ausschließlich durch das Top-Management erfolgen; externe Berater eignen sich hier allenfalls als Referenzpersonen.

Als **Schritt 3** wird die aktuelle Informationskultur analysiert. In diesem Fall bedeutet dies entsprechend dem Prinzip der dualen Regelung die Analyse

- der Grundannahmen sowie
- des tatsächlichen Verhaltens;
  hinzu kommt
- die Bestimmung der Soll-Kultur und
- die Analyse des Kultureinflusses der EDV-Systeme.

Schritt 4 besteht aus der obligaten Abweichungsanalyse zwischen diesen vier Werten, also aus einer Prüfung auf Diskrepanzen zwischen Ist- und Soll-Werten.

In **Schritt 5** werden die einzelfallspezifischen Konsequenzen dieser Abweichungen evaluiert, was als Schritt 6 in die eigentliche Maßnahmendurchführung und als Schritt 7 in die Kontrollphase mündet: Letztere bezieht sich zum einen auf die Kontrolle der Ist-Kultur, zum anderen auf die Überprüfung des CIS-Kultureinflusses sowie der Soll-Kultur auf strategiebezogene Adäquanz.

Übersicht 4 faßt diese Überlegungen eines Informationskultur-Managements als Spezialform eines Unternehmenskultur-Managements zusammen.

Auch wenn ein Unternehmen glaubt, sich derartigen Überlegungen entziehen zu können, bleibt die Existenz informationskultureller Phänomene mit ihren Wirkungen dennoch unbestreitbare Tatsache. Gerade wenn man aber bedenkt, daß zunehmend EDV-Systeme in verschiedenen betrieblichen Bereichen eingeführt werden (Stichworte: Bürokommunikation, integrierte Planungssysteme, CIM) so besteht nicht nur die Gefahr, durch solche Systeme dysfunktionale Konsequenzen zu produzieren. Es gibt vielmehr eine nicht zu unterschätzende Chance, durch die Einführung solcher Systeme quasi als Nebeneffekt gezielte Wirkungen auf die Informationskultur und - bei entsprechender Ausgestaltung - auch auf die Unternehmenskultur zu generieren.

0.		Auslöser (Interesse, Krise,...)	
1.		Überzeugung des Top-Managements	
2.		Überzeugung des mittleren Managements	
3.	a	Analyse der Ist-Informationskultur	- Grundannahmen - gezeigtes Verhalten
	b	Bestimmung der Sollkultur	
	c	Analyse des CIS-Kultureinflusses	
4.		Abweichungsanalyse IST-SOLL-CIS	
5.		Evaluieren einzelfallspezifischer Konsequenzen	
6.		Maßnahmendurchführung	
7.	a	Kontrolle der IST-Kultur	
	b	Überprüfung der SOLL-Kultur	
	c	Überprüfung des CIS-Kultureinflusses	

Übersicht 4: Informationskultur-Management

Solche Wirkungen entstehen in jedem Fall, auch wenn man sich nicht mit dem Ansatz der Informationskultur befassen will. Es stellt sich nur die Frage, ob alle diese Systeme mit ihren zwangsläufigen informationskulturellen Wirkungen in die strategie-adäquate Richtung deuten. Aus diesem Grund ist ein bewußtes Auseinandersetzen mit der Informationskultur letztlich doch unverzichtbar.

5. Fazit

Nach den ebenfalls aus Amerika und Japan stammenden Vorschlägen zum Computer-Integrated-Manufacturing gewinnt das Konzept der Unternehmenskultur zunehmend den Charakter eines neuen Mode-Konzeptes. Anders aber als nur auf bestimmte Betriebstypen anwendbare Konzepte, sieht sich die Unternehmenskultur als Ansatz, der das gesamte Unternehmen und alle Formen von Organisationen betrifft: Dieser äußerst weite Anspruch geht einher mit häufig allgemeingehaltenen Begriffsfassungen, oft unspezifischen und wenig operablen Gestaltungsvorschlägen sowie einem nicht einmal im Rohbau fertigen Theoriegebäude.

Unternehmenskulturansätze, die allenfalls zwischen einer global spezifizierten Ist- und einer korrespondierenden Soll-Kultur differenzieren, praktizieren daher eine gefährliche Übersimplifizierung der Realität: Aus diesem Grund verwundert es kaum, wenn die Unternehmenskulturforschung nicht einmal praktikable Vorschläge zur Beschreibung unternehmenskultureller Manifestationen liefern kann; ebenfalls wenig erstaunt die (begründete) Skepsis, die streng-analytische Forscher und praktisch denkende Manager dem Konzept der Unternehmenskultur entgegenbringen.

Trotz all dieser Probleme bleibt aber die Unternehmenskultur als reales, wenn auch schwer erfaßbares Konstrukt existent. Das duale Kulturmodell ist aus diesem Grund ein wichtiger Beitrag, die Unternehmenskultur-Diskussion auf eine Stufe der Komplexität zu bringen, die der tatsächlichen Komplexität dieses realen Phänomens nahekommt.

Wichtig dabei ist die direkte Umsetzbarkeit der bisher erzielten Ergebnisse für praktische reale Probleme. Hinzu kommt der paradigmatische Grundcharakter des dualen Kulturmodells: Beispielsweise

- auf mehrere betriebliche Funktionen,
- auf unterschiedliche Organisationsformen oder
- auf gesamt-gesellschaftliche Kulturphänomene (Walek 1987)

erweiterbar, liefert es interessante Anstöße in Richtung auf eine kybernetische Durchdringung von Bereichen der "soft science", womit letztlich wieder einmal das Erklärungs- und Gestaltungspotential einer Betriebskybernetik (Scholz 1984) belegt wird.

6. Literatur

1 **Daft, Richard L./Weick, Karl E.**, Toward a Model of Organizations as Interpretative Systems, in: Academy of Management Review 9 (2/1984), 284-295.

2 **Dandridge Thomas C.**, Symbols Function and Use, in:Pondy, Louis, R./Frost, Peter J./Morgan, Gareth/Dandrige, Thomas C. (Hrsg.), Organizational Symbolism, Greenwich, Conn. (JAI Press) 1983, 69-79.

3 **Dandridge, Thomas C./Mitroff, Jan I./Joyce, William F.**, Organizational Symbolism: A Topic to Expand Organizational Analysis, in: Academy of Management Review 5 (1/1980), 77-82.

4 **Davis, Stanley M.**, Managing Corporate Culture, Cambridge, Mass. (Ballinger) 1984.

5 **Deal, Terrence E./Kennedy, Allan E.**, Corporate Cultures. The Rites and Rituals of Corporate Life, Reading, Mass. etc. (Addison-Wesley) 1982.

6 **Dill, Peter**, Unternehmenskultur. Grundlagen und Anknüpfungspunkte für ein Kulturmanagement, Bonn (BDW Service- und Verlagsgesellschaft Kommunikation) 1987.

7 **Heinen, Edmund** u.a., Unternehmenskultur. Perspektiven für Wissenschaft und Praxis, München-Wien (Oldenbourg) 1987.

8 **Kobi, Jean M./Wüthrich, Hans A.**, Unternehmenskultur verstehen, erfassen und gestalten, Landsberg (Moderne Industrie) 1986.

9 **Martin, Joanne/Siehl, Caren**, Organizational Culture and Counterculture: An Uneasy Symbious, in: Organizational Dynamics 12 (Autumn 1983), 52-64.

10 **McClelland, David C.**, Power: The Inner Experience, New York (Irvington Publishers) 1975.

11 **McClelland, David C.**, Human Motivation, Glenview, Ill. etc. (Scott, Foresman & Company) 1985.

12 **McClelland, David C./Atkinson, John W./Clark, Russel A./Lowell, Edgar L.**, The Achievement Motive, New York (Appleton-Century-Crofts) 1953.

13 **Neuberger, Oswald/ Kompa, Ain**, Wir - die Firma. Der Kult um die Unternehmenskultur, Weinheim-Basel (Beltz) 1987.

14 **Peters, Thomas J./Waterman, Robert H., Jr.**, In Search of Excellence. Lessons from America`s Best-Run Companies, New York etc. (Harper & Row) 1982.

15 **Pfeffer, Jeffrey**, Management as Symbolic Action: The Creation and Maintenance of Organizational Paradigms, in: Cummings, Larry L./Staw, Barry M. (Hrsg.), Research in Organizational Behavior Vol.3, Greenwich, Conn. (JAI Press) 1981, 1-52.

16 **Pondy, Louis R./Frost, Peter J./ Morgan, Gareth/ Dandridge, Thomas C.** (Hrsg.) Organizational Symbolism, Greenwich, Conn.-London (JAI/Press) 1983.

17 **Schein, Edgar H.**, Organizational Culture and Leadership. A Dynamic View, San Francisco-Washington-London (Jossey-Bass Publishers) 1985.

18 **Scholz, Christian**, Betriebskybernetische Hierarchiemethodik, Frankfurt-Bern (Lang) 1981.

19 **Scholz, Christian**, Betriebswirtschaftslehre und kybernetische Systemtheorie = Betriebskybernetik?, in: Schiemenz, Bernd/Wagner, Adolf (Hrsg.), Angewandte Wirtschafts- und Sozialkybernetik, Berlin (E. Schmidt) 1984, 101-113.

20 **Scholz, Christian**, Strategisches Management. Ein integrativer Ansatz. Berlin-New York (de Gruyter) 1987a.

21 **Scholz, Christian**, The Symbolic Value of Computerized Information Systems, Arbeitspapiere des Lehrstuhls für Betriebswirtschaftslehre, insbesonders Organisation, Personal- und Informationsmanagement Nr.1, Saarbrücken 1987b.

22 **Scholz, Christian**, Corporate Culture and Strategy - The Problem of Strategic Fit, in: Long Range Planning 20 (4/1987c), 78-87.

23 **Scholz, Christian**, Management der Unternehmenskultur: Gefährliche Trugschlüsse und notwendige Konsequenzen, in: Harvard Manager 1/1988a, 81-91.

24 **Scholz, Christian**, Organisationskultur: Zwischen Schein und Wirklichkeit, in: Zeitschrift für betriebswirtschaftliche Forschung 40 (1988b), 243-272.

25 **Scholz, Christian**, Informationskultur als Innovationsdeterminante, in: Dülfer, Eberhard (Hrsg.), Organisationskultur. Phänomen - Philosophie - Technologie, Stuttgart (Poeschel) 1988c, 195-205.

26 **Scholz, Christian**, Personalmanagement, München (Vahlen) 1988d (im Druck).

27 **Scholz, Christian/Hofbauer, Wolfgang**, Unternehmenskultur und Personalführung, Arbeitspapiere des Lehrstuhls für Betriebswirtschaftslehre, insbesondere Organisation, Personal- und Informationsmanagement Nr.3, Saarbrücken 1987. Veröffentlicht in der Zeitschrift für Personalforschung 1 (4/1987), 461-482.

28 **Scholz, Christian/Hofbauer, Wolfgang**, Organisationskulturforschung, Saarbrücken 1988 (in Vorbereitung).

29 **Scholz, Christian/Rohloff, Michael**, Unternehmenskultur und Expertensysteme: Eine inhaltliche und methodische Herausforderung. Arbeitspapiere des Lehrstuhls für Betriebswirtschaftslehre, insbesondere Organisation, Personal- und Informationsmanagement Nr.2, Saarbrücken 1987.

30 **Smircich, Linda/Morgan, Gareth**, Leadership: The Management of Meaning, in: Journal of Applied Behavioral Science 18 (3/1982), 257-273.

31 **Stogdill, Ralph M./Coons, Alvin E.** (Hrsg.), Leader Behavior: Its Description and Measurement, Columbus (Ohio State University) 1957.

32 **Walek, Heinz**, Kultur und Kybernetik - Gestaltungsformen der Überlebenschancen von Systemen, (Vortrag GWS-Jahrestagung) Heidelberg 1987.

33 **Zypkin, Jakow S.**, Adaption und Lernen in kybernetischen Systemen, München-Wien (Oldenbourg) 1970.

Kybernetische Anwendungen in der Praxis
Ein Erfahrungsbericht

Von Helmut Schulte*

1. Unternehmensplanung und Kybernetik

Ein industrielles Unternehmen ist zweifellos ein komplexes System, das sich mit den Mitteln der traditionellen Betriebswirtschaft oder der Mathematik nur schwer beschreiben und noch viel weniger berechnen läßt.

Die Anpassung an die rasch wechselnden Bedingungen der Umwelt und die damit verbundenen Veränderungen der eigenen Ressourcen (Menschen, Maschinen, Kapital) ist nur möglich - so glaubt man -, wenn immer mehr Informationen in immer kleiner werdenden Zeitabständen bereitgestellt werden. Führungskräfte verbringen ihre Zeit vermehrt damit, Informationen aufzunehmen, zu verarbeiten und weiterzuleiten. Zusammenhänge werden so nicht deutlicher.

> Im Zeitalter der Informationstechnik und des Informationsüberflusses leidet das Unternehmen unter Entscheidungsstreß.

In der "Formalwissenschaft" Kybernetik gibt es eine Reihe von Ansätzen, die das Wirkungsgefüge eines Unternehmens einigermaßen abbilden können. So können Unternehmen oder einzelne Funktionsbereiche als homöostatische Systeme beschrieben werden, deren Elemente und Umgebung dynamisch

* Dipl. rer. pol. (Techn.) Helmut Schulte, AGIPLAN Aktiengesellschaft für Industrieplanung, Mühlheim/Ruhr

sind. Ein solches System hat das Ziel, seinen Zustand trotz wechselnder Umgebung durch interne Anpassung (Flexibilität) beizuhalten. Diese Ansätze benutzt der Unternehmensberater und Industrieplaner, um sowohl in der Analyse als auch in der Gestaltung von technischen, ökonomischen und soziologischen Wirksystemen ohne großen Aufwand Lösungen und Entscheidungen zu erarbeiten. In diesem Sinne ist die Kybernetik in erster Linie eine Denkweise, die den gesunden Menschenverstand und die Arbeitsweise eines methodischen Planens unterstützt.

AGIPLAN beschäftigt sich bereits seit mehreren Jahren mit der Anwendung kybernetischer Regeln bei der Beratung und Planung im industriellen Bereich. Die Vokabeln Strukturplanung und Systemplanung sind geläufige Begriffe und subsumieren sowohl bestimmte Vorgehensweisen als auch Bearbeitungsalgorithmen, die unsere Mitarbeiter wie Handwerkzeuge benutzen. Daher wird bei uns nicht mehr über Kybernetik gesprochen, sondern nach kybernetischen Gesichtspunkten gearbeitet. Hierzu möchte ich Ihnen einige Regeln und Beispiele aus unserer täglichen Arbeit vortragen.

2. Erfahrungsbericht

2.1 Das Unternehmen als kybernetisches System

Bei der Lösung von Aufgaben im strategischen Planungsbereich und bei Fragestellungen, die das gesamte Unternehmen betreffen, hat es sich als unabdingbar erwiesen, eine modellhafte Vorstellung für Analyse und Systemüberlegungen für das Unternehmen zugrunde zu legen. Jedes industrielle Unternehmen mit einer autonomen Verhaltensweise setzt sich aus mehreren miteinander verketteten kybernetischen Systemen zusammen. Jedes kybernetische System besteht aus einer Reihe von Funktionssystemen, die miteinander verkoppelt sind und sozio-technisch-ökonomische Lernprozesse der Menschen in Bezug auf Produktentwicklung, Maschinen, Material und Markt beinhalten.

In den Funktionssystemen spielen sich in aufeinander folgenden Zeiträumen (zyklisch) typische Vorgänge ab, die einerseits auf bestimmte Wirkungen ausgerichtet sind und andererseits Kosten verursachen. Die im Laufe einer Zeit gemachten Erfahrungen (Lernprozeß) lassen die Kosten dauernd bis zu einem Minimalwert am Ende des Lernprozesses sinken. Die maximale Zeitdauer des Lernprozesses beträgt im Durchschnitt Z Jahre (Z = charakteristische Zeitkonstante des Unternehmens). Dieses Sinken der Kosten (Verbessern der Wirkungsgrade) und das Aufwerten der Produkte (Verbessern der Wertigkeit durch Innovationen) ist erforderlich und muß gesteuert werden, um das Unternehmen in einer freien Marktwirtschaft im Gleichgewicht zu halten.

Ein industrielles Unternehmen kann dargestellt werden als kybernetisches Modell, das mit der Umwelt durch seine 4 hierarchisch angeordneten Wirksysteme verbunden ist (Abb.1).

Die Wirksysteme sind:

- das **Produktsystem**, das durch den erwarteten **Umsatz** der neu entwickelten Produktgeneration das Wachstum des Unternehmens und durch den **Umsatzverlauf** der bestehenden Produktgeneration den Nutzungsgrad und damit die Produktivität der eingesetzten Personen und Betriebsmittel bestimmt
- das **technologische System**, das durch den Grad der Mechanisierung (Mensch-Maschine-Verhältnis) den Zeit- und Kostenverlauf in der Fertigung und damit die **Kapitalbindung** und die Fertigungsorganisation die **Flexibilität** des Betriebes bestimmt
- das **Organisationssystem**, das durch den Wirkungsgrad der

Haupt- und Nebenfunktionen des Betriebes die Höhe der **Kosten** bei gegebenem Umsatz bestimmt

- das **Anlagesystem**, das durch die Höhe der **Investitionen** für produktbezogene und produktneutrale Anlagen langfristig Kapital bindet.

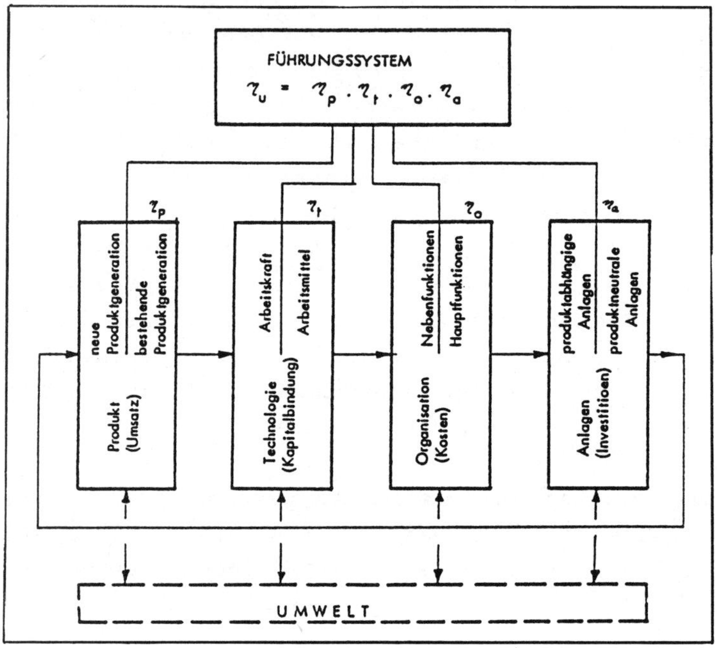

Abb. 1: Das Unternehmen als Modell

Die 4 Wirksysteme sind

- unmittelbaren Einflüssen der Umwelt ausgesetzt
- miteinander dauernd verkettet
- voneinander dauernd abhängig
- bestimmten Gesetzmäßigkeiten unterworfen
- mit einem charakteristischen Wirkungsgrad behaftet und
- bei ungenügendem Wirkungsgrad einzeln verbesserungsfähig oder austauschbar, wobei der Wirkungsgrad des gesamten Unternehmens das Produkt aus den Wirkungsgraden seiner einzelnen Systeme ist.

Die Wirkungsgrade der 4 Wirksysteme sind wie folgt definiert:

a) Wirkungsgrad des Produktsystems

$$\eta_P = \frac{\text{wirklicher Umsatz}}{\text{geplanter Umsatz}}$$

b) Wirkungsgrad des technologischen Systems

$$\eta_T = \frac{\text{minimale mögliche Kapitalbindung}}{\text{wirkliche Kapitalbindung}}$$

c) Wirkungsgrad des Organisationssystems

$$\eta_O = \frac{\text{Umsatz - Selbstkosten}}{\text{Umsatz}} = \frac{\text{Gewinn}}{\text{Umsatz}}$$

d) Wirkungsgrad des Anlagensystems

$$\eta_A = \frac{\text{wirkliche Investitionen}}{\text{max. zul. Investitionen}}$$

Die 4 Wirksysteme bestimmen den Gesamtwirkungsgrad der Unternehmung.

Er kann durch Investition
- Entwicklung eines Produktes
- Erhöhung des Mechanisierungsgrades
- Automation der Organisation
- Rekonstruktion der Anlagen

oder durch
- Erhöhung der Flexibilität und Lieferbereitschaft

- Beschleunigung des Auftragsdurchlaufes
- Senkung der Gemeinkosten (Erhöhung der Produktivität)
- Erhöhung der Maschinenauslastung

verbessert werden.

Zur dauerhaften Überwachung der Wirkungsgrade der einzelnen Systeme und damit des gesamten Wirkungsgrades eines Unternehmens dient ein Führungssystem, das von den Störungen der Umwelt isoliert, also lediglich über die vier Wirksysteme mit ihr verbunden ist.

Das Führungssystem dient weiterhin der Steuerung des Gütersystems "Betrieb" mit den Realgüterströmen (Material und Information) und mit dem Nominalgüterstrom (Geld). Das Führungssystem steuert die betrieblichen Abläufe nach Menge und Termin (mit dem Fertigungssteuerungssystem), nach Wert (mit der Erfolgsrechnung) und nach Liquidität (mit der Finanzrechnung).

Welche Bedeutung die multiplikative Verknüpfung der Wirksysteme bzw. der Wirkungsgrade hat, mag ein einfaches Rechenbeispiel zeigen:

Fall 1: unausgewogen

$$\eta_u = 0{,}9 \times 0{,}4 \times 0{,}8 \times 0{,}2 = 0{,}0576 \; (\varnothing\; 0{,}575)$$

Fall 2: ausgewogen

$$\eta_u = 0{,}5 \times 0{,}5 \times 0{,}5 \times 0{,}5 = 0{,}0625 \; (\varnothing\; 0{,}5)$$

Auch die Erfahrung zeigt, daß ausgewogene und abgestimmte Wirksysteme mit geringem Einzelwirkungsgrad bessere Effektivität haben als Systeme mit jeweils einzeln optimierten Wirkungsgraden.

Nun können diese modellhaften Überlegungen noch keine konkreten Hinweise oder Lösungen für die Steuerung des Unternehmens geben. Sie sind aber Voraussetzungen für die Gestaltung der Wirksysteme. Im folgenden Kapitel soll die Wirkungsweise und Gestaltung des technologischen Systems beispielhaft betrachtet werden.

2.2 Die Wirkungsweise eines Technologiesystems

Versucht man nun den Wirkungsgrad z.B. des Wirksystems Technologie zu messen, so kommt man leicht darauf, daß die Produktionsfaktoren menschliche Arbeit und Maschinen und Anlagen in ihrer Kombination mit dem zu verarbeitenden Material den gesamten Produktionsprozeß beschreiben. Die Entstehung der Fertigungs- bzw. Herstellkosten auf der Zeitachse geben den Wert der Kapitalbindung einer bestimmten Technologie wieder (Material + Wertschöpfung über der Zeit = Kapitalbindung).
Das gewählte technologische System beansprucht zur Produktion die Zeit T und verursacht die Kosten KF.

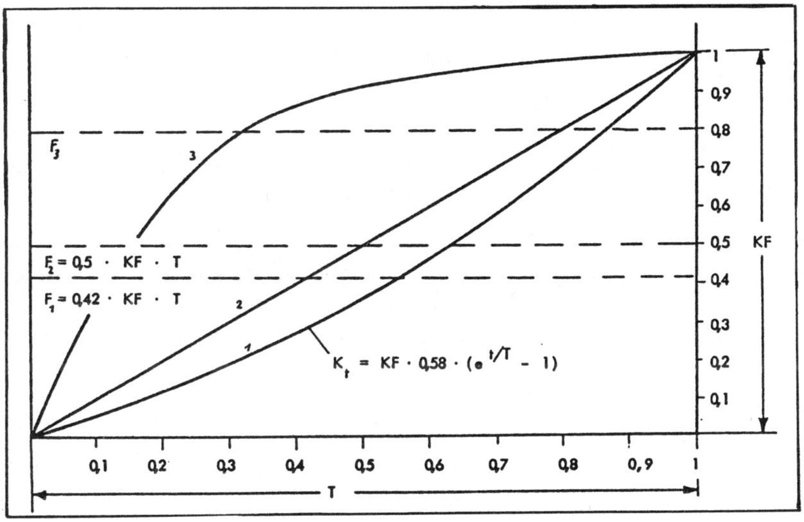

Abb. 2 Zeit-Kosten-Verläufe (technologisch)

Bildet man für die in Abbildung 2 dargestellten Zeit-Kosten-Verläufe jeweils ein flächenäquivalentes Rechteck mit der Zeit T als Basis, so ist die Fläche des jeweiligen Rechtecks ein Maß für die durch den gewählten technologischen Ablauf verursachten Kapitalbindung. Der Kostenverlauf K_t nach der exponentiellen Funktion

$$K_t = KF \times 0{,}58 \times (e^{t/T} - 1) \qquad \text{für } 0 < t > T$$

ergibt die geringste Kapitalbindung für den gewählten technologischen Ablauf. Das Verhältnis zwischen einem anzustrebenden Zeit-Kosten-Verlauf mit der äquivalenten Fläche F_{min} und dem wirklichen Zeit-Kosten-Verlauf mit der äquivalenten Fläche F_W definieren wir als den Wirkungsgrad des Technologischen Systems:

$$\eta_T = F_{min}/F_W$$

Je besser die Annäherung des wirklichen Zeit-Kosten-Verlaufes an die Zeit-Kosten-Funktion ist, desto höher ist der Wert des Wirkungsgrades im Technologischen System. Neben der Wahl der Produktionsfaktoren Arbeit und Betriebsmittel als technologische Komponente zur Bildung des "Mechanisierungsgrades" ist der Produktionsfaktor Information gerade im Fertigungsbereich heute schon ein entscheidender Faktor. Die CA-Systeme (CAD, CAP, CAM, CAQ) bestimmen bereits weitgehend die Rentabilität der Produktion (Fertigung und Logistik).

Betrachtet man den "Durchlaufleistungsgrad" einer Produktion, so wird deutlich, daß organisatorische Maßnahmen die größte Auswirkung auf die Kapitalbindung haben (Abb. 3).

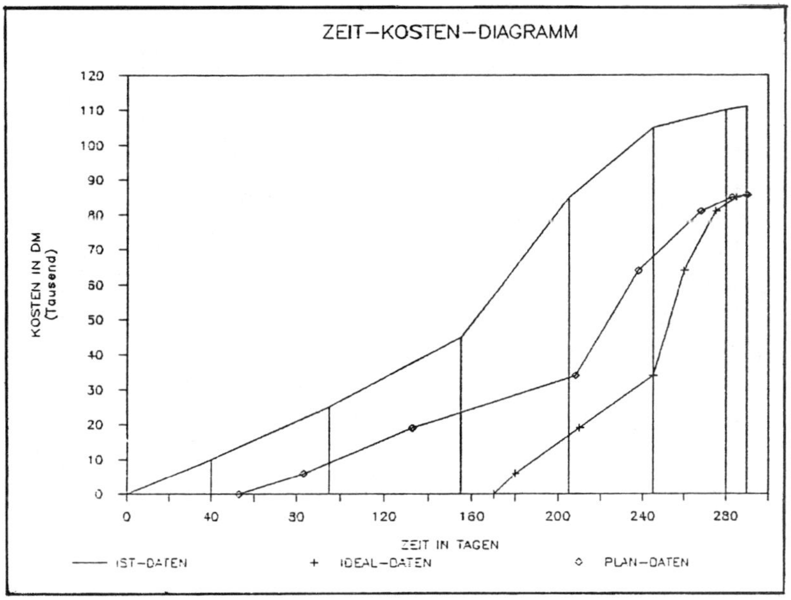

Abb. 3: Zeit-Kosten-Verläufe (organisatorisch)

2.3 Unternehmenscontrolling mit KIM — Key Indicator Management —

Ein Steuermann - das Management - benötigt für einen Auftrag ein leistungsfähiges Schiff (Anlagen), qualifizierte Besatzung (Personal) und geeignete Seekarten (Tools). Der Mann im Ausguck soll frühzeitig Untiefen, schlechtes Wetter oder aber auch neue reiche Länder entdecken. Die dauernde Beobachtung des Unternehmens kann nur über Indikatoren, d.h. Änderungen der wesentlichen Bestimmungsfaktoren (Wind, Strömung, Meuterei) und damit über die Wirkungsgrade der Systeme geschehen. Eine geeignete Methode für solche Indikatoren sind Kennzahlenprofile und ihre dauernde Beobachtung. Abb. 4 zeigt eine Soll-Ist-Betrachtung ausgewählter Kennzahlen.

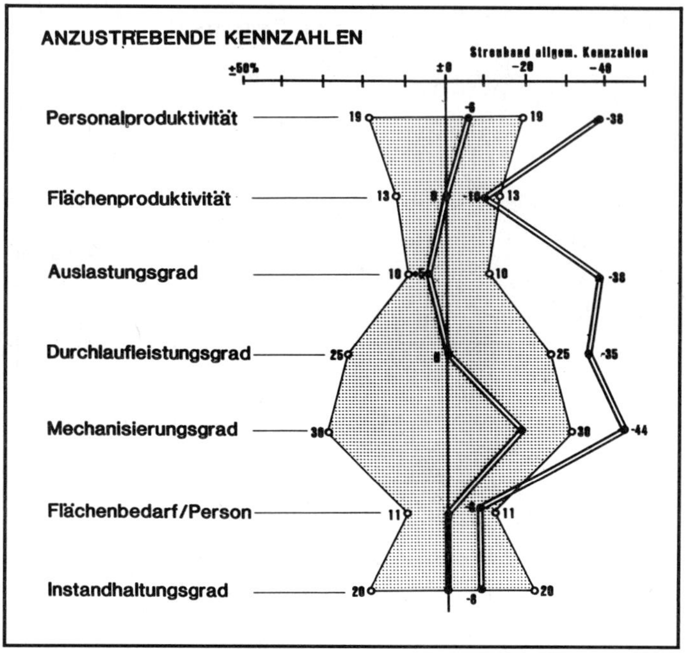

Abb. 4: Kennzahlenprofil

Im Gesamtzusammenhang sind solche Kennzahlen sowohl hierarchisch gegliedert in

- Führungskennzahlen
- Hauptkennzahlen
- Hilfskennzahlen

als auch sachlogisch (nicht mathematisch) miteinander verknüpft. Die nachfolgenden Beispiele zeigen die Gesamtzusammenhänge.

Ein solches Modell ist die partiale Abbildung der Wirklichkeit durch Reduzierung der Vielfältigkeit auf einem zahlenmäßigen Wertausdruck. Das Modell gibt die für den jeweiligen Erkenntniszweck nur wesentlichen Eigenschaften und Relationen der wirklichen Struktur wieder.

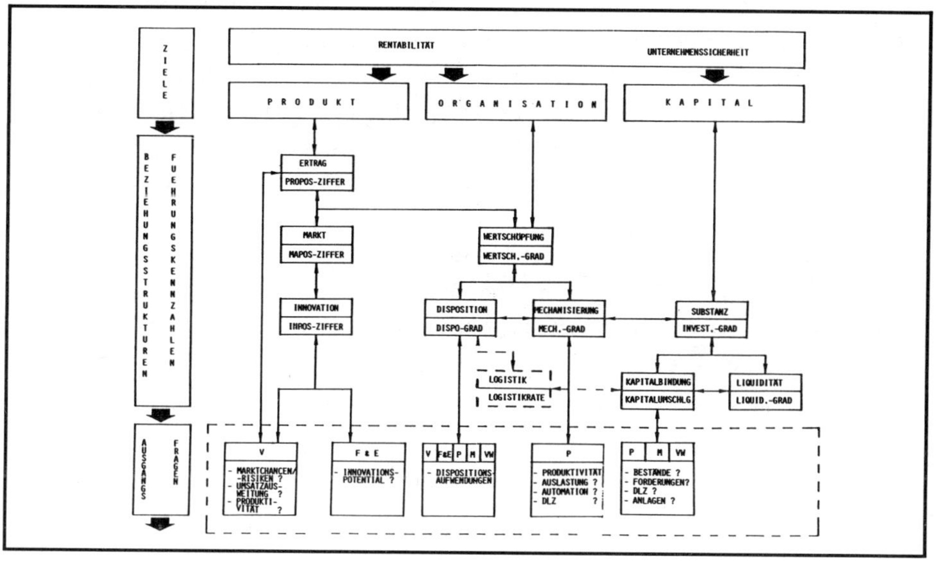

Abb. 5: Führungskennzahlen

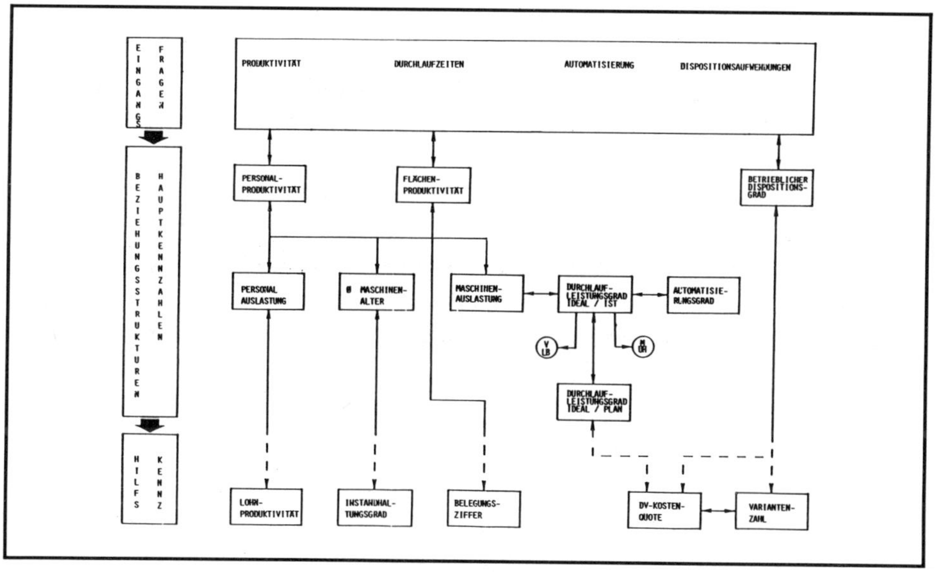

Abb. 6: Hauptkennzahlen und Hilfskennzahlen

Soll ein Zustand untersucht, ein Vorgang geplant, eine Schwachstelle behoben oder ein Ablauf rationalisiert werden, so müssen immer von dem vorhandenen komplexen System der Wirklichkeit modellhafte Abbildungen geschaffen werden, die 10-20 % der Eigenschaften herausstellen, die 60-80 % der Charakteristik des betrachteten Systems ausmachen.

Für den Berater und Planer ergibt sich somit auch die Möglichkeit, die Erfahrungen von durchgeführten Projekten nach gleichartigen Kennzahlen zu dokumentieren und für Unternehmensvergleiche zu nutzen.

3. Ausblick

Für die Zukunft eröffnet sich unter der Hilfestellung moderner Informationstechnik eine neue Dimension der Unternehmensführung und -steuerung.

Expertensysteme, aufgebaut nach der Struktur von kybernetischen Modellen und gefüttert mit den Erfahrungswerten von vielen Projekten, eröffnen die Möglichkeit einer hautnahen Reaktion auf Änderungen der Wirksysteme. AGIPLAN will im Hinblick auf diese zu erwartende Entwicklung und die daraus resultierenden Anforderungen an das Management im neugegründeten Institut für Unternehmenskybernetik (IFU) den Gedanken der Kybernetik im industriellen Unternehmen weiterentwickeln.

The token ring local area network: Protocols and Extentions

By Jim Staton and Daniel Pitt*

1. Introduction

A local area network (LAN) is an intraestablishment communication network that provides for highspeed data transfer among a group of nodes consisting of terminals and peripherals, cluster controllers, or computers using a common interconnection medium. Access to the medium is controlled through a set of protocols, known as medium access control (MAC) protocols. An immediate connection through common adapters and access protocols is available to any device.

Common higher layer protocols allow applications to take advantage of this increased physical connectivity by providing users with access to shared services such as file, print, and communication servers as well as a variety of other data processing equipment and applications.

The token ring LAN is one of several LAN standards that have been developed by IEEE Project 802 and have been approved by the International Standards Organization (ISO) as an International Standard (IS 8802/5). Other standards include one for Carrier Sense Multiple Access with Collision Detection (CSMA/CD) on a baseband cable and a token-passing bus standard on broadband cable.

* Jim Staton, Daniel Pitt, IBM Scientific Research Center, Heidelberg

The token ring LAN consists of stations connected by a closed loop of point-to-point links. Each station receives traffic from the previous station on the ring and actively repeats it, thus restoring the signal quality, as it transmits it to the next station on the ring. (The repeater delay is on the order of two bits). Information is transmitted in packets called frames, which contain, among other fields, the addresses of both the source and destination stations. A station receives a frame by observing its address in the destination address field and copying the frame into its own buffers as it repeats the frame on the ring. A destination address can be an individual station address, a group address, or the all-stations address.

The token ring offers some important advantages over other types of LANs. In contrast to LANs using CSMA/CD medium access protocol, throughput on the token ring LAN increases monotonically with load, as the token provides a mechanism for allowing fair access to the medium in a distributed manner without consuming bandwidth through collisions. With respect to a LAN having a bus topology, the token ring LAN displays superior fault isolation and problem determination capabilities. This is because the stations on a ring are serially connected, allowing for the use of a set of protocols to enable a station to determine the identity of its upstream neighbor, and thus providing the capability of isolating a fault to a domain consisting of two stations and the wire segment connecting them. Using this information, the stations on the ring can participate in the reconfiguration of the ring, thus bypassing problems such as a cable break or failing station automatically. On a bus network, fault isolation proves more difficult, as the relative positions of stations and segments are unknown.

The same properties of a token ring that provide its advantages also pose some interesting challenges in designing system with high availability. First, a way must be found to allow failing stations or segments to be removed from the ring without disrupting service for all stations. Second, protocols must be designed that maintain token operation and that take advantage of the serial connections for fault isolation.

2. Fault-tolerant physical network design

When stations are connected serially via point-to-point links in a ring topology, the entire system is vulnerable to a failure at any point in the network. One method of solving this problem is to use a structured wiring approach in designing the ring. In this approach a series of wiring concentrators, placed in accessible closets for maintenance, is wired as a ring. User equipment is attached to wiring lobes emanating from the wiring concentrator. Inside the wiring concentrator, which is passive, the lobes are joined one to the next to continue the ring; all ring traffic still flows on each lobe. Because the radial attachment of lobes to the wiring concentrator resembles a star at each of the concentrators, the term 'star-wired ring' describes this configuration.

Availability of the star-wired ring is maintained by the free removal of inactive or disabled lobes. A relay in the wiring concentrator allows the lobe to be included in the ring only when an active device is plugged into the other end of the lobe. A self-shorting wall connector causes the relay to open when the device is unplugged. The device itself can also initiate bypass of its lobe for self-testing purposes; occasions for self testing are discussed in the section on protocols. When a device is newly attached to its wall connector, it tests its lobe as part of the process of inserting into the ring. If the lobe does not exhibit an acceptable bit error rate, it will not be included in the ring.

The device can be removed or the lobe to which the device is attached can be bypassed when problems, detected by other stations on the ring, are isolated to the failing device or faulty lobe. The isolation of these problems is dependent upon a set of protocols known as medium access control protocols.

3. Communication protocols

The lower layer protocols considered by the IEEE 802 committees for LAN operation can be described in terms of the ISO reference model for open systems interconnection (OSI) as belonging to the physical and data link layers. Physical layer protocols describe the conversion of logical zeroes and ones to electrical waveforms, the maintenance of synchronization, and the physical and electrical characteristics of the attachment to the physical medium. The physical layer is not addressed here. For local area networks, the data link layer is divided to two sublayers, medium access control and logical link control.

3.1 Medium access control protocols

Medium access control (MAC) protocols govern the access by multiple users to the single transmission medium. Access to the transmission medium is controlled through the use of a unique bit sequence (a token) that is passed from one station to the next. When a station has a frame to transmit, it waits for a token, changes the token to a frame by modifying the bit pattern of the token to a start-of-frame sequence, and transmits the frame. While transmitting, the station strips data from the ring until it completes transmitting and sees its frame header. The station then initiates a new token so that other stations on the ring have an opportunity to gain access to the ring. The amount of time that any one station is allowed to transmit is governed by a timer, to ensure that token operation is maintained and to prevent any one station from utilizing the entire bandwidth for indefinite periods of time. Tokens of eight different priority levels have been defined, to accommodate frames (not stations) in eight priority classes.

The MAC protocols perform several important functions. First, the MAC protocols are used to complete the initial insertion of a station into the ring, preventing the attachment of marginal stations or lobes. Second, the MAC protocols are necessary to ensure the proper operation of the token, allowing all stations access to the medium when required. Third, the MAC protocols provide stations with configuration knowledge that assist in problem determination, allowing the stations to collectively identify a problem station or lobe so it can disconnect from the ring. Fourth, MAC protocols combine with the configuration knowledge to effect automatic ring recovery.

3.1.1 Insertion

Medium access protocols are used in the insertion procedure when a new station is added to the ring. The insertion procedure includes a test of the lobe to which the station is attached before the lobe is inserted into the ring. In addition to testing for a sufficiently low bit error rate on its lobe, a station performs a duplicate address test and participates in the ring poll procedure, which verifies that the MAC address is unique for the ring and obtains the MAC address of the nearest active upstream station (NAUN). New stations are added dynamically and continuous ring operation is provided for all stations during the insertion process.

3.1.2 Token operation

Maintenance of the token is the most critical operation on the token ring, for if the token disappears the ring is unavailable to all users. A specific station, the active monitor, maintains the operation of the token. If the entire responsibility for token operation were dependent upon this station, then single failure could disrupt the network, producing a very unreliable communication system. To solve this problem, each station acts as a standby monitor, with every station having the ability to become the active monitor if necessary. The selection process for choosing the active monitor is known as monitor contention. This process occurs automatically whenever a token fails to appear on the ring within a reasonable time. Once one station is chosen as the active monitor, the other stations assume the role of standby monitors, ready to elect a new active monitor if the need arises. The active and standby monitors provide rapid recovery from circulating frames, circulating high priority tokens, lost tokens, a lost active monitor, and multiple active monitors.

Circulating frames are those that are not removed by their transmitting station. When a frame is circulating there is no token, so no station can use the ring. To avoid this, the transmitting station sets a particular bit in the frame header, called the monitor count bit, to zero when it transmits a frame. When a frame passes the active monitor, the monitor changes the monitor count bit to a one. If the frame's monitor count bit is already a one, the monitor assumes that the frame has already passed the monitor once and is therefore circulating. It then removes the frame and generates a new token.

Circulating high priority tokens are detected in the same manner. A station generates a high priority token when a frame it transmits returns with a high priority reservation. The high priority token circulates once around the ring, giving every station one opportunity to use it. When the station that originated the high priority token receives the high priority token, it removes the token from the ring, releasing a low priority token. Just as in the case of a frame, the active monitor sets the monitor count bit to one on a high priority token. If a high priority token passes the active monitor with its monitor count bit set to one, the monitor removes the high priority token and releases a new token at the default priority.

To recover from lost tokens, the active monitor maintains a timer that is restarted each time a token is observed. If the timer expires, then the active monitor assumes that the token is lost and generates a new token.

The loss of an active monitor is detected and corrected by the standby monitors. At specified intervals, the active monitor generates a MAC frame called Active Monitor Present that is addressed to all stations. The purpose of this frame is to notify the standby monitors that the active monitor is still functioning and to allow each station to determine his nearest active upstream neighbor through the Standby Monitcr Present MAC frame. Every standby monitor maintains a timer that is reset each time an Active Monitor

Present MAC frame is observed. If the timer expires, a contention process to choose a new active monitor is begun. This process starts with the station whose timer expires transmitting a Claim Token MAC frame containing its MAC address. Each station involved in the monitor contention process examines the address to determine whether if the address in the Claim Token MAC frame is higher than its own. If so, then it repeats the frame, and if not it issues its own Claim Token MAC frame. The station participating in this process that receives several Claim Token MAC frames containing its own address is elected the new active monitor. It purges (clears) the ring, and transmits a new token.

If multiple active monitors exist, the firs one to detect an Active Monitor Present MAC frame that it did not originate will cease being the active monitor. Should both act simultaneously, the standby monitors will detect the loss of the active monitor and begin the monitor contention process.

3.1.3 Configuration knowledge

A station learns the address of its upstream neighbor from the ring poll process initiated by the active monitor at periodic intervals. When a timer expires, the active monitor sends an Active Monitor Present MAC frame addressed to all stations. The first station that receives the Active Monitor Present MAC frame sets the address recognized indicator in the frame and sends a Standby Monitor Present MAC frame. This frame is copied by the first downstream station to obtain the MAC address of its nearest active upstream neighbor. It then generates its own Standby Monitor Present MAC frame. The process continues until each station has responded with a Standby Monitor Present MAC frame, with each station receiving the address of its nearest active upstream neighbor.

3.1.4 Automatic recovery

Network failures for which automatic recovery is provided through token ring formats and protocols include duplicate addresses, excessive bit errors, and open-circuited lobes. Every station tests for the presence of a duplicate address when it inserts into the ring by transmitting a frame addressed to itself. When the frame returns, the station checks the status of an address-recognized indicator in the 'frame status' field. Any station that detects its address in the source address of a frame will set this indicator to one. If the self-addressed frame returns with the address recognized, the station halts the insertion process. Users can avoid duplicate addresses by employing universally administered addresses burned into the adapter. These addresses, which are administered by the IEEE, guarantee uniqueness for all stations implementing a MAC standard specified by IEEE Project 802.

Bit errors are detected in the usual manner, with a cyclic redundancy check (CRC). For the token ring, the CRC is 32 bits long, yielding a probability of undetected error in a frame on the order of 10^{-10}. Every station, in the process of repeating a frame, checks the CRC for validity. The first station to detect an error tallies the error in a counter and sets a bit in the passing frame to inform other stations that the error has been detected and counted. The accumulation of a large number of errors by a single station indicates that the ring segment between that station and its upstream neighbor is noisy and perhaps approaching failure. Corrective actions can then be taken before catastrophic failure occurs.

Every station is capable of participating in the recovery of the ring from certain catastrophic failures. Upon detecting the loss of the input signal form an upstream station, indicating an open circuit in the ring, a station will notify other stations on the ring by sending a frame called a beacon. The beacon frame contains the address of the upstream neighbor of the station that detected the error. Both the station detecting the error and its upstream neighbor can remove their lobes from the ring and test them for error conditions. The station finding the fault remains detached from the ring, leaving it available for all other users.

3.2 Logical link control protocols

Logical link control, the other sublayer of the data link layer, provides reliable transmission of data even when the physical layer changes bits or loses frames. In the IEEE 802.2 logical link control standard (ISO DIS 8802/2), two types of data link control services are described. The first is a connectionless service, which in the standard consists only of a frame format description. Error detection and data retransmission for error recovery must be handled by the upper layers of the communications protocol. The second is a connection-oriented service that assures the error-free, non-duplicated delivery of frames in the proper sequence. Using the elements of procedure of the Asynchronous Balanced Mode of the international standard HDLC, it supports full-duplex transmission and the sending of commands and responses at any time. The finite state machines for implementing the connection-oriented service are provided in the IEEE 802.2 standard (ISO DIS 8802/2). Both types of data link control have been implemented by IBM for the IBM Token Ring Local Area Network.

Logical link control also contains enhanced flow control techniques to cope with network congestion when a network of rings is connected by bridges, which are devices that interconnect rings at the MAC layer. A dynamic window flow control technique detects congestion in bridges and modulates the transmit window in the connection-oriented link procedure until the congestion subsides, providing substantially better throughout under heavily loaded conditions.

4. Extensions

A number of proposals are being considered today in the IEEE 802.5 committee to the token ring standard that would enhance the protocols even more in the future. These include proposals for early token release, source routing, and for an increase in ring speed to 16Mbps.

In normal ring operation, a ring station must continue to transmit until it sees its own address in the frame header before it can generate a new token. If the frame header is received while the station is still transmitting, then no delay is experienced in ring operation. However, if transmission of the frame is completed before the frame header is recognized, then idle characters must be transmitted, resulting in a delay before the next token is generated.

The early token release protocol allows a station to

release a token as soon as it has transmitted a frame, resulting in no delay and increased bandwidth. Following the ending delimiter, a token is generated immediately, whether the frame header has been received by the station or not. The trade-off is that the station does not have a chance to examine the priority reservation bits, and so must issue the token at the same priority as before. Although this allows a priority reservation to be "lost" in certain cases, the additional bandwidth reduces the chances that a priority reservation is necessary.

Because of the accumulation of jitter in the phase-locked loops of the ring stations, there is a physical limit to the number of stations that can be attached to a single ring. For example, using the shielded twisted pair media of the IBM Cabling System, 260 stations can be attached to a single ring. For larger networks, rings can be interconnected by devices called bridges that operate at the medium access control layer. The CRC of a data frame is unaffected by the presence of bridges.

Bridges make frame forwarding decisions based on a source routing field contained in the frame, rather than on the destination address. Source routing allows mesh interconnection of rings, multiple routes between distant ring pairs, and parallel bridges between adjacent rings. Thus in the case of a bridge failure on a ring, a new route can be established through another set of bridges, providing greater system availability.

Finally, an addition to the token ring standard to support token rings of 16Mbps has also been proposed in the IEEE 802.5 committee. Ring stations can support the higher speed with no changes to the token ring protocols, although as has been discussed above, it is beneficial to consider an early token release protocol when when the speed of the ring is increased.

5. References

Bux, W., F. Closs, P. Janson, K. Kuemmerle, H. Muller, E. Rothauser, 'A Local-Area Communication Network Based on a Reliable Token-Ring System', Proceedings, International Symposium on Local Computer Networks, Florence, Italy, April 1982, pp. 69-82.

Strole, N., 'A Local Communication Network Based on Interconnected Token-Access Rings: a Tutorial', IBM Systems Journal of Research and Development, Vol. 27, No. 5, September 1983, pp. 481-496.

Tucker, E.L., R.H. Waller, K.T. Wilson, 'Protocol for Determining the Physical Ordering of Active Stations on a Token Ring', U.S. Patent No. 4, 507, 777.

Saltzer, J., K. Pogran, D. Clark, 'Why a Ring?', Computer Networks, Vol. 4, No. 7, 1983, pp. 223-231.

Andrews, D., G. Schultz, 'A Token-Ring Architecture for Local-Area Networks - An Update', Proceedings of COMPCON Fall '82, Los Angeles, IEEE Computer Society, 1982, pp. 615-624.

Bux, W., D. Grillo, 'Flow Control in Local Area Networks of Interconnected Token Rings', IEEE Transactions on Communications, Vol. COM-33, No. 10, October 1985.

Sy, K., D. Pitt, R. Donnan, 'Source Routing for Local Area Networks', Proceedings, IEEE Globecom, New Orleans, December 1985.

Einsatzmöglichkeiten fehlertoleranter Rechnerarchitekturen

Von Ekkehard Seith*

1. Entwicklung und Marktpotential

Fehlertoleranz bezeichnet die Eigenschaft von Computersystemen beim Ausfall von Komponenten die Verarbeitung ohne Zeit- und Datenverlust fortzusetzen.
Historisch war der Einsatz dieser höchst zuverlässigen Rechner auf Anwendungen in der Raumfahrt, im Militär und in der Nachrichtentechnik beschränkt. Erst 1975 wurden von Tandem kommerziell einsetzbare Rechner angeboten, die sich schnell im Bereich der Fertigungsindustrien, bei Finanzinstituten und im Handel durchsetzten. Seit 1980 werden von Stratus hardwarebasierende, fehlertolerante Rechner angeboten, die zusätzlich von IBM und Olivetti weltweit vermarktet werden. Heute sind ca. 30 Untenehmen mit fehlertoleranten Rechnern auf dem Markt vertreten. Die wesentlichen Marktanteile werden von Tandem, Stratus und Nixdorf gehalten (siehe Bild 1). Weltweit wird der Markt für die Online-Transaktionsverarbeitung nach IDC auf über 70 Mrd $ für 1992 geschätzt. Die Nachfrage nach fehlertoleranten Systemen als Teilmarkt wird 1990 auf über 25 Mrd $ weltweit steigen (siehe Bild 2). Nach Frost und Sullivan betrug 1983 der Anteil des fehlertoleranten Marktes, gemessen am Gesamtumsatz der Computerhardware, 0.6 % in Europa. Dieser Anteil wird bis 1990 auf 3 % anwachsen. Wesentliche Gründe

* Dipl.-Volkswirt Ekkehard Seith, Geschäftsführer Stratus Computer GmbH, Eschborn/Ts.

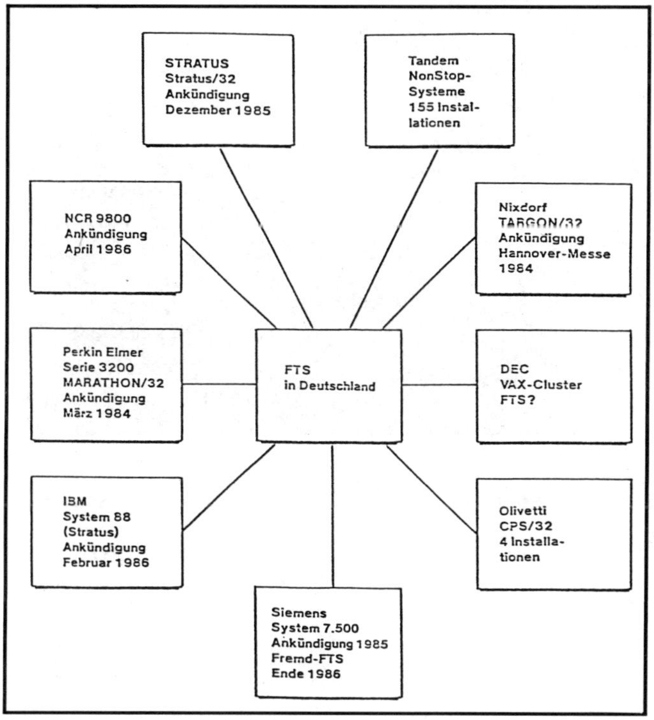

Bild 1: Das FTS-Angebot in der Bundesrepublik Deutschland (Quelle: Diebold Frankfurt)

für diese Zunahme sind fallende Hardwarekosten, die die Wirtschaftlichkeit von fehlertoleranten Anwendungen im Vergleich zu traditionellen Lösungen verbessern. Weiterhin steigt die Abhängigkeit der Unternehmen von jederzeit verfügbarer Computerleistung. Bei Fertigungsbetrieben mit automatisierten Produktionslinien, können Computerstillstände erhebliche Produktionsstillstandskosten verursachen. Aber auch in Finanzinstituten gefährden ungeplante Computerausfälle Servicebereitschaft und Wettbewerbsfähigkeit. Zusätzliche Nachfrage nach fehlertoleranten Rechnern hat sicher auch den Markteintritt von IBM und Nixdorf bewirkt.

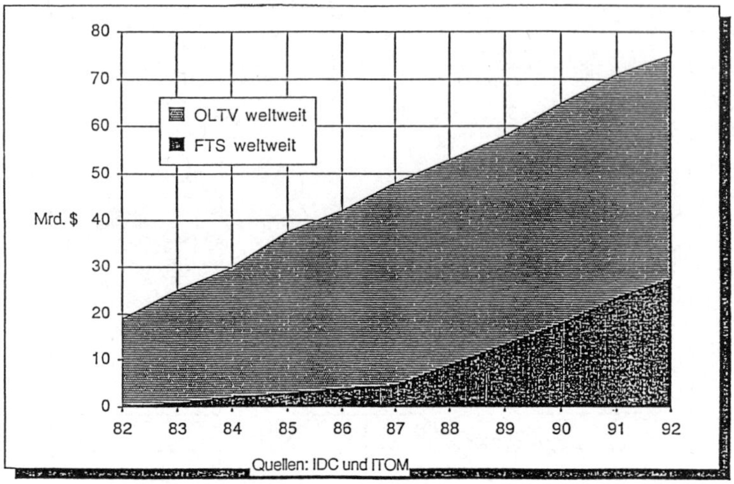

Bild 2: Marktpotential (Quellen: IDC und ITOM)

2. Architektur, Technologie und Funktionsprinzipien

Heute lassen sich zwei grundsätzliche fehlertolerante Architekturen unterscheiden:

- der softwarebasierende Ansatz und
- der hardwarebasierende Ansatz.

Wesentliches Ziel von beiden Ansätzen ist die Sicherstellung höchster Verfügbarkeit der Anwendungen. Auftretende Fehler müssen erkannt werden und dürfen die Integrität der Daten nicht gefährden. Tandem hat 1976 die ersten kommerziell einsetzbaren Rechner ausgeliefert, bei denen im Fehlerfall die Verarbeitung auf einer Ersatzkomponente automatisch weitergeführt werden konnte. Mehrfache Prozessoren führen arithmetische und logische Operationen aus, mehrfache Controller steuern die Verbindungen zwischen Prozessoren und den Peripheriegeräten, mehrfache Datenpfade sorgen für die Kommunikation zwischen den Systemmodulen und mehrfache Stromversorgungen sichern die Stromzufuhr (siehe Bild 3).

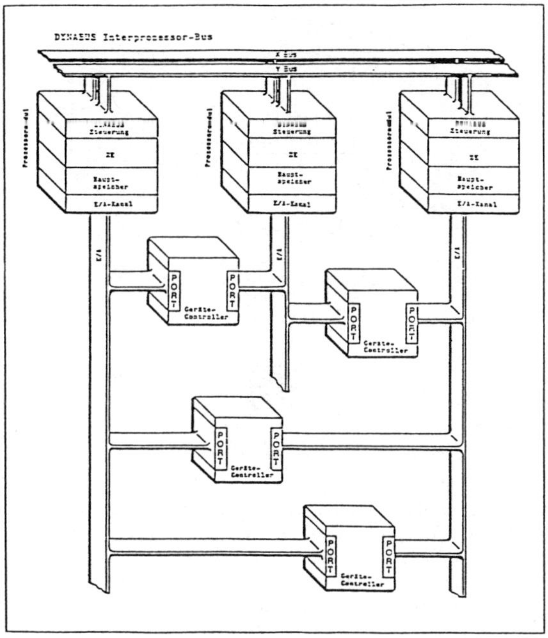

Bild 3: Systemarchitektur Tandem (Quelle: Tandem Computers International, Einführung in Tandem Computer Systeme, S.17)

Im Fehlerfall ordnet das Betriebssystem der Anwendung die jeweiligen "Back-up" Ressourcen zu. Dadurch ist nach kurzer Unterbrechung die Verfügbarkeit der Anwendungen sichergestellt.
Grundlage der Fehlertoleranz ist das "Checkpointing" Verfahren. System- und Anwendungsprozesse werden als "primary" und "Back-up"-Prozesse generiert. Regelmäßig werden Statusinformationen zwischen den Prozessen ausgetauscht, die ein Wiederaufsetzen im Fehlerfalle ermöglichen und die Konsistenz der Daten sicherstellen (siehe Bild 4). Softwarebasierende Lösungen haben den Nachteil, daß zusätzlicher Aufwand bei der Programmierung entsteht, und daß eine erhöhte Rechnerbelastung durch die Softwareroutinen, die die

Fehlertoleranz sichern, gegeben ist.

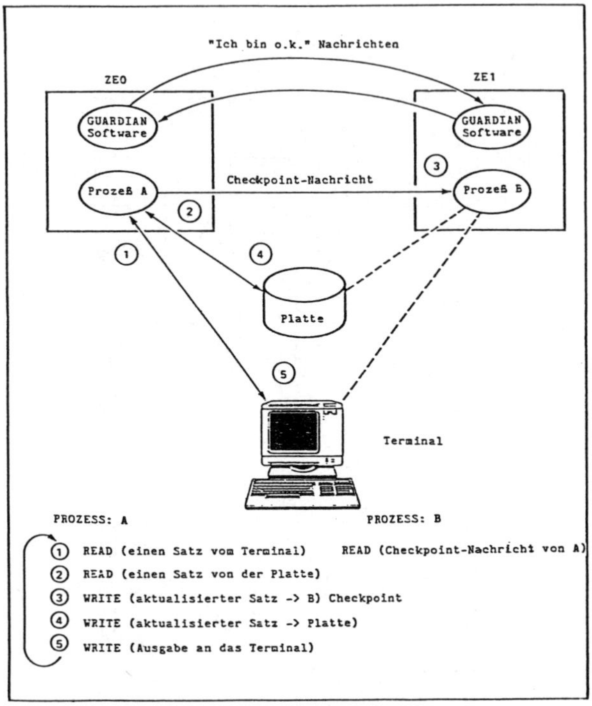

Bild 4: Checkpointing (Quelle: Tandem Computers International, Einführung in Tandem Computer Systeme, S.35)

Zu Beginn der 80er Jahre wurde Hardware zunehmend wirtschaftlicher. Insbesondere die Mikroprozessortechnologie ermöglichte wirtschaftliche Anwendungen. Ununterbrochene Verarbeitung wird z.B. bei Stratus durch massive Hardwareredundanz und durch eigene selbstprüfende Logik erreicht. Prozessoren, Hauptspeicher, Datenpfade, Steuereinheiten und Peripheriegeräte sind grundsätzlich doppelt ausgelegt. Während der Arbeit werden alle Operationen, also die Verarbeitung selbst, die Speicherung der Ein- und Ausgabeoperationen, ständig parallel und simultan auf der duplizierten Hardware ausgeführt (siehe Bild 5). Die von Stratus entwickelte und ebenfalls doppelt ausgelegte selbstprüfende Logik zur Fehlererkennung, vergleicht im Zyklus der Verarbeitung die Ergebnisse der parallelen Operationen. Die Arbeitsweise der selbstprüfenden Logik sei an der nachstehenden Abbildung erläutert (siehe Bild 6).

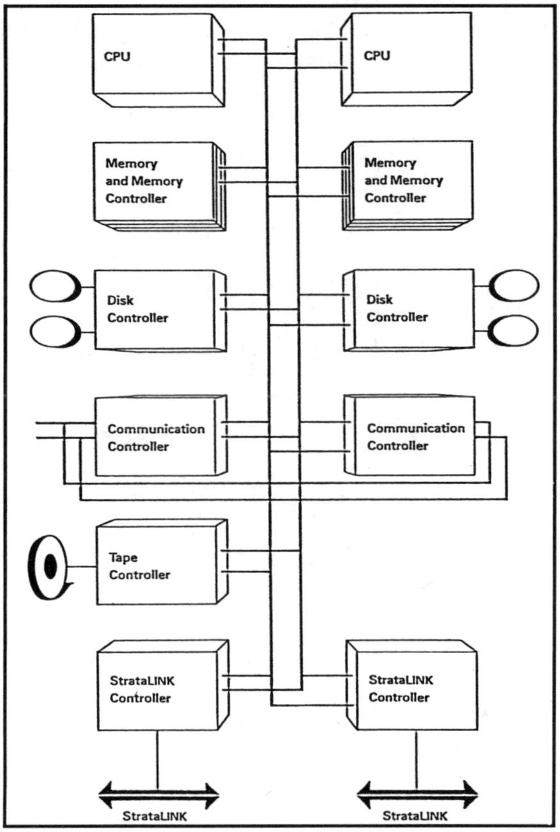

Bild 5: Systemarchitektur Stratus

Jede Instruktion, im obigen Bild also die Berechnung von 2 + 3, wird zeitparallel auf den zwei "Prozessor-Boards" und dort wieder durch zwei separate Logiken parallel durchgeführt. Die Vergleichslogik überprüft im Zyklus (16 Millionen mal pro Sekunde) die Gleichheit der Ergebnisse auf jedem "Prozessor-Board". Bei Ungleichheit der Ergebnisse wird das betroffene Board außer Betrieb gesetzt. Das parallele Board arbeitet unterbrechungsfrei ohne Daten, Zeit- und Leistungsverlust weiter. Durch die selbstprüfende Logik auf jedem Board, kann eine sichere Identifikation und Isolierung von Hardwarefehlern erreicht werden. Die hardwarebasierende Fehlertoleranz erleichtert die Programmierung der Anwendungen, da keine besonderen Vorkehrungen, wie z.B. das "Checkpointing", getroffen werden müssen.

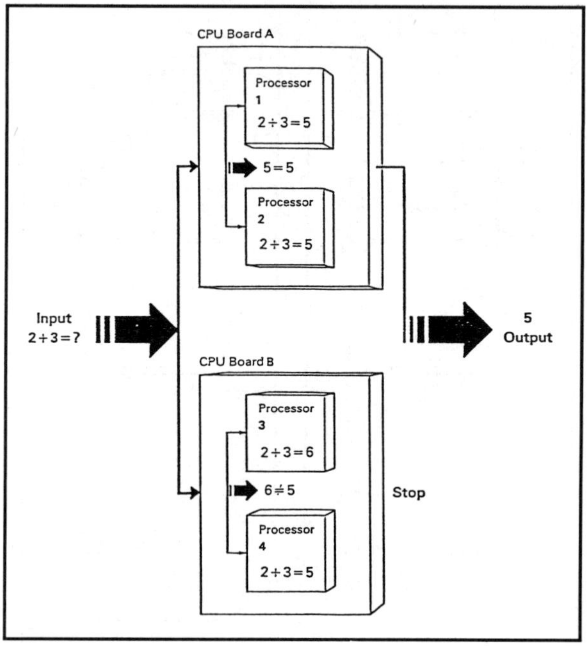

Bild 6: Selbstprüfende Logik

3. Typische Anwendungen für fehlertolerante Rechnersysteme

In den letzen Jahren hat sich das Umfeld der Computeranwendungen erheblich verändert. Die klassischen Anwendungen der Stapelverarbeitung werden zunehmend durch transaktionsorientierte Online-Anwendungen ersetzt. Diese liefern aktuelle Informationen und damit die Voraussetzung für die Steuerung komplexer Prozesse oder für einen hohen Servicegrad an

Dienstleistungen. Aktuelle Informationen sind ein erfolgskritischer Faktor im Wettbewerb. Fehlertolerante Systeme haben sich besonders bei erfolgskritischen Anwendungen durchgesetzt. In der computerintegrierten Fertigung ist Ausfallsicherheit ein wesentliches Element. Ein Beispiel dafür ist der Einsatz von fehlertoleranten Rechnern als Leitrechner in der dezentralisierten Fertigung. Diese Leitrechner übernehmen Aufgaben der Fertigungssteuerung und der Überwachung der Fertigungseinrichtungen. Dazu zählen Bildschirme, Zellenrechner und speicherprogrammierbare Steuerungen (SPS), die ihrerseits für die Überwachung der Förderbänder, Roboter und Bearbeitungszentren verantwortlich sind. Voraussetzung für den optimalen Einsatz von Rechnern in diesem Umfeld ist ihre ständige Verfügbarkeit, sowie deren Fähigkeit mit den Großrechnern, auf denen üblicherweise die Ferigungsplanung läuft, zu kommunizieren (siehe Bild 7).

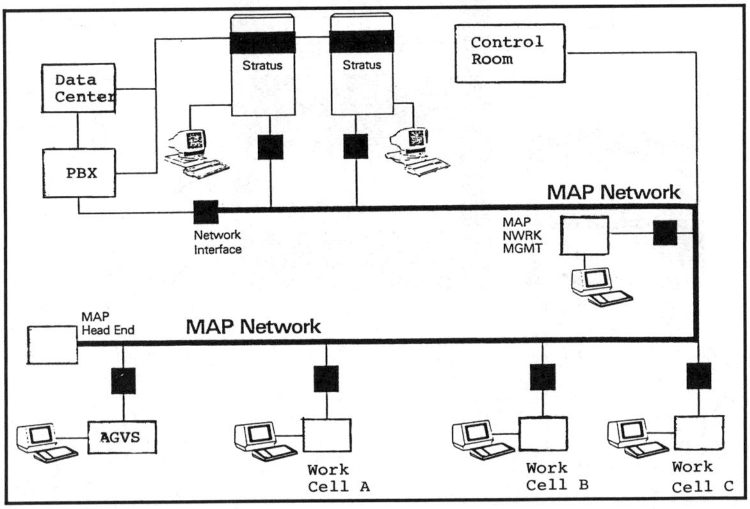

Bild 7: Fertigungsleitrechner

Auch im Bereich der Kreditwirtschaft beginnen sich ausfallgeschützte Systeme durchzusetzen. Einen Schwerpunkt bilden elektronische Zahlungssysteme, darunter EFTS-Netze wie SWIFT und CHIPS, POS-Netze, Systeme zur Kreditkartenautorisierung, sowie zur Steuerung von Schalterterminals und Geldausgabeautomaten. Zu dieser Gruppe gehören auch Systeme für den Auslandszahlungsverkehr, das internationale "Cash Management", sowie das "Telebanking" über Bildschirmtext. Diese Anwendungen stellen Verfügbarkeitsanforderungen, die von herkömmlichen Rechnern nicht mehr erfüllt werden können (wie z.B. die Verfügbarkeit rund um die Uhr, das unterbrechungsfreie Weiterverarbeiten von Daten auch im Fehlerfalle und die Wartung der Systeme bei laufenden Anwendungen und operatorlosem Betrieb; siehe Bild 8).

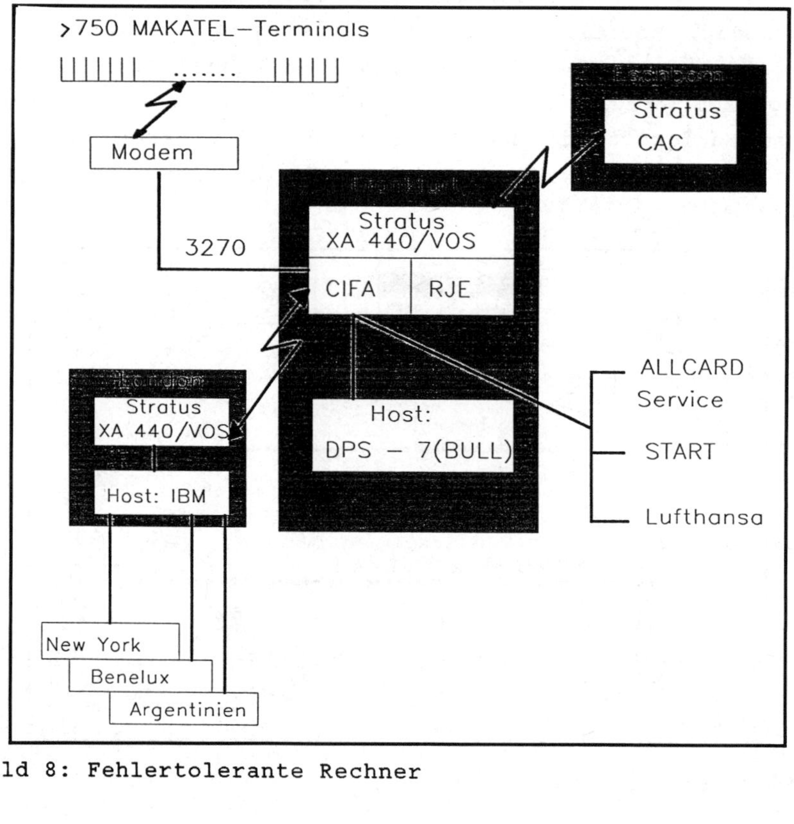

Bild 8: Fehlertolerante Rechner

4. Trends

Fehlertolerante Rechnersysteme haben sich im Bereich der Online-Transaktionsverarbeitung etabliert. Ihr Marktanteil wächst überproportional. Unternehmen wie Stratus erzielen Wachstumsraten von über 40 % pro Jahr. Die weitere Etablierung fehlertoleranter Rechner hängt entscheidend davon ab, wie schnell auf die Anforderungen des Marktes reagiert werden kann. Hauptforderungen sind:

- weitere Verbesserung des Preis/Leistungsverhältnisses, gemessen in Kosten pro Transaktion
- die Unterstützung von Industriestandards (wie z.B. SNA, MAP und Ethernet)
- leistungsfähige Werkzeuge für die Programmentwicklung, und
- offene Schnittstellen für die Einbindung in bestehende Rechnerhierarchien.

Moderne Organisations- und Kommunikationsformen im Vertrieb

Von Wolfgang Hugo*

Der Einladung, im Rahmen der Jahrestagung der Gesellschaft für Wirtschafts- und Sozialkybernetik zu Ihnen zu sprechen, bin ich gerne gefolgt; zum einen, weil wir in unserem Haus ihre Arbeit sehr schätzen; zum anderen, weil wir den Dialog mit Lehre und Forschung suchen - ihn auch, wie Sie vielleicht wissen, im Rahmen von Aktivitäten der Robert-Bosch-Stiftung fördern.

Ich bin Mitglied der Geschäftsleitung der Robert Bosch GmbH und in diesem Hause unter anderem für das Handelsgeschäft verantwortlich. Ich werde deshalb aus der Sicht des Vertriebs über neue Formen der Organisation und Kommunikation sprechen; wie ich meine als Fortsetzung zum Vortrag von heute morgen, in dem Herr Dr. Sanner die Kybernetik aus dem Blickwinkel der Beschaffungslogistik behandelt hat.

Bei der Vortragsvorbereitung ging ich davon aus, daß Sie von einem Vertreter der Wirtschaftspraxis konkrete Hinweise und Aussagen erwarten, wie Vertriebsleistungen erbracht, geplant und gesteuert werden, welche Entwicklungstendenzen und -möglichkeiten wir in der Vertriebsorganisation sehen und mit welchen Problemen im Aufbau und im Ablauf weltweiter Vertriebsaktivitäten wir konfrontiert sind.

Ich möchte nicht den Versuch unternehmen, den zahlreichen und bekannten "Management by-Konzepten" ein weiteres in

* Dr. Wolfgang Hugo, Mitglied der Geschäftsleitung der Robert Bosch GmbH, Stuttgart

Form eines "Management by Cybernetics" hinzuzufügen. Dies wäre auf den ersten Blick gesehen zwar reizvoll, doch stellt man bei näherem Hinsehen fest,

- daß zum einen Unternehmen in ihren vielfältigen und vielschichtigen Beziehungen zu ihrer Umwelt - in Bezug auf Absatz- und Beschaffungs-, Kapital- und Arbeitsmarkt,-komplexe, zielorientierte Einheiten, kybernetisch organisierte Systeme sind; und
- daß zum anderen die Prozesse der Führung von Unternehmen als kyberneticche Prozesse zu begreifen sind.

Das Zusammenspiel aller Funktionsbereiche, ihre gegenseitigen inhaltlichen, zeitlichen und personellen Abhängigkeiten, lassen den Schluß zu, daß alle betrieblichen Funktionsbereiche kybernetisch organisiert sind.

Damit möchte ich festhalten, daß es im Grunde nicht notwendig ist, einen inhaltlichen Zusammenhang zwischen Unternehmensführung und Kybernetik herzustellen; denn Unternehmensführung ist angewandte Kybernetik; "Management by Cybernetics" wäre damit kein neues Konzept, sondern eine Tautologie.

Aus diesem Grunde sind die Modellvorstellungen der Kybernetik grundsätzlich geeignet, betriebliche Funktionsweisen und Zusammenhänge sichtbar zu machen. Verbesserte Einsichten und Transparenz schlagen sich in größerer Wirtschaftlichkeit nieder und helfen, Unternehmensbestand und -wachstum zu sichern.

Dies gilt - wie ich meine - in besonderem Maße, je größer und komplexer ein Unternehmen ist, denn zeifellos nimmt mit der Größe und Komplexität einer Organisation die Bedeutung geordneter, rückkoppelnder Informationsprozesse vielfach exponentiell zu.

Bevor ich Ihnen nun Formen der Organisation und Kommunikation im Vertrieb von BOSCH vortrage, möchte ich Ihnen eine Vorstellung geben, was und welche Größenordnungen damit angesprochen sind:

Die Bosch-Gruppe ist in den Arbeitsgebieten Kraftfahrzeug-Ausrüstung, Produktions- und Gebrauchsgüter sowie Kommunikationstechnik tätig und erzielte 1986 mit rund 150 000 Mitarbeitern einen konsolidierten Jahresumsatz von ca. 22 Mrd DM, mehr als die Hälfte davon im Ausland. Wir vertreiben unsere Produkte und unser Know-how in mehr als 130 Ländern über Tochter- und Beteiligungsgesellschaften sowie Auslandsvertretungen und Verkaufsbüros. Darüber hinaus nehmen mehr als 8 400 selbständige Firmen, mittlere und kleinere Unternehmen, als Mitglieder der Bosch-Dienst-Organisation weltweit Vertriebs- und Kundendienstaufgaben für uns wahr. Diese Organisation beschäftigt rund 90 000 Mitarbeiter und erzielte in 1986 einen Umsatz von rund 4,5 Mrd DM.

Die notwendigerweise heute mehr denn je erforderliche Flexibilität und Effizienz eines Unternehmens in der Reaktion auf rasch wechselnde Marktsituationen findet in unserer Organisation, bis in die Unternehmensspitze reichend, seit einer Reihe von Jahren wie folgt Berücksichtigung:

- einerseits Denzentralisierung durch Schaffung möglichst homogener und ergebnisverantwortlicher Geschäftsbereiche (gegliedert nach Arbeitsgebieten),
- andererseits weitreichende Zentralisierung von Dienstleistungen im Stammhaus im weitesten Sinne des Begriffs. Grundlagenforschung, Rechts- und Patentwesen, Grundsatzfragen des Rechnungswesens, des Vertriebs und der Finanzwirtschaft, Controlling und Revision, Umweltschutz, Werbung, Zentraler Einkauf u. a. sind Aufgaben von Zentralabteilungen, teilweise mit Ergänzungen in den einzelnen Geschäftsbereichen.

Wir bilden im Inland Geschäftsbereiche dort, wo Produktprogramm, Technologie oder Vertriebswege die Eigenständigkeit eines Unternehmensbereichs erfordern. Die Geschäftsbereiche werden als selbständige Profit-Center geführt und verfügen über eigene Entwickung, Fertigung und Vertrieb. Sinngemäß trifft diese Aussage auch auf unsere eigenen Vertriebsgesellschaften in den Auslandsmärkten zu.

Starke Geschäftsbereiche verlangen eine starke Zentrale, die das Unternehmens-Gesamtinteresse wahrzunehmen hat. Die Kommunikation zwischen Geschäftsbereich und Zentrale muß demnach umfassend sein, aufgrund ihres Umfangs aber hochverdichtet; Kennzahlensysteme, formalisierte Planungsunterlagen, ein standardisiertes Berichtswesen und anderes mehr werden angewandt.

Soweit zu einem Grundprinzip unserer Organisation, von dem wir uns Flexibilität, aber auch Nutzung zentraler Forschungs-, Entwicklungs- und Administrationsressourcen mit beträchtlichen Synergieeffekten versprechen.

Der schärfer werdende Wettbewerb auf heimischen und internationalen Märkten infolge zunehmender Marktsättigung und erhöhter Markttransparenz, die Verkürzung des Lebenszyklus bei Produkten und Vertriebswegen, Währungs- und Kaufkraftprobleme - um nur einige Herausforderungen zu nennen - erfordern von großen und kleinen Unternehmen verstärkte Anstrengungen zur Erhaltung der Wettbewerbsfähigkeit.

Ein wesentlicher Ansatzpunkt zur Schaffung und Erhaltung der Wettbewerbsfähigkeit liegt in der Gestaltung der Kostenseite. Nicht nur in konjunkturell ungünstigen Zeiten ist Ertragswachstum/-Stabilisierung durch Kostensenkung - auf allen Ebenen und in allen Bereichen - herbeizuführen. Starke Aufmerksamkeit gilt auch der Gestaltung der Angebotsseite.
Hierunter fallen insbesondere die Bemühungen um innovative, marktgerechte und preiswerte Produkte, um leistungsfähige Distributoren, aber auch um erfolgreiche Werbung und

Verkaufsförderung.

Beides - Angebotserweiterung im Sinne einer quantitativen und qualitativen Angebotsverbesserung sowie äußerste Kostendisziplin - sind Voraussetzungen für den unternehmerischen Erfolg.

Die Aufgabe besteht darin, diese beiden Zielsetzungen in konkrete Maßnahmen umzusetzen. Kosten sparen allein genügt nicht, wenn das Leistungsangebot dabei verkümmert, Leistungserweiterung ohne Beachtung der Kosten ebensowenig. Wir wollen unsere Erträge und unser Wachstum dadurch sichern, daß wir mit einem hochwertigen, technologieintensiven Produktprogramm unsere Umsatzbasis ausweiten, die Mittelbindung auf allen Stufen des Wertschöpfungsprozesses verringern und dabei an Flexibilität hinsichtlich der Anpassung an veränderte Marktgegebenheiten gewinnen.

Aus dieser Zielsetzung lassen sich eine ganze Reihe von konkreten Teilzielvorstellungen und auch Maßnahmen ableiten; zum Beispiel Erhöhung der Kapazitäten für Forschung und Entwicklung, Verkürzung von Entwicklungszeiten, Reduktion der Bestände, umfassende Marktbeobachtung und andere mehr.

Ich werde Ihnen einige Bereiche vorstellen, in denen wir Angebotsverbesserung und Kostenziele realisiert haben beziehungsweise im Begriff sind, dies zu tun. Im einzelnen werde ich mich auf Logistik, Disposition und Vertriebssteuerung konzentrieren, Werbung und Verkaufsförderung sowie Mitarbeiterförderung kurz ansprechen.

1. Organisation der Warenströme

Ich greife hier in erster Linie auf Erfahrungen unseres Geschäftsbereiches Kraftfahrzeugausrüstung-Handel zurück, der aufgrund seiner Größe, seiner internationalen Orientierung, seiner heterogenen Kundenstruktur und seines rund 70 000 Artikel umfassenden Programmangebots frühzeitig und intensiv neue Wege geplant und beschritten hat; zum Teil in Pilot-Funktion für die Bosch-Gruppe.
(Kanban, Just-in-Time-Lieferungen und andere Logistikkonzepte, die uns im Zusammenhang mit unseren Kunden vor allem in der Kraftfahrzeug-Erstausrüstung berühren, sind hier nicht angesprochen.)

Um Ihnen die Fragestellungen und die Problemlösungen näher zu bringen, muß ich auch hier einen kurzen Exkurs über das Umfeld in diesem Markt voranstellen.

Wie in der Branche üblich, vertreiben wir die Erzeugnisse dieses Geschäftsbereiches vor allem über den Großhandel, in erster Linie über unsere Bosch-Vertragsgroßhändler, und über den Fabrikhandel.

Es besteht der Trend, daß die Großhandelsstufe übersprungen wird, da traditionelle Großhandelsfunktionen, wie z.B. Lager- und Verteilungsfunktionen vom Hersteller oder von der nächstfolgenden Stufe übernommen werden. Neue Formen, insbesondere Großvertriebsformen des Einzelhandels, sind entstanden und haben sich in den letzten Jahren als besonders dynamisch erwiesen; sie erwirtschaften wachsende Anteile am Umsatz der gesamten Branche und verfügen damit über eine zum Teil starke Einkaufs- und Marktmacht.

Diese Entwicklungen sind - je nach Branche und von Land zu Land - unterschiedlich einschneidend verlaufen und verschieden weit fortgeschritten. Sie betreffen uns bei Bosch in den Geschäftsbereichen Elektrowerkzeuge, Haushaltsgeräte und Blaupunkt-Unterhaltungselektronik stärker als im Geschäftsbereich Kraftfahrzeugausrüstung-Handel.

Wir behalten den zweistufigen Vertrieb dort bei, wo wir ihn aus Gründen einer hohen Marktausschöpfung, intensiver Marktpflege und aus Kostengründen für unverzichtbar halten. Es handelt sich hierbei im Kraftfahrzeug-Ersatzteil- und Zubehörmarkt immerhin um rund 300 000 Absatzmittler in Europa auf der zweiten Handelsstufe (Einzelhandelsstufe) die nicht alle vom Geschäftsbereich direkt beliefert werden können, zumal der überwiegende Teil des Bedarfs in kleinen Mengen und kurzfristig benötigt wird. Allein im Inland sind rund 70 000 Betriebe unterschiedlicher Ausprägung im Vertrieb von Kraftfahrzeug-Ersatzteilen und Zubehör in der 2. Handelsstufe tätig.

Wir sind aber auch in der Lage, Kunden direkt zu beliefern. Es sind nationale Einzelhandelsketten mit Zentrallager, Einkaufskooperationen und Mineralölgesellschaften. Die Bedeutung dieser Kundengruppen wird weiter zunehmen und erfordert eine Ergänzung der Direktbelieferung durch Zusatzleistungen wie u.a. kundenspezifische Verpackung, Preisauszeichnung.

In Europa sind wir dabei, den Direktversand an alle Bosch-Vertragsgroßhändler ab unserem Vertriebszentrum Karlsruhe aufzubauen, d.h. Abbau der Lagerstufe bei unseren ausländischen Vertriebsgesellschaften durch Direktbelieferung ihrer Kunden aus dem inländischen Geschäftsbereich.

Wir beabsichtigen, für die Warenströme in die europäischen Märkte die Zollabwicklung und alle damit zusammenhängenden administrativen Arbeitsabläufe so zu organisieren, daß der grenzüberschreitende Warenverkehr ohne zeitliche Verzögerung vonstatten geht. Dies erfolgt in zukunftsweisender Zusammenarbeit mit verschiedenen Zollverwaltungen und Speditionen unter dem Motiv "Logistik ohne Grenzen". Mit Schnellversand führt der Geschäftsbereich Eilaufträge in die angeschlossenen europäischen Märkte innerhalb von 24 Stunden aus.

Die Direktbelieferung der Bosch-Vertragsgroßhändler und des Fabrikhandels als Kunden unserer Vertriebsgesellschaften ab Vertriebszentrum Karlsruhe hat mittlerweile 50 % des Umsatzes erreicht und wird weiter ausgebaut.

Wichtige Kunden überseeischer Vertriebsgesellschaften werden künftig in die Direktbelieferung mit einbezogen.

Hand in Hand mit den Vorbereitungen zum Direktversand ging bei uns eine bereichsübergreifende Organisation der Geschäftsbereichs-Disposition, die geeignet ist, den grundsätzlichen Zielkonflikt der Disposition zu entschärfen.

Ein als "magisch" bezeichnetes Dreieck der Logistik beschreibt den Zielkonflikt zwischen hohem Servicegrad, (niedriger) Kapitalbindung im Lager und optimalen Losgrößen der Fertigung, den ein gut funktionierendes Dispositionssystem Auftrag für Auftrag und Position für Position zu lösen hat, denn im allgemeinen decken sich die wirtschaftlichen Losgrößen der eigenen Fertigungen und die angestrebte Kapitalbindung in Vorräten nicht mit den Liefergrößenvorstellungen der Zulieferanten und den Auftragsgrößen der Kunden.

Wir müssen versuchen, unseren EDV-Entwicklungsstand und unsere Erfahrung dafür zu verwenden, zukünftigen Bedarf noch genauer einzuschätzen und Bestände durch optimale Disposition in ihrem Umfang niedrig und in ihrer Zusammensetzung "nachfragegerecht" zu halten. Dazu gehört die Verwirklichung von Maßnahmen, die wir in einem, KOMPASS genannten, Dispositions-Konzept zusammengefaßt haben:

KOMPASS steht für Kundenorientiertes Materialplanungs- und Auftrags-Steuersystem.
Im Kern handelt es sich um Dispositionsregeln für die gesamte Vertriebskette, die festlegen:

- welche Artikel
- wann, wie und wo
- zu bestellen, zu liefern und zu lagern sind.

Damit wird es für unsere Kunden möglich:

- ihr Artikelsortiment zu straffen und marktgerecht zu strukturieren,
- in klarer Dispostionsverantwortung raschere und bessere Dispositions- und Bestellentscheidungen zu treffen,
- die Lagerstruktur zu verbessern,
- die Lieferbereitschaft zu erhöhen und gleichzeitig
- die Kosten der Logistik insgesamt zu senken.

Darüber hinaus kann - an den Schnittstellen der Absatzlogistik zu Beschaffung und Fertigung - durch KOMPASS die Liefererfüllung der Werke systematisch und nachhaltig verbessert werden durch:

- eine stärkere an den Marktbedarf orientierte Kapazitätsplanung
- eine kurzfristige kompensatorische Bedarfsplanung
- einen prioritätsgesteuerten Rückstandsabbau.

Insgesamt wird die durchgerechnete Mittelbindung spürbar reduziert.

Zweckmäßiges Ergänzungsinstrument der Disposition ist das Lagerclearing, das uns, beziehungsweise unsere Kunden, in die Lage versetzt, die Bestandssituation bei uns und bei unseren Kunden abzugleichen. Dies bedeutet, daß sich sogar bereits ausgelieferte Ware noch im Regelkreis unserer Logistik befindet.

2. Organisation der Informationsströme

Unsere Versand- und Dispositionskonzepte stellen hohe und wechselnde Anforderungen an einen schnellen und lückenlosen Informationsaustausch. Auf dem KOMPASS-Konzept zur Organisation der Warenströme bauen deshalb Überlegungen zur Gestaltung der Informationsströme auf. Dies ist wirtschaftlich nur mit dem Einsatz leistungfähiger und einheitlicher EDV-Programme realisierbar. So toleriert beispielsweise ein zuverlässiger Schnellversand keine mehrstufige, manuelle Auftragsbearbeitung mit dem damit verbundenen Zeitverlust und dem erhöhten Risiko von Übermittlungsfehlern. Wenn es auf die Minute ankommt, hilft nur der direkte, automatisierte Verbund mit der nächsten lieferfähigen Lagerstufe. Für grenzüberschreitenden Schnell- und Eil-Nachschubversand ist, wie bereits angedeutet, zudem ein Datenverbund zu Speditionen Voraussetzung, damit eine zügige Abwicklung und Verzollung gewährleistet ist.

Unser Konzept hierfür ist ein internationales Kommunikationssystem, das unsere Bosch-Vertragsgroßhändler, Bosch-Dienste auf der Einzelhandels- und Werkstattebene, unsere ausländischen Vertriebsgesellschaften und Vertretungen mit dem Geschäftsbereich verbindet sowie Schnittstellen nach außen zu Kunden, Speditionen und Behörden aufweist.

Kommunikation mit den Bosch-Diensten realisieren wir mittels Videotex. Dafür wurden mehr als 900 inländische Bosch-Dienste von uns mit Btx-Geräten unserer Tochtergesellschaft Blaupunkt ausgestattet. Wo preiswertes Videotex nicht oder noch nicht realisierbar ist, kommen Datenwähl- oder Standleitungen zum Einsatz.

Im Ausland bereitet uns das zum Teil noch sehr unterschiedlich entwickelte Niveau der Datenverarbeitung einzelner Gesellschaften ebenso Schwierigkeiten wie die nationalen postalischen Datenkommunikationsmöglichkeiten, auf die wir kaum Einfluß haben.

Unser Bestreben, professionelle, hochwertige und zuverlässige Programme in Form von Konfektions-Software allen unseren Kunden anzubieten, stößt bei diesen allerdings noch auf eine heterogene Datenverarbeitungswelt. Unser Rechnerverbund - sei es als Dialogverbund oder als Datenaustausch im Stapel - ist organisatorisch und technisch intern weit gediehen; nach außen hin öffnet er sich partnerschaftlich. Mit überwindung von Hardware-Schranken und umfangreichen Programmentwicklungen können wir hohe Leistungen, zum Teil Vorleistungen, erbringen. Auf diesem Gebiet sind noch interessante Rationalisierungsreserven zu erschließen. Ende dieses Jahrezehnts wollen wir unser EDV-Kommunikations-Netz fertig "geknüpft" haben, indem alle europäischen Bosch-Vertragsgroßhändler und Bosch-Dienste sowie alle unsere ausländischen Vertriebsgesellschaften und Vertretungen in direkter Kommunikation mit unserem Vertriebszentrum in Verbindung stehen.

Wir nutzen die aufgebauten Rechner- und Kommunikationskapazitäten vielfältig, nicht nur - wie schon erwähnt - in der Auftragsbearbeitung, sondern auch für ein tagesaktuelles Berichtswesen und zum Aufbau von Datenbanken. Zentraler, weltweiter Datenbankservice bezüglich Fahrzeugausrüstungs- und Ersatzteilinformationen ist ein Entwicklungsschwerpunkt.

Insbesondere Videotex erscheint uns dafür eine interessante, ausbaufähige Perspektive zu sein, weil es als preiswertes, genormtes und "offenes" Medium auch den Datenverbund mit anderen, nicht der eigenen Vertriebsorganisation zugehörigen Handelspartnern zuläßt. Zunehmend wird sich anbieten, statt einfachen Videotex-Geräten videotexfähige Personalcomputer zu verwenden und damit EDV und Videotex in einem Gerät zu kombinieren.

In absehbarer Zeit werden Compact-Disc (CD-ROM) unsere

technischen Informationen auf Mikrofiche ablösen. Dies bedeutet, daß eine einzige Compact-Disc unsere gesamte technische Information des Kundendienstes aufnehmen kann; derzeit füllt diese 186 000 Textseiten beziehungsweise 1 140 Mikrokarten.

3. Organisation der Vertriebssteuerung

Ergänzt werden unsere elektronischen Systeme für Lagerbewirtschaftung, Disposition und Auftragsabwicklung heute durch BOVIS, dem Bosch-Vertriebs- und Informationssystem, auf dessen Grundlage wir ein Berichtswesen - nach Erzeugnis und Kundengruppen unterteilt - über Umsatz- und Absatzzahlen, Margen und Bestände aufbauen. Vollautomatisch steht uns damit über DFÜ ein Berichtswesen zur Verfügung, das in Qualität, Quantität und Geschwindigkeit einen echten Fortschritt gegenüber bisherigen Lösungen darstellt.

BOVIS ermöglicht uns aktuelle und umfassende Ergebnisinformationen über und für unsere inländischen Vertragsgroßhändler und Regionalgesellschaften; es stellt monatsaktuell und mit geringem Bearbeitungsaufwand wertvolle Vertriebsdaten über Distributionskanäle zur Verfügung.

Das ist wichtig, da nicht nur Produkte einem Lebenszyklus folgen, sondern sich auch Vertriebswege dynamisch entwickeln, d.h. einem Wandel in ihrer Bedeutung und ihrem Anforderungsprofil unterliegen.
BOVIS schafft damit für unsere Vertriebsorganisation die Voraussetzungen einer vertriebswegespezifischen Marktbearbeitung. Daraus resultieren u. a. bessere Möglichkeiten für zielgruppenorientierten Einsatz des Außendienstes, segmentspezifische Kundenansprache in Werbung und Verkaufsförderung, selektive Produkt- und Preispolitik und gezielter

Einsatz des Telefonverkaufs.

BOVIS führt damit zu einer realistischen Einschätzung des Bestellverhaltens auf einzelnen Handelsstufen. Je länger die Kette der Handelsstufen ist, desto größer ist die Möglichkeit, daß es zu autonomen Vorratsentwicklungen kommt, d. h. zu Bestelleingängen und Vorratsänderungen beim Hersteller ohne entsprechende Änderung der Nachfrage. Es steigt die Gefahr von Fehlplanungen, - BOVIS hilft, sie zu verringern.

BOVIS ermöglicht die Optimierung der Außendienststeuerung, insbesondere im Verbund mit mobiler Datenerfassung, da Vertriebsergebnisse kurzfristig und in differenzierter Form vorliegen. Dadurch sind wir in der Lage, schneller als bisher auf aktuelle Marktentwicklungen zu reagieren.

4. Organisation der Werbung und Verkaufsförderung

Die Aufgabenverteilung im Vertrieb ist bei Bosch so geregelt, daß die ausländischen Vertriebsgesellschaften und Auslandsvertretungen die nationale Marktverantwortung innehaben, während die Produktverantwortung bei den Geschäftsbereichen liegt.
Damit haben die Geschäftsbereiche die Verantwortung für die Produktwerbung, wobei aus Synergiegründen darauf geachtet wird, daß sie international einsetzbar ist.

Der Grundsatz lautet: "Produktwerbung so einheitlich wie möglich, so differenziert wie markterforderlich." Eventuell nötige Adaptionen in einzelnen Märkten werden von den Werbeverantwortlichen in den Vertriebsgesellschaften und Auslandsvertretungen vorgenommen. Der Nutzen eines weltweit einheitlichen Werbekonzepts liegt vor allem in der erhöhten

Werbeeffizienz durch professionelle Werbegestaltung, in der Kommunizierung eines einheitlichen Erscheinungsbildes und Kosteneinsparungen (z. B. durch hohe Auflagen bei Werbemitteln). Auch die Konzentration der Zusammenarbeit auf ausgewählte, international tätige Agenturen wird gefördert und führt tendenziell zu Kostensenkungen.

Ähnliches gilt für den weltweiten Einsatz der institutionellen Firmenwerbung, die von der zentralen Werbeabteilung Bosch konzipiert wird.

Zielgruppenorientierter Werbeerfolgskontrolle bedienen wir uns vor allem im Hinblick auf die Steigerung der Werbewirksamkeit durch weitere Verbesserung der werblichen Maßnahmen.

Auch bei der Verkaufsförderung sind wir bestrebt, durch einheitliche Konzepte und Sammelproduktion der Verkaufsförderungsmittel eine höhere Kampagnen-Effizienz zu den relativ günstigsten Kosten zu erzielen. Da bei Verkaufsförderungsmaßnahmen die Individualität der einzelnen Märkte/ Absatzmittler jedoch stärker berücksichtigt werden muß als bei Werbekampagnen, sind hier enge Grenzen gesetzt, so daß den Verantwortlichen in den Vertriebsgesellschaften ein kreativer Spielraum bleiben muß.

5. Organisation der Mitarbeiterförderung

Erlauben Sie mir, mit einigen Bemerkungen über die Rolle und Bedeutung der Mitarbeiter abzuschließen, denn es sind die Mitarbeiter im Unternehmen, die ihre Wertvorstellungen einbringen, Leitbilder und Ziele formulieren, den Aufbau der Organisation lenken, die Unternehmensabläufe organisieren und damit das Unternehmen in die Lage versetzen, die

Zukunft erfolgreich zu meistern.

Wir bemühen uns, unsere Mitarbeiter verstärkt zu motivieren und ihnen interessante Qualifizierungsmöglichkeiten zu geben.

Dazu gibt es eine Reihe von Möglichkeiten. Ich erwähne beispielhaft:

- die leistungsabhängige Bezahlung als materiellen Anreiz für die Mitarbeiter, insbesondere im Außendienst
- den "Bosch-Club", in den die erfolgsreichsten in- und ausländischen Außendienst-Mitarbeiter aufgenommen werden, als immaterielle Anerkennung der Verkaufsleistung,
- ein betriebliches Vorschlagswesen,
- verschiedene Tranieeprogramme, die Berufsanfänger - nach abgeschlossenem Studium - im Rahmen eines fest umrissenen Ausbildungsgangs durch "training on the job" auf Führungspositionen in den Bereichen Vertrieb, Betriebswirtschaft, Technik und Personal vorbereiten,
- die Möglichkeit für deutsche Führungsnachwuchskräfte, bei Vertriebsgesellschaften tätig zu sein, sowie für ausländische Mitarbeiter, sich durch Tätigkeit im Stammhaus zusätzliches Know-how anzueignen.

Für ein Unternehmen, daß 51 % seines Umsatzes im Ausland erzielt, ist es unerläßlich, daß eigene qualifizierte Mitarbeiter Fach- und Führungserfahrung im Ausland gesammelt und unter Beweis gestellt haben, damit sie auch im Umfeld fremder Sprachen und Mentalitäten ihre Aufgabe erfüllen können.

Eine große Anzahl von Fortbildungmaßnahmen in Form zielgerichteter Schulungen und Seminare, die Mitarbeitern aller Fachrichtungen und hierarchischen Ebenen den neuesten Wissensstand vermitteln, vervollständigt die Förderung unserer Mitarbeiter.
Nicht zuletzt dadurch sind wir zuversichtlich, auch in Zu-

kunft hohe Qualität anbieten zu können; Qualität nicht nur in Erzeugnissen, sondern auch in der Organisation, Qualität im Vertrieb, Qualität im Kundendienst.

Ein PC-gestütztes, kybernetische System zur Erstellung von Marketing-Konzeptionen

Von Rolf Pfeiffer und Werner Glaser*

1. Einleitung

Dieser Beitrag beschreibt einen realen Fall aus der Unternehmenspraxis. Das Produkt war ein Gasanzünder, der mit einer völlig neuen Technologie, dem Piezo-Prinzip, ausgestattet wurde. Es galt die Einführung in ausländische Märkte durch geeignete Marketing-Instrumente zu planen. Eine Vielzahl ähnlich gelagerter Fälle haben ein Modell mit PC-Unterstützung entstehen lassen, das die Berücksichtigung vieler Einflußgrößen, Simulation von Entscheidungsvarianten und eine Abschätzung von Interdependenzen und Rückkopplungen erlaubt.

1. Die Erarbeitung von Marketing-Konzeptionen im Unternehmen

Marketing-Konzeptionen schätzen Marktpotential und Risiko des Marktes ab und legen im Vorhinein alle Aktivitäten und Kosten für die Marktbearbeitung fest[1]. Sie bestehen grundsätzlich aus zweierlei Komponenten: qualitative und quantitative Faktoren. Unter die qualitativen Faktoren sind alle

* Prof. Dr. Rolf Pfeiffer, Diplom-Volkswirt Werner Glaser, Export-Akademie Baden-Württemberg, Reutlingen

Faktoren zu rechnen, die das Produkt beschreiben, wie z.B. Produktgestaltung, Farbe, Design usw. In der Marketing-Konzeption werden diese Faktoren sinnvollerweise durch einen sog. Anmutungs- und Handhabungstest geprüft, bevor das Produkt in den Markt kommt.

Qualitative Faktoren sind naturgemäß schwer in PC-gestützten Systemen zu berücksichtigen, finden jedoch ihren Niederschlag in quantitativen Größen. Deshalb liegt der Schwerpunkt des darzustellenden Systems auf den quantitativen Faktoren. Diese werden in den Marketing-Planungsrechnungen berücksichtigt. Die wichtigsten quantitativen Faktoren sind die Absatzmenge und der Verbraucherpreis. Aus diesen Größen lassen sich viele weitere Größen ableiten, wie Marktanteil, Umsatz, Gewinn, Marketingbudget usw.. Der Vorteil einer PC-gestützten Marketing-Planungsrechnung besteht darin, daß bei der Erarbeitung einer solchen Planungsrechnung z.T. kontroverse Vorstellungen innerhalb eines Unternehmens bestehen können, deren Auswirkungen in der Marktbearbeitung nur mit großem Rechenaufwand vorhersehbar sind. Existiert ein Planungsmodell in Form eines PC-Kalkulationsmodells, das alle quantitativen Faktoren und deren Abhängigkeiten berücksichtigt, dann kann die Erstellung der Marketing-Konzeption von besserer Qualität sein, da keine denkbare Konzeption vergessen wird oder wegen des damit verbundenen Rechenaufwandes unberücksichtigt bleiben muß. Zudem können bereits bekannte Rückkopplungen und deren Auswirkungen im Gesamtmodell simuliert werden.

Im folgenden werden zwei Teilsysteme vorgestellt. Im Teilsystem Marktauswahl wird über die Ermittlung des Marktpotentials und des Länderrisikos die Reihenfolge der zu bearbeitenden Märkte gesucht. Im Teilsystem Markt-Planungsrechnung werden verschiedene Marktstrategien durchgerechnet. Das Ziel dieser Rechnungen ist die Ermittlung einer optimalen Marktstrategie.

2. Das Teilsystem Marktauswahl

Bei der Marktauswahl geht es darum, von den möglichen Absatzmärkten denjenigen auszuwählen, der die größten Marktchancen und die geringsten Marktrisiken aufweist. Notwendigerweise wird ein Markt nicht gleichzeitig die größten Chancen und das kleinste Risiko bieten. Es gilt zuerst Indikatoren für die Marktchancen, d.h. für das Marktpotential zu finden und zu bewerten. Danach soll das Länderrisiko bewertet werden. Zuletzt muß in geeigneter Form die Marktchance mit dem Länderrisiko verbunden werden, um damit eine Rangfolge für die Bearbeitung der Märkte zu erhalten.

2.1 Das Untersystem Marktpotential

Bei der Ermittlung des Marktpotentials geht es darum, zuerst die verschiedenen Segmente der möglichen Käufer zu finden. In unserem Fall ist die Frage zu beantworten: wer zündet Gas? Es werden bei der systematischen Suche nach Gasverbrauchern verschiedene potentielle Nutzer/Käuferschichten gefunden: Haushalte, die Erdgas- oder Stadtgasanschluß haben, Chemielabors, Unternehmen, die schweißen, Wohnwagenbesitzer, Camper mit Zelt usw..

Für jedes Marktsegment muß nun ein Indikator für den potentiellen Absatz gefunden werden. Der erste Anhaltspunkt ist hier die Anzahl der gasversorgten Haushalte, der Wohnwagenbesitzer usw.. Diese Zahlen sind aus verschiedenen Statistiken, z.B. aus Zahlenmaterial der Gaswirtschaft, zu ermitteln. Allerdings ist dieses Zahlenmaterial vergangenheitsbezogen. Für unsere Prognose sind Schätzwerte für die Zukunft zu ermitteln. Eine erste Analyse habe ergeben, daß für unser Produkt vier relevante Marktsegmente vorhanden sind: Erdgas-Haushalte, Stadtgas-Haushalte, Wohnwagenbesitzer und Camper. Weiter kämen fünf Auslandsmärkte für einen Markteintritt in Frage. Nun müssen für diese fünf

Marktpotential für den HPGAZ Großritannien

Jahr	Erdgas-HH in Tsd.	Anteil HPGAZ in %	Potential in Tsd
1981	2200	*	330
1982	3400	*	510
1983	4400	15	660
1984	5100	*	765
1985	5600	*	840
1986	5600	*	840
I. Haushalte Erdgas:		Schätzwert:	1022

Jahr	Stagtgas-HH in Tsd.	Anteil HPGAZ in %	Potential in Tsd.
1981	6000	*	600
1982	4200	*	420
1983	2800	10	280
1984	1600	*	160
1985	800	*	80
1986	400	*	40
II. Haushalte Stadtgas:		Schätzwert:	0

Jahr	Wohnwagen in Tsd.	Anteil HPGAZ in %	Potential in Tsd.
1981	480	*	120
1982	500	*	125
1983	550	25	138
1984	580	*	145
1985	610	*	153
1986	650	*	163
III. Wohnwagen:		Schätzwert:	171

Jahr	Camper in Tsd.	Anteil HPGAZ in %	Potential In Tsd.
1981	1200	*	96
1982	1200	*	96
1983	1300	8	104
1984	1350	*	108
1985	1400	*	112
1986	1500	*	120
IV. Camper:		Schätzwert:	123

** Ermittlung des Marktpotentials für den HPGAZ

<in Tsd.>	Schätzwert	Korrektur
Erdgas	1022	1000
Stadtgas	0	0
Wohnwagen	171	170
Camper	123	120
Summe	1316	1290

Abb. 1: Modell der Marktpotentialermittlung. Aus der Zeitreihe 1981-1986 wird ein Schätzwert ermittelt, dieser mit dem angestrebten Faktor der Potentialausschöpfung multipliziert. Die ermittelten Schätzwerte können vom Anwender korrigiert werden.

Länder Statistiken für die vier Marktsegmente erstellt werden. Bezieht man die zeitliche Entwicklung in den Marktsegmenten mit ein, kann über eine lineare Regression ein Schätzwert für das künftige Marktpotential ermittelt werden. Der angestrebte Versorgungsgrad in den verschiedenen Segmenten wird nicht gleich sein. So ist denkbar, daß gasversorgte Haushalte relativ besser versorgt werden können als Camper, da in den Haushalten die Häufigkeit des Zündens und damit der Nutzeffekt des Gasanzünders höher ist. Zudem sind der Wettbewerb mit gleichen oder ähnlichen Produkten (Marktanteil), sowie evtl. Substitutionsprodukte zu berücksichtigen. Selbstverständlich müssen für diese Abschätzungen bereits grobe Vorstellungen zur Preishöhe und zu den anderen marketingpolitischen Instrumenten bestehen. Hier zeigt sich bereits die Problematik solcher rückgekoppelter Systeme in der Praxis und der Vorteil der besseren Durchschaubarkeit bei Verwendung von Modellen. Die ermittelten Marktpotentiale sind also mit einem Faktor zu multiplizieren, der die angestrebte Potentialausschöpfung widergibt. Das Zwischenergebnis dieser Schätzung ist der geplante Absatz pro Marktsegment, die Addition der vier Segmente ist der geplante Absatz in dem betreffenden Land.

Der Vorteil eines solchen (Kalkulations-)Modells liegt darin, daß verschiedene Vorstellungen, die im Unternehmen über die Marktchancen bestehen, sehr schnell in Ergebnisse umgerechnet werden können. So kann sofort errechnet werden, welche Auswirkung eine veränderte Abschöpfung eines Segments auf die gesamte Absatzmenge hat. Das Modell in Abb. 1 errechnet die Potentiale pro Segment mit Hilfe der linearen Regression. Eine alternative, weniger ausgefeilte Möglichkeit der Abschätzung des Marktpotentials ist mit Hilfe eines einfachen Datenbankmodells möglich, wo nur die Größe der Marktsegmente und der geplante Abschöpfungsfaktor eingegeben werden (vgl. Abb. 2).

```
Markt-Potential-Abschätzung
---------------------------
SL  GB
MS1        6000     F1  15      M1         900
MS2           0     F2   0      M2           0
MS3         700     F3  25      M3         175
MS4        1600     F4   8      M4         128
-------------------------------------------
      geplante Absatzmenge: MPA        1203
-------------------------------------------
MS1 = Marktsegment 1 usw.
F1  = geplante Abschöpfung des Marktsegments 1 (in %) usw.
M1  = geplanter Absatz im Marktsegment 1 usw.
```

Abb. 2: Marktpotentialermittlung mit einem einfachen Datenbank-Modell

Der Vorteil eines Datenbank-Modells liegt darin, daß alle untersuchten Länder als Datensätze vorliegen und als Marktpotential-Liste, sortiert nach dem Marktpotential, ausgegeben werden können. Es ist auch möglich, verschiedene Märkte eines Landes zu speichern, um sie dann bei Bedarf aufzurufen. Das Ergebnis in unserem Fall ist in Abb. 3 dargestellt.

Ergebnis der Markt-Potential-Abschätzung

Land		Geschätztes Potential
GB	Grossbritannien	1.203 (Tsd. Stück)
F	Frankreich	1.190 (Tsd. Stück)
SPA	Spanien	870 (Tsd. Stück)
BEL	Belgien	785 (Tsd. Stück)
NL	Niederlande	535 (Tsd. Stück)

Abb. 3: Datenbankliste "Marktpotential", sortiert nach der geschätzten Marktgröße

2.2 Das Untersystem Länderrisiko

Die Abschätzung des Länderrisikos vervollständigt die Marktpotentialabschätzung im Hinblick auf die Länderauswahl. Ein großes Marktpotential kann bei großem Länderrisiko weniger erfolgversprechend sein, als ein kleineres Potential bei kleinem Risiko. Eine computergestützte Analyse erfordert die Quantifizierung des Risikos. Dies ist in der Wirtschaftspraxis durchaus üblich, z.B. beim BERI-Index und anderen Risiko-Indikatoren[2]. Abb. 4 zeigt ein Bewertungsschema, das eine Einschätzung des Länderrisikos erlaubt. Selbstverständlich ist solch eine Einschätzung subjektiv vom Standpunkt des Unternehmens. Dies kann jedoch ein Vorteil sein, da der Unternehmer seine eigenen Erfahrungen in diesem Land einbeziehen kann. Dabei ist nur wichtig, daß

```
      Länder-Risiko-Analyse
      ---------------------
Land  Grossbritannien                       SL GB

      3   Politische Stabilität
      3   Einstellung zu ausl. Investoren
      4   Gefahr der Verstaatlichung
      3   Inflationsgefahr
      3   Aussenhandelsbilanz
      3   Bürokratische Verzögerungen
      3   Wirtschaftswachstum
      4   Währungskonvertibilität
      3   Einklagbarkeit von Verträgen
      3   Lohnkosten und Arbeitsproduktivität
      3   Verfügbarkeit von Dienstleistungen ...
      3   Nachrichtenwesen
      3   Verfügbarkeit von einheim. Managern und Partnern
      3   Verfügbarkeit von kurzfristigen Krediten
      3   Verfügbarkeit von langfristigen Krediten

      --------------------------------------------------
      Gewichtete Summe 286   ( = Länder-Risiko-Wert )
```

Abb. 4: Schema zur Bewertung des Länderrisikos. Jeder Faktor wird mit 0 bis 5 Punkten bewertet (5 = sehr gut usw.). Die Faktoren haben bei der Summierung verschiedene Gewichte.

bei mehreren Experten die Einschätzung nach einem einheitlichen System erfolgt, um z.B. einen durchschnittlichen Länderrisikowert zu ermitteln. Gibt man nun die Schätzwerte für die zu untersuchenden Länder ein, so ergibt sich pro Land ein Länderrisikowert. Bei dem vorgestellten Schema können maximal 400 Punkte erreicht werden. Das Land mit dem höchsten Wert hat das geringste geschätzte Risiko. Es läßt sich nun leicht eine Liste erstellen, in der die Länder nach dem Länderrisiko sortiert ausgegeben werden.

Ergebnis der Länder-Risiko-Analyse

	Land	Bewertung
NL	Niederlande	353
BEL	Belgien	340
GB	Grossbritannien	286
F	Frankreich	283
Spa	Spanien	222

Abb. 5: Liste der Länderrisikowerte, sortiert nach dem Länderrisiko

2.3 Das Untersystem „Rangfolge"

Für die Länderauswahl sind sowohl das Marktpotential, wie auch das Länderrisiko von Bedeutung. Deshalb werden zunächst die Daten aus beiden Teilsystemen verbunden.

Marktpotential und Länderrisiko

LAND	Markt-Potential-Wert	Länder-Risiko-Wert
Belgien	785	340
Frankreich	1190	283
Grossbritannien	1203	286
Niederlande	535	353
Spanien	870	222

Abb. 6: Marktpotentialwert und Länderrisikowert je Land.

Dies ergibt eine "Länder-Marktpotential-Risiko-Tabelle" wie in Abb. 6. Diese Tabelle wird durch eine Datenverknüpfung generiert. Aus technischen Gründen ist es nicht sinnvoll, beide Teilsysteme in einer Tabelle (Datei) zu untersuchen. Nun stellt sich die Frage, wie das Marktpotential mit dem Länderrisiko zu verrechnen ist. Hier gibt es sicher von unserem Vorschlag abweichende Meinungen. Wir überspielen die Datenbankliste (Abb. 6) in ein Tabellenkalkulationsmodell. Der größte Marktpotentialwert wird als Indexwert = 100 gesetzt, die anderen Werte relativ dazu berechnet. Ebenso wird der größte Länderrisikowert = 100 und die anderen Länderrisikowerte in Relation gesetzt. Dadurch wird erreicht, daß die Unterschiede innerhalb der Marktpotentialwerte mit denen innerhalb der Länderrisikowerte vergleichbar sind. Wenn man den MPA-Wert mit dem Faktor 3, den LRA-Wert mit dem Faktor 1 gewichtet, kann ein Mittelwert errechnet werden, der ein gemeinsamer Indikator für das Marktpotential und das Länderrisiko ist. Dieser Wert ist der Wert INDEX in Abb. 7.

Länder-Risiko und Markt-Potential

Gewicht MPA: 3,00 Gewicht LRA: 1,00

	INDEX	MPA-Wert	LRA-Wert	MPA-Index	LRA-Index	INDEX
===>LAND						
1	Grossbritannien	1203,00	286	100,0	81,0	95,3
2	Frankreich	1190,00	283	98,9	80,2	94,2
3	Belgien	785,00	340	65,3	96,3	73,0
4	Spanien	870,00	222	72,3	62,9	70,0
5	Niederlande	535,00	353	44,5	100,0	58,4
	Maxima:	1203	353			

Abb. 7: Rechenmodell zur Ermittlung eines Gesamt-INDEX-Wertes für Marktpotential und Länderrisiko

Abb. 7 gibt die Länder sortiert nach dem INDEX-Wert aus und ist somit die Reihenfolge der zu bearbeitenden Länder.

3. Das Teilsystem Markt-Planungsrechnung

Wenn die Entscheidung für den Eintritt in einen bestimmten Auslandsmarkt getroffen ist, sind Überlegungen für eine Marketingkonzeption für dieses Land anzustellen. Die wesentlichen Entscheidungsgrößen sind

- der Planungszeitraum
- die geplante Absatzmenge
- der Endverbraucherpreis
- die Wechselkurserwartung
- die Distributionskanäle
- die Handelsspannen aller Handelsstufen
- die Soll-Umsatzrendite
- die Zuteilung des Marketingbudget auf die eingesetzten Marketinginstrumente

Die Markt-Planungsrechnung ist bei dieser Anzahl von Parametern ein komplexer Rechenprozess, der prinzipiell für alle denkbaren Kombinationen der Parameter durchgerechnet werden muß. Hier bietet sich somit der Gebrauch eines Kalkulationsmodells an, das die Beziehungen aller Parameter zueinander mathematisch berücksichtigt. Jede denkbare Alternative kann dann berechnet und bewertet werden. Abb. 8 zeigt dieses Modell.

Zur Vorgehensweise im Modell: alle Eingabefelder werden automatisch angesteuert, damit der Anwender sofort zum richtigen Feld kommt. Das Modell umfaßt drei Teilsysteme, die kurz vorgestellt werden.

Marktstudie: Marketing-Budget-Planung

Ausl.markt:	WK: 2,95	PreisAW: 6,80

Marketing-ziele:	Menge:	1.300 Tsd. Stück
	Preis:	20,06 DM

Mengen-strategie:		Jahr 1	Jahr 2	Jahr 3	Jahr 4
	<%>	25	35	25	15
	Tsd.Stück:	325	455	325	195
	SKP	5,37	4,95	5,37	5,75

Kalkulation

	Satz in %	Betrag/St			
Endverbraucherpreis		20,06			
Verbrauchssteuer(n)	15	2,62			
Einzelhandels-VP		17,44			
Einzelhandels-Spanne	30	5,23			
Einzelhandels-EP		12,21			
Großhandels-Spanne	20	2,44			
Großhandels-EP		9,77			
Vertriebsagentur-Spanne	0	0,00			
Abgabepreis		9,77	9,77	9,77	9,77
Selbstkostenpreis		5,37	4,95	5,37	5,75
Verfügbar für G + M		4,40	4,82	4,40	4,02
Gewinn (% von Abg.preis)	20	1,95	1,95	1,95	1,95
Marketing-Budget		2,44	2,86	2,44	2,06

Payout-Rechnung	Jahr 1	Jahr 2	Jahr 3	Jahr 4
Absatz (Tsd. Stück)	325	455	325	195
Umsatz (TDM)	3.175	4.445	3.175	1.905
Hestellkosten (TDM)	1.745	2.252	1.745	1.121
Gewinn (TDM)	635	889	635	381
Marketing-Budget (TDM)	795	1.303	795	403

Budgetpolitik / Marketing-Instrument

		Jahr 1	Jahr 2	Jahr 3	Jahr 4
Jahresbudget	%	40	30	20	10
	TDM	1318	989	659	330
Gewinn neu	TDM	111	1204	770	454
Instrument 1	%	50	40	30	30
	DM	659.016	395.410	197.705	98.852
Instrument 2	%	20	25	25	30
	DM	263.607	247.131	164.754	98.852
Instrument 3	%	20	30	35	35
	DM	263.607	296.557	230.656	115.328
Instrument 4	%	10	5	10	5
	DM	131.803	49.426	65.902	16.475
Summe		1.318.033	988.525	659.016	329.508

Summen über den gesamten Planungszeitraum:

Absatz	1.300	Instrument 1	1.252.131
Umsatz	12.698.852	Instrument 2	675.492
Herstellkosten	6.864.000	Instrument 3	790.820
Gewinn	2.539.770	Instrument 4	247.131
Marketingbudget	3.295.082		

Abb. 8: Modell Marktplanungsrechnung

3.1 Das Untersystem Preiskalkulation

Ausgangspunkt der Kalkulation ist die Mengen-Preis-Zielsetzung, die auf der Analyse des Marktpotentials aufbaut. Die Preiskalkulation rechnet vom Endverbraucherpreis zurück zum Abgabepreis. Mit dem erwarteten Wechselkurs wird der Endverbraucherpreis in Auslandswährung in einen DM-Preis umgerechnet. Danach ist der im Land bestehende Verbrauchssteuersatz zu berücksichtigen. Die Wahl der Distributionskanäle wird schon implizit einbezogen, da über die Spannen der Handelsstufen vom Endverbraucherpreis auf den Abgabepreis zurückgerechnet wird. Länderübliche Distributionswege werden hier berücksichtigt. Soll eine Handelsstufe ausgelassen werden (z.B. Großhandel oder Vertriebsagent), dann wird eine Handelsspanne von 0 eingegeben. Die Differenz aus Abgabepreis und Selbskostenpreis steht für Stückgewinn + Marketingbudget/Stück zur Verfügung. Wird eine Sollrendite vorgegeben, so ist der Stückgewinn und das Marketingbudget/Stück determiniert.

3.2 Das Untersystem Payout-Rechnung

In der Payout-Rechnung werden die Budgets Umsatz(gesamt), Herstellkosten(gesamt), Gewinn(gesamt) und Marketingbudget(gesamt) errechnet. Bei der Höhe des Marketingbudgets muß bewertet werden, ob dieses Budget für die Umsetzung der Mengen-Preis-Zielsetzung ausreichend ist. Ist das Budget von vorneherein zu gering, so müssen die relevanten Parameter verändert werden. Die Folgewirkung dieser Änderung in allen Teilsystemen wird dabei sofort sichtbar. So muß das Marketing-Budget für eine vorgesehene, effiziente Fernsehwerbung einen bestimmten Mindestbetrag umfassen. Ist dies nicht der Fall, ist eine vollkommen andere Kommunikations- und Distributionsstrategie anzusetzen und damit ist meist auch die geplante Potentialausschöpfung (Marktanteil) nicht mehr erreichbar. Dies bedeutet in unserem Modell, daß eine neue Rechnung, beginnend mit der Marktpotentialermittlung gestartet werden muß.

3.3 Das Untersystem Marketing-Budget-Rechnung

Das errechnete Marketingbudget pro Jahr in der Payoutrechnung ist proportional zur geplanten Absatzmenge pro Jahr, d.h. daß im ersten Planungsjahr ein relativ geringes Budget vorhanden ist, da in der Einführungsphase mit geringen Stückzahlen gerechnet wird. Die Einführungsphase muß jedoch von großen Marketingaktivitäten begleitet werden. Deshalb wird es notwendig sein, das Marketingbudget des gesamten Planungszeitraums auf die ersten Planungsjahre zu konzentrieren.

In der ersten Stufe der Marketing-Budget-Rechnung wird das gesamte Marketingbudget (100%) auf die Planungsjahre verteilt. Bspw. sollen im ersten Jahr 40% des Gesamtbudgets ausgegeben werden. Damit wird der Plangewinn des ersten Jahres kleiner als in der Payout-Rechnung ermittelt, möglicherweise entsteht ein Verlust. Die Umverteilung des Marketingbudgets ist über den ganzen Planungszeitraum jedoch neutral, sieht man von finanzwirtschaftlichen Konsequenzen ab. Als Zwischenergebnis werden Marketingbudgets für die Planungsjahre und die damit veränderten Plangrößen für den Gewinn pro Jahr errechnet.

In der zweiten Stufe werden die Jahresbudgets den verschiedenen Marketinginstrumenten zugeordnet. Hier sind einfachheitshalber vier Instrumente 1 bis 4 angenommen. Das Marketing-Mix, der kombinierte Einsatz der vier Instrumente, muß nicht jedes Jahr konstant sein. Instrument 1 mag in der Einführungsphase dominieren (z.B. Fernsehwerbung) und in den Folgejahren zurückgehen oder ganz verschwinden. Der Anteil jedes Instruments in einem Planungsjahr wird als Prozentsatz vom Jahresbudget eingegeben. Im Modell wird dann das Budget für jedes Instrument in jedem Jahr berechnet. Somit kann wieder unmittelbar beurteilt werden, ob ein spezielles Marketingbudget ausreichend oder aber überhöht ist. Eine entsprechende Korrektur kann sofort vorgenommen werden. Es ist auch grundsätzlich möglich, Zielwerte für bestimmte Budgets vorzugeben und das Modell mit dieser Nebenbedingung durchzurechnen. Die Ergebnisse der Marketing-Budget-Rechnung sind somit die Umverteilung des Gesamtbudgets in Jahresbudgets und die Verteilung der Jahresbudgets in Budgetansätze für Marketinginstrumente.

4. Darstellung des Planungsprozesses als Regelkreis

4.1 Das Gesamtsystem (Abb. 9)

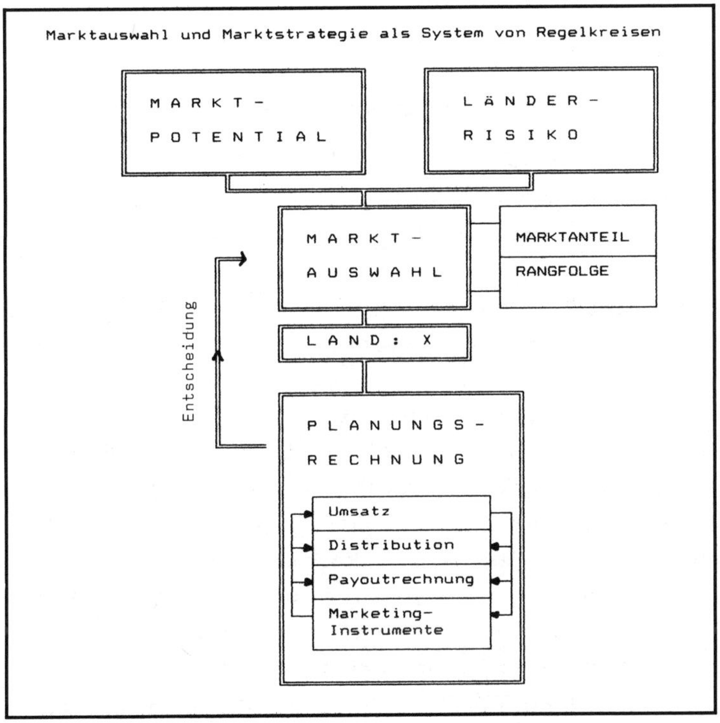

Abb. 9: Marktauswahl und Marktstrategie als System von Regelkreisen

Marktpotential- und Länderrisikoabschätzung führen zur Auswahl eines zuerst zu bearbeitenden Marktes. Für diesen Markt wird die Marktplanungsrechnung durchgeführt. Das Ergebnis der Marktplanungsrechnung kann sein, daß die Marktergebnisse nicht so positiv sind, wie angenommen wurde. Daraufhin kann entweder der zweitplazierte Markt, insbesondere wenn nur geringe Unterschiede in der Bewertung vorliegen, vorgezogen werden. Für diesen Markt wird dann wiederum die Marktplanungsrechnung durchgeführt. Zum anderen kann der gesamte Prozeß der Planungsrechnung mit veränderten Parametern für den ersten Markt wiederholt werden unter Berücksichtigung der bereits erwähnten interdependenten Abhängigkeiten.

4.2 Die Planungsrechnung

Die Marktplanungsrechnung kann als Regelkreis mit vier Untersystemen aufgefasst werden. Die Untersysteme sind die Bereiche Umsatz, Distribution, Payoutrechnung und Marketinginstrumente. Ausgangspunkt der Überlegungen sei eine Situation, bei der ein Marketingbudget berechnet wird, das als zu gering für die Realisierung der Marktziele angesehen wird. Um ein größeres Marketingbudget zu erreichen, sind verschiedene Änderungen möglich. Bspw. kann der Preis erhöht werden. Ein höherer Preis ist nach allgemeiner Auffassung allerdings nur durch zusätzliche Marketingaufwendungen durchsetzbar, so daß diese Maßnahme nicht geeignet sein kann. Wenn das Marketingbudget bei gegebenem Preis- und Mengenziel erhöht werden soll, ist dies über veränderte Handelsspannen oder eine geringere Sollrendite möglich. Wenn in der ersten Variante der Verkauf über den Fachhandel zugrunde lag, kann eine Verlagerung der Distributionswege (Warenhäuser) erwogen werden, wobei größere Mengen zu kleineren Preisen abgesetzt werden können. Die Handelsspannen werden sich hierbei ändern und der Einsatz der Marketinginstrumente wird angepaßt werden müssen.

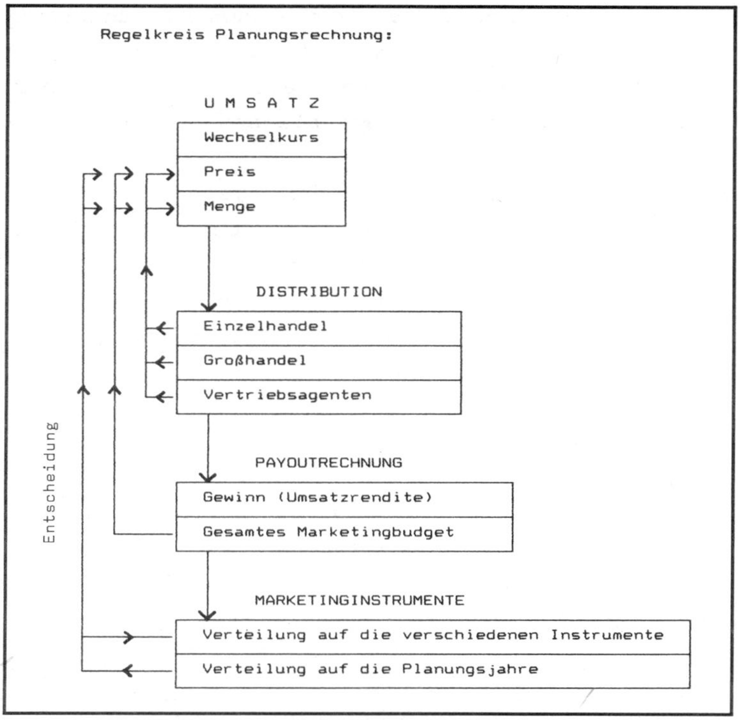

Abb. 10: Die Marktplanungsrechnung als System von Regelkreisen

5. Mögliche Weiterentwicklungen des Systems

Die vorstehenden Ausführungen sollten aufzeigen, wie mit Hilfe eines "rückgekoppelten Systems" über Simulation iterativ versucht wird, die "beste" Alternative für einen Eintritt in einen ausländischen Markt zu finden.

Das PC-Modell ist offen für den Eingriff der "Entscheider", hat also keine automatischen Optimierungsteile integriert.

Die Einbringung eines solchen Optimierungsbausteins, z.B. nach dem Optimal-Control-Verfahren[3], ist jederzeit möglich. Weiterhin ist das Modell nur auf einen PC zugeschnitten, also nicht in ein EDV-Netz im Unternehmen "einkoppelbar". Diese "Vernetzung" ist heute ebenfalls problemlos möglich, allerdings mit einem nicht unerheblichen Aufwand.

Weitere praktische Anwendungen des Systems werden jedoch zeigen, ob es nicht sinnvoller ist, bei einem derartigen offenen und leicht durchschaubaren System zu bleiben, um die oft qualitativen Einflußvariablen aus Mentalität, Risikofreude, fehlendem Datenmaterial u.a. angemessen berücksichtigen zu können.

6. Literatur

1 **Meffert, H.**: Marketing, Wiesbaden 1982, S. 473 ff.

2 **Henzler, S./Pfeiffer, R.**: Mit Länder-Risiko-Analysen auf der sicheren Seite bleiben; in: Handbuch für das internationale Geschäft (Loseblattwerk), Hrsg.: P.G. Durniok, Deutscher Wirtschaftsdienst, Köln, Teil 4, Kapitel 3.2, S. 1-20

3 **Pfeiffer, R.**: Kybernetische Analyse ökonomischer Makromodelle für die Bundesrepublik Deutschland, Basel, Stuttgart 1977, S. 170 ff.

Modellgestützte Investitionsplanung zur Erweiterung der Produktionskapazität

Von Frank H. Maier*

1. Modellunterstützte Planung von Kapazitäts-Erweiterungsinvestitionen eines Ladenbauunternehmens

1.1 Einflußfaktoren der Investitionsentscheidung zur Kapazitätserweiterung

Entscheidungen des Managements über Kapazitätserweiterungen haben - wegen ihrer langfristigen Konsequenzen in allen Bereichen des Unternehmens, der Höhe der Kapitalbindung und der Komplexität der Problemstellung - eine erhebliche strategische Bedeutung[1]. So sind bei Investitionsentscheidungen zur Erweiterung der Produktionskapazität vielfältige Einflußfaktoren zu berücksichtigen.

Zweifelsohne haben die aus unterschiedlichen Szenarien der Nachfrage resultierenden Einzahlungsüberschüsse den größten Einfluß auf eine Investitionsentscheidung. Darüber hinaus müssen aber auch die zwischen den einzelnen Bereichen des Unternehmens bestehenden Rückkopplungsbeziehungen Berücksichtigung finden. Das Nichtbeachten dieser Rückkopplungen kann zu schlechten, unter Umständen sogar falschen Entscheidungen führen, die die Existenz des Unternehmens ge-

---

* Dipl.-Kfm. Frank H. Maier, Universität Osnabrück

fährden. So gilt es aus finanzpolitischer Sicht neben Fragen der Finanzierung zu berücksichtigen, daß bei Kapazitäts-Erweiterungsinvestitionen durch den Bau neuer Betriebsstätten während der Bauphase erhebliche finanzielle Mittel gebunden werden, wobei in diesem Zeitraum jedoch keine zusätzlichen Einzahlungen zu erwarten sind. Aus absatzpolitischer Sicht ist die Frage zu beantworten, mit welcher Strategie die Unternehmung Erweiterungsinvestitionen vornehmen will; soll der Bau einer neuen Betriebsstätte der Nachfrage vorauslaufen, oder soll mit Hilfe der Marketinginstrumente zuerst Nachfrage nach den Produkten des Unternehmens geweckt werden.

Außerdem sind die Auswirkungen eventueller Überkapazitäten zu berücksichtigen, die in jedem Fall eine Verschlechterung der Ertragslage nach sich ziehen, bei branchenübergreifenden Überkapazitäten darüber hinaus zu einem verschärften Preiswettbewerb führen. Umgekehrt besteht aber auch die Gefahr, Marktanteile zu verlieren, sofern keine Erweiterungsinvestitionen vorgenommen werden.

Nicht zuletzt werden die Entscheidungen durch die mit größer werdendem Zeithorizont zunehmende Unsicherheit von Prognosen erheblich erschwert; sie werden aber auch von der Risikobereitschaft des Unternehmers stark subjektiv beeinflußt.

Die Verfahren der Finanzierungstheorie, die sich allein auf die Bestimmung der Vorteilhaftigkeit von Investitionsobjekten beschränken, können wegen der Komplexität der Entscheidung nur begrenzt als Entscheidungshilfe herangezogen werden. Sie können allenfalls die aus unterschiedlichen Nachfrageentwicklungen resultierenden Einzahlungsüberschüsse berücksichtigen.

Durch die Konzeption eines System-Dynamics-Modells kann dieser Nachteil umgangen und allen oben aufgeführten Aspekten bei der Entscheidungsfindung Rechnung getragen werden.

Darüber hinaus wird es möglich, durch Testen unterschiedlicher Szenarien und Strategien zu einer robusten Lösung zu kommen.

1.2 Unternehmens- und branchenspezifische Absatzprobleme

Das hier im weiteren dargestellte Modell wurde für ein mittelständisches Ladenbauunternehmen entwickelt und dient der Planung von Kapazitäts-Erweiterungsinvestitionen durch den Bau neuer Betriebsstätten[2]. Das Unternehmen, das der holz- und metallverarbeitenden Industrie zuzurechnen ist, stellt in individueller Einzelfertigung Ladeneinrichtungen für Einzelhandelsfachgeschäfte her.

Die typische Ablauforganisation des Absatzes in der Ladenbaubranche läßt sich anhand Abbildung 1, die auch die Komplexität verdeutlicht, nachvollziehen.

Die wesentlichen Segmente bilden die Innenarchitekten, die Unternehmen und der Kunde. Durch die kommunikationspolitischen Maßnahmen der Unternehmen kommen Kontakte zu potentiellen Kunden zustande, die zu Anfragen führen. Diese Kundenanfragen werden ausschließlich von dem Innenarchitekten bearbeitet, der somit das entscheidende Bindeglied zwischen Ladenbauunternehmen und Kunden darstellt. Der Innenarchitekt verarbeitet die bei einem Kundenbesuch festgestellten Wünsche und seine Ideen zu einem Entwurf, auf dessen Basis danach dem Kunden ein Angebot unterbreitet wird. Hier wird deutlich, daß der Innenarchitekt durch die Wahl des Designs und der Ausstattung des Auftrages einen wesentlichen Einfluß auf die Höhe des Angebotspreises nimmt.

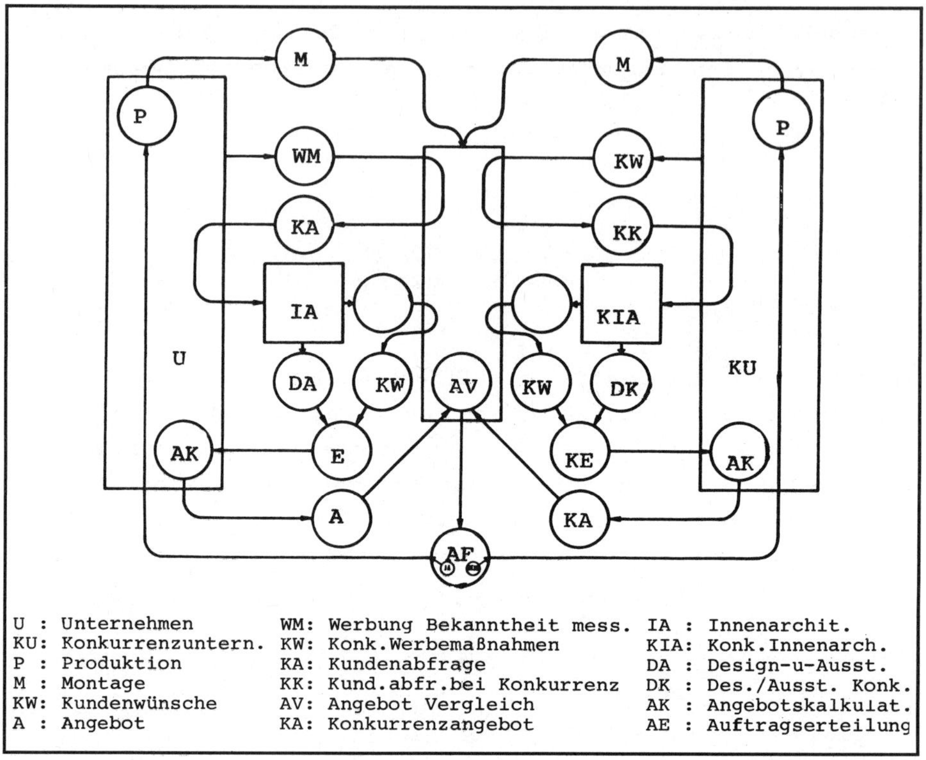

Abb. 1: Die typische Ablauforganisation des Absatzes

Die beschriebenen Prozesse laufen in ähnlicher Weise auch bei den Konkurrenzunternehmen ab, so daß den Kunden auch von Konkurrenten Angebote unterbreitet werden. Nach einer eventuellen Überarbeitung der Angebote durch die Innenarchitekten erteilt der Kunde einem Anbieter den Zuschlag.

2. Ein System-Dynamics-Modell zur Planung von Erweiterungsinvestitionen durch den Bau einer neuen Betriebsstätte

2.1 Die Umsetzung branchenspezifischer Absatzprobleme

Die Umsetzung der branchenspezifischen Absatzprobleme und die Erfassung der stochastischen Elemente der Auftragsaquisition erfolgt im Modell, das - angelehnt an die Unternehmensstruktur - in verschiedene Sektoren untergliedert ist, innerhalb des Absatzsektors.

Die erste stochastische Größe, die im Modell Berücksichtigung findet, betrifft die Anzahl der Mitanbieter, die von Kunde zu Kunde verschieden ist. Unterstellt man zwischen den Anbietern Gleichheit aller anderen Einflußfaktoren des Auftragseingangs, wird die Wahrscheinlichkeit des Auftragseingangs nur durch die unterschiedliche Anzahl der Mitanbieter beeinflußt. Die aus dieser variablen Bieteranzahl resultierende Wahrscheinlichkeit des Auftragseingangs wird im Modell mit Hilfe einer Zufallszahlenreihe abgebildet, deren Mittelwert bei 4 - 5 Mitbewerbern liegt[3].

Eine weitere Zufallszahlenreihe bildet die Unsicherheit bezüglich der vom Kunden gewünschten Lieferfristen ab. Der daraus ermittelte Zeitraum, sein Mittelwert liegt bei 4 Monaten, wird der Lieferzeit des Unternehmens gegenübergestellt. Nimmt der Quotient dieser beiden Größen einen Wert größer 1 an , so ist damit ein Rückgang Lieferzeitakzeptanz verbunden.

Durch die Wahl des Designs und der Ausstattung eines Auftrages seitens der Innenarchitekten werden zu einem großen Teil die Kosten, und somit auch der Angebotspreis, festgelegt. Auch hier ist ein stochastischer Einfluß zu verzeichnen, der im Modell durch die Multiplikation der Materialkosten eines Auftrages mit einer Zufallszahl Berücksichtigung findet[4]. Auf Seite der Konkurrenzunternehmen wird der Einfluß der Innenarchitekten in ähnlicher Weise erfaßt. Ist der Quotient der ermittelten Angebotspreise größer als 1, ist auch hier ein Rückgang der Wahrscheinlichkeit des Auftragseingangs zu verzeichnen.

Aus den so ermittelten Einzelwerten wird die Gesamtwahrscheinlichkeit des Auftragseingangs berechnet. Multipliziert mit der Anzahl der Kundenanfragen ergibt sich der

Auftragseingang, der zu einer Erhöhung des Auftragsbestandes führt. Dieser wiederum wird durch die in die Produktion eingehenden Aufträge reduziert.

2.2 Der Spiralloop der Erweiterungsinvestition

Damit die Entscheidung zum Bau einer neuen Betriebsstätte modellendogen getroffen werden kann, ist eine Erweiterung des traditionellen System-Dynamics-Ansatzes durch die Einführung von Spiralloops notwendig[5]. Im traditionellen SDAnsatz, in dem Rückkopplungsbeziehungen die zentrale Systemkomponente darstellen, können nur strukturbewahrende Verhaltensweisen abgebildet werden[6,7]. Die Entscheidung zum Bau einer neuen Betriebsstätte verändert jedoch die Systemstruktur. So wird in diesem Modell mit einer positiven Entscheidung zu Erweiterungsinvestitionen z. B. der - in seiner Struktur bereits vorgegebene - Kapazitätssektor der neuen Betriebsstätte mit Hilfe des Spiralloops zugeschaltet. Dieser in Abbildung 2 dargestellte Spiralloop soll im folgenden beschrieben werden.

Die Notwendigkeit einer Erweiterungsinvestition besteht dann, wenn der als Quotient aus "tatsächlicher Produktionskapazität" und "maximal installierbarer Kapazität" definierte Expansionsdruck größer als ein Grenzwert ist. Mit dem Erreichen dieser Belastungsgrenze werden verschiedene Mechanismen ausgelöst. Es wird zum einen durch die Verpflichtung neuer Innenarchitekten eine systematische Marktentwicklung betrieben; zum anderen wird ein Erweiterungsinvestitionsbudget gebildet.

Die systematische Marktentwicklung führt zu einer Steigerung der Anzahl der für das Unternehmen arbeitenden Innenarchitekten und somit zu einer Erhöhung des Auftragseingangs und des Auftragsbestandes. Ceteris paribus bewirkt dies jedoch einen Rückgang der Lieferzeitakzeptanz, so daß dem Unternehmen Aufträge entgehen, da die Wahrscheinlichkeit der Übereinstimmung des vom Kunden gewünschten Liefertermins und des möglichen Lieferdatums des Unternehmens abnimmt. Diese Größe fließt dann in die Entscheidungsregeln ein, mit deren Hilfe die Entscheidung zu Erweiterungsinvestitionen getroffen wird.

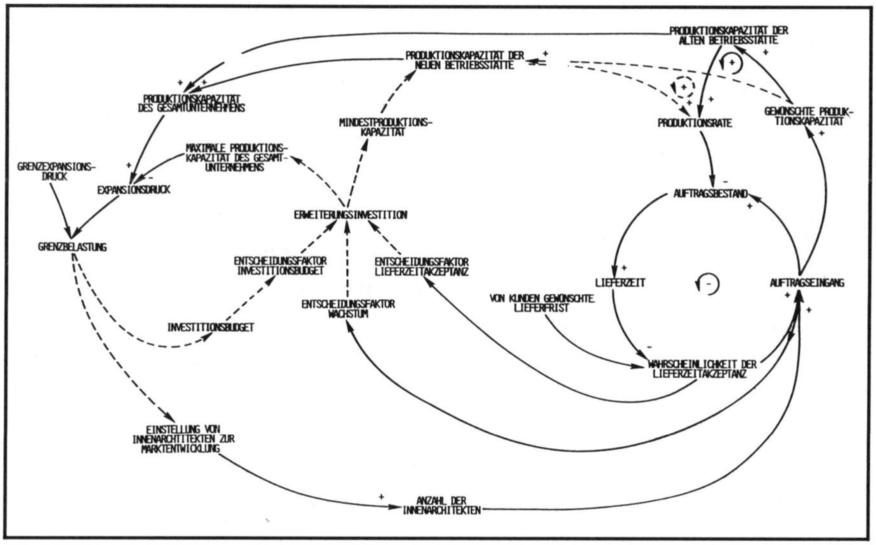

Abb. 2: Der Spiralloop der Erweiterungsinvestition

Aus absatzpolitischer Sicht wird eine positive Entscheidung zu Erweiterungsinvestitionen getroffen, wenn:

1. die Anzahl der aufgrund zu geringer Lieferzeitakzeptanz entgangenen Aufträge größer ist als die Mindestproduktionskapazität einer neuen Betriebsstätte und
2. ein Wachstum des Auftragseingangs zu verzeichnen ist.

Darüber hinaus muß aus finanzpolitischer Sicht ein ausreichendes Investitionsbudget vorhanden sein.

Sind alle drei Bedingungen erfüllt, wird ein neuer Produktionsbetrieb aufgebaut. Nach Abschluß der Bauphase steht die erweiterte Produktionskapazität dem Unternehmen zur Verfügung. Danach ist die bis dahin "ruhende" Rückkopplungsbeziehung zwischen den Größen "gewünschte Produktionskapazität" und "Produktionskapazität der neuen Betriebsstätte" aktiviert.

3. Analyse des Modells

Die Analyse des Modells läuft in drei Phasen ab:

1. Modellvalidierung. Hierzu wurde das Modell mit Anfangswerten, wie sie in der untersuchten Unternehmung für das Jahr 1979 ermittelt wurden, initialisiert[7].
2. Analyse des Modellverhaltens bei unterschiedlichen Szenarien der Nachfrage mit den Anfangswerten von 1985.
3. Analyse des Modellverhaltens bei unterschiedlichen Strategien der Kapazitätserweiterung.

3.1 Ergebnisse der Modellvalidierung

Für die Ergebnisse der Modellvalidierung werden in Abbildung 3 und 4 beispielhaft die simulierten Zeitreihen von zwei finanzwirtschaftlichen Variablen den empirischen Zeitreihen gegenübergestellt[9].

Die Variablen Umsatzerlöse und Bruttogewinn zeigen in den empirischen Zeitreihen einen deutlichen Rückgang im Jahr 1982. Die Nachfrage nach Ladeneinrichtungen war zu diesem Zeitpunkt sehr stark zurückgegangen, so daß das Unternehmen aufgrund des geringen Beschäftigungsgrades bei preislich hart umkämpften Ausschreibungen freier Architekten als Mitanbieter auftreten mußte. Dies und der trotzdem noch zu verzeichnende Rückgang des Auftragseingangs führten zu dem abgebildeten Einbruch bei den Umsatzerlösen und dem Bruttogewinn.

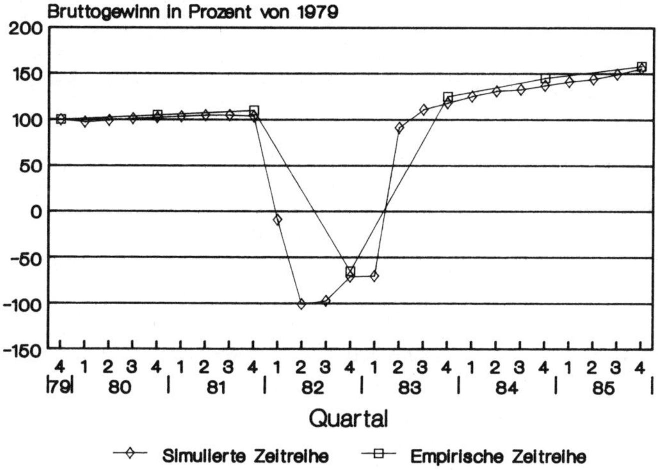

Abb. 3: Gegenüberstellung empirischer und simulierter Zeitreihen des Bruttogewinns

Die Gegenüberstellung simulierter und empirischer Zeitreihen zeigt deutlich den Grad der Übereinstimmung, so daß das Modell insofern als verwendbar bezeichnet werden kann, als es in der Lage ist, das in der Realität beobachtete Verhalten zu erzeugen[10].

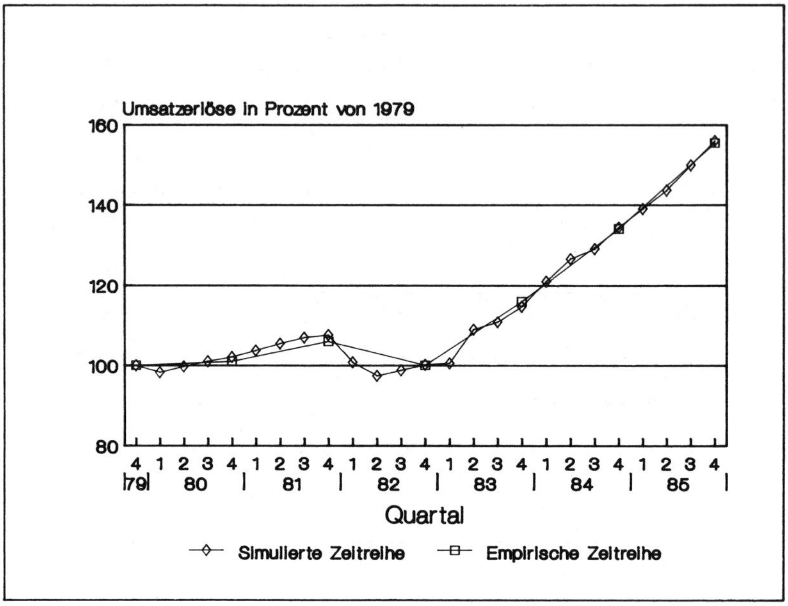

Abb. 4: Gegenüberstellung empirischer und simulierter Zeitreihen der Umsatzerlöse

3.2 Beurteilung der Vorteilhaftigkeit bei unterschiedlichen Szenarien der Nachfrageentwicklung

Während in den Simulationsläufen der Modellvalidierung die realen Werte der Gesamtnachfrage eingespielt wurden, sollen an dieser Stelle zur Beurteilung der Vorteilhaftigkeit von Erweiterungsinvestitionen die Simulationsergebnisse unterschiedlicher Szenarien der Nachfrage denen einer Status-quo-Projektion - in der keine Erweiterungsinvestitionen vorgenommen wird - gegenübergestellt werden[11]. Diese Szenarien, deren Verlauf Abbildung 5 zu entnehmen ist, sind[12]:

1. das Referenzszenario: Hier wird ein Marktwachstum von ca. 2,5 % pro Jahr mit einer Schwankung von ca. 1 %

unterstellt, und

2. das Restriktionsszenario: In diesem Szenario wird ein Nullwachstum der Gesamtnachfrage mit einer Schwankung von ca. 1 %. abgebildet.

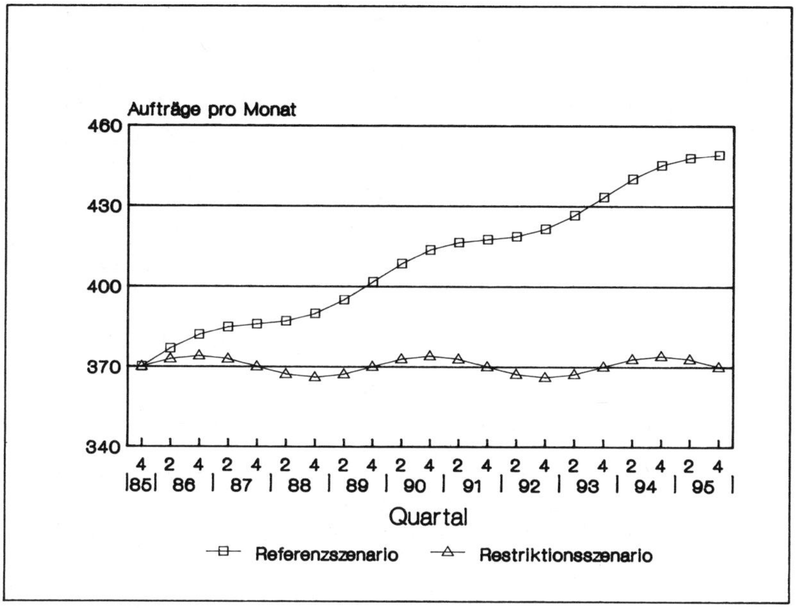

Abb. 5: Entwicklung der Gesamtnachfrage

In Abbildung 6 ist anhand der Variable "Kapitalbestand neuer Betrieb", die den monetären Gegenwert des Anlagevermögens darstellt, zu erkennen, daß in dem Referenzszenario eine neue Betriebsstätte ca. ein 3/4 Jahr früher als im Restriktionsszenario aufgebaut wird. Der Wert des Anlagevermögens liegt am Simulationsende mit ca. 2,5 Mio. DM - gegenüber 1,6 Mio. DM im Restriktionsszenario - deutlich höher[13].

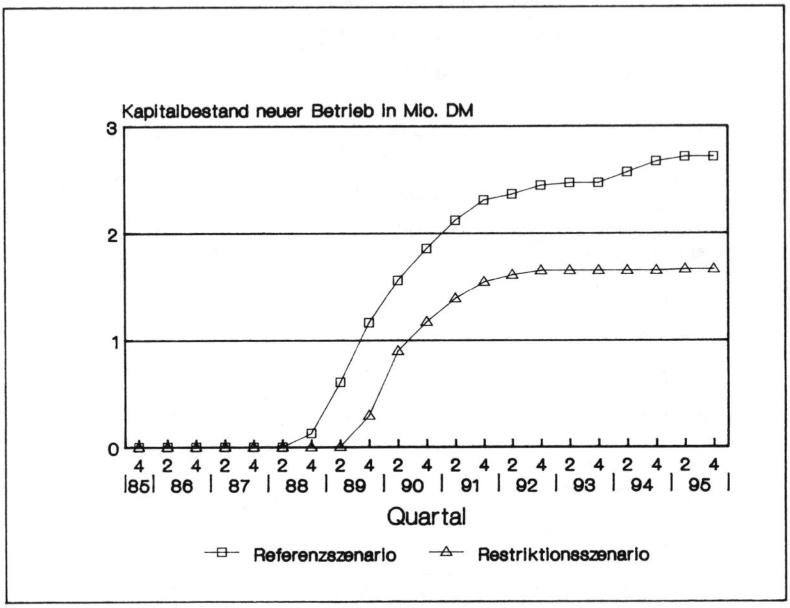

Abb. 6: Vergleich der Simulationen
Kapitalbestand des neuen Betriebes

Aus absatzpolitischer Sicht zeigt die Entwicklung des durchschnittlichen Marktanteils klar die Vorteilhaftigkeit der Erweiterungsinvestition auf. Während der Marktanteil in der Status quo-Projektion um ca. 7 % zurückgeht, erfolgt bei einer Erweiterungsinvestition eine Erhöhung um ca. 36 % in beiden Szenarien (vgl. Abbildung 7).

Durch die Betrachtung des kumulierten Gewinns wird die Beurteilung der Vorteilhaftigkeit durch eine erfolgswirtschaftliche Variable ergänzt. Der kumulierte Gewinn ist am Simulationsende auf über 8 Mio. DM im Referenzszenario bzw. 7,3 Mio. DM im Restriktionsszenario gestiegen, wohingegen in der Status quo-Projektion der kumulierte Gewinn nur bei 6 Mio. DM liegt.

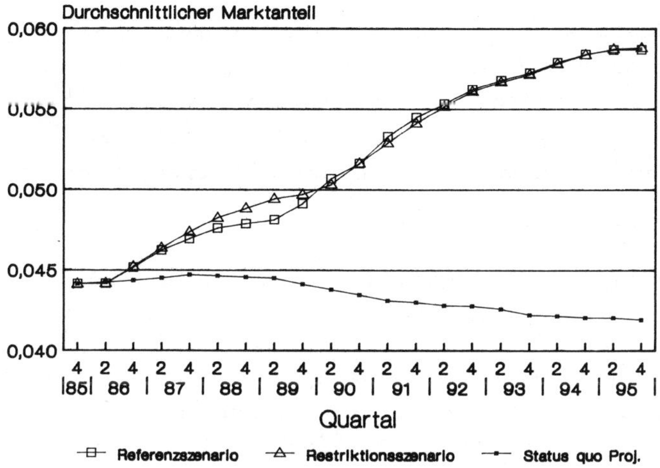

Abb. 7: Vergleich der Simulationen
Durchschnittlicher Marktanteil

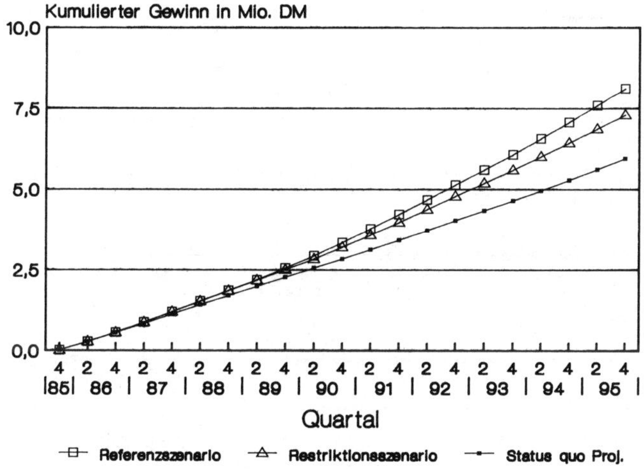

Abb. 8: Vergleich der Simulationen (Kumulierter Gewinn)

3.3 Konservative versus aggressive Strategie der Kapazitätserweiterung

Nachfolgend soll das Modellverhalten bei unterschiedlichen Strategien der Kapazitätserweiterung gezeigt werden. Dazu werden die Ergebnisse der konservativen Strategie - die auch bei der Simulation der Nachfrageszenarien zur Anwendung kam - denen der aggressiven Strategie gegenübergestellt.

Zur Darstellung der aggressiven Strategie werden im Spiralloop zwei Bedingungen geändert:

- aus finanzpolitischer Sicht wird das zur Finanzierung der Erweiterungsinvestition erforderliche Mindestinvestitionsbudget um 60 % gesenkt und

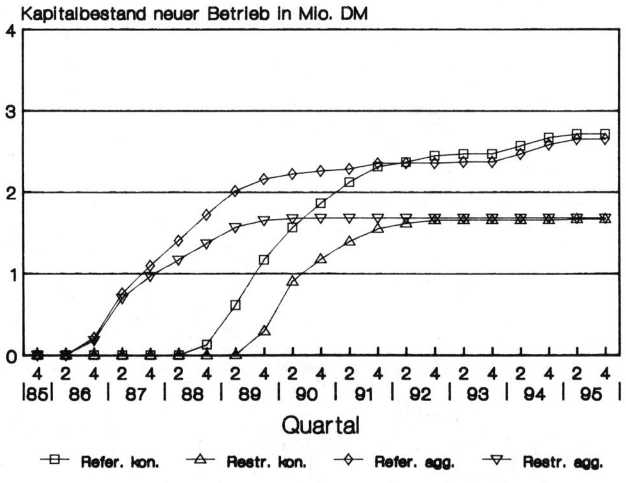

Abb. 9: Konservative vs. aggressive Strategie
Kapitalbestand neuer Betrieb

- aus absatzpolitischer Sicht wird auf den Aufbau eines Mindestauftragsbestandes verzichtet; d.h. die Kapazitätserweiterung läuft der Nachfrage voraus.

In Abbildung 9 ist die Kapitalbestandsentwicklung der verschiedenen Simulationsläufe gegenübergestellt. Es ist deutlich zu erkennen, daß bei aggressivem Verhalten die Erweiterungsinvestition schon nach 9 Monaten im Referenzszenario bzw. einem Jahr im Restriktionsszenario vorgenommen wird. Dagegen erfolgt bei konservativem Verhalten die Erweiterungsinvestition erst ca. 3 bzw. 4 Jahre nach Simulationsbeginn.

Die in Abbildung 10 dargestellte Entwicklung des durchschnittlichen Marktanteils zeigt, daß durch aggressives Verhalten eine weitere Verbesserung erreicht werden kann.

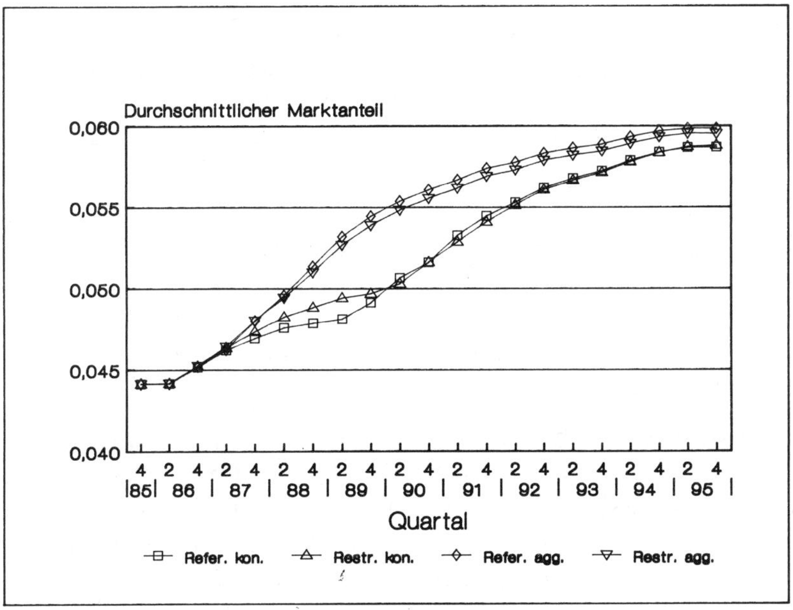

Abb. 10: Konservative vs. aggressive Strategie
Durchschnittlicher Marktanteil

Der kumulierte Gewinn liegt bei aggressiver Strategie im

Referenzszenario um ca. 500 TDM höher; im Restriktionsszenario um ca. 300 TDM (vgl. Abbildung 11).

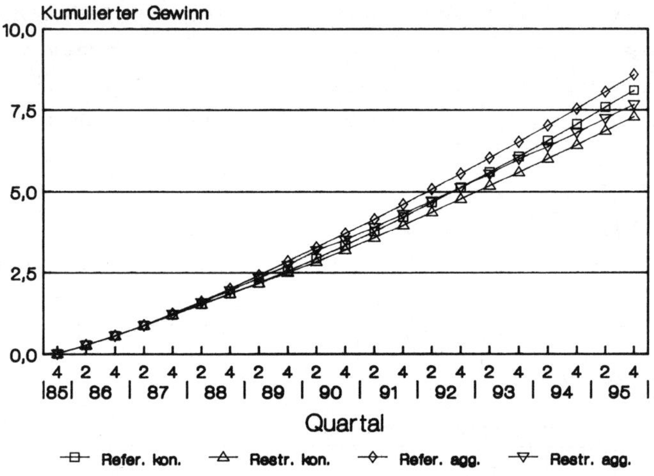

Abb. 11: Konservative vs. aggressive Strategie
Kumulierter Gewinn

4. Akzeptanz und Implementierung im Unternehmen

Die gezeigten Simulationsergebnisse empfehlen den Bau einer neuen Betriebsstätte. Auf dieser Grundlage wurde von der Unternehmensleitung auch die Entscheidung zu Erweiterungsinvestitionen getroffen. Zum Zeitpunkt der Entscheidung ergab sich aber darüber hinaus die Möglichkeit, diesen Kapazitätsausbau durch den Kauf einens bereits bestehenden Unternehmens vorzunehmen. Diese Verhandlungen sind zum gegenwärtigen Zeitpunkt noch nicht abgeschlossen, so daß es bisher nicht möglich war, die Simulationsergebnisse empirisch zu belegen.

Es kann aber festgehalten werden, daß die Unternehmensleitung, sofern doch noch Erweiterungsinvestitionen durch den Bau einer neuen Betriebsstätte vorgenommen werden, das konservative Verhalten vorziehen würde. Dies ist auch dadurch begründet, daß die relativ geringen Unterschiede der Simulationsergebnisse nur durch Inkaufnahme eines erheblich höheren Risikos erzielt werden.

Anmerkungen

1 Vgl. **Porter, M. E.**: Wettbewerbsstrategie: Methoden zur Analyse von Branchen und Konkurrenten, Frankfurt 1983, S.404; Hinterhuber, H. H.: Wettbewerbsstrategie, Berlin/ New York 1982, S. 207 f.

2 Die Planung von Investitionen zur Kapazitätserweiterung durch Unternehmenszukauf ist mit dem vorliegenden Modell ohne Anpassung an die geänderte Problemstellung nicht möglich.

3 Das in der Simulationssprache DYNAMO programmierte Modell verwendet hierfür die Builtin Funktion "NORMRN", die normalverteilte "Pseudo"-Zufallszahlenreihen zur Verfügung stellt. Vgl. hierzu Pugh III, A. L. u. M. v. Carrasco, P. A.: DYNAMO User's Manual, Sixth Edition, Cambridge (Mass.) und London 1983, S. 49 f.

4 Der stochastische Einfluß liegt darin begründet, daß sich die auf Provisionsbasis arbeitenden Innenarchitekten nur in sehr geringem Umfang in ihren Entwürfen und der Wahl der Ausstattung eines Auftrages von der Unternehmensleitung beeinflussen lassen.

5 Vgl. zum Begriff des Spiralloops **Merten, P.**: Know-how Transfer durch multinationale Unternehmen in Entwicklungsländer: ein System Dynamics Modell zur Erklärung und Gestaltung von Internationalisierungsprozessen der Montageindustrien, Berlin 1985, S. 403.

6 Zu den Grundlagen des System-Dynamics-Ansatzes Vgl. **Forrester, J. W.**: Principles of Systems, second preliminary edition, Cambridge (Mass.) 1969.

7 Vgl. **Merten, P.**: Know-how Transfer durch multinationale Unternehmen in Entwicklungsländer, a.a.O., S. 401 f.

8 Grundlage hierfür bildeten die Jahresabschlüsse und interne Informationen des Unternehmens, sowie Verbandsstatistiken.

9 Aus Gründen der Diskretion wurden die tatsächlichen Werte der Variablen "Umsatzerlöse" und "Bruttogewinn" in den Läufen der Modellvalidierung auf das Basisjahr 1979 normiert.

10 Die Abweichungen zwischen den beiden Zeitreihen sind dadurch zu erklären, daß die Werte der empirischen Zeitreihen jeweils nur zum Ende einer Abrechnungsperiode von einem Jahr vorlagen; die Werte der Computersimulation hingegen sind Quartalswerte.

11 In der Status-quo-Projektion wird die Nachfrageentwicklung in Form des Referenzszenarios eingespielt.

12 Der Verlauf der Gesamtnachfrage wird hier durch eine Kombination der Built-in Funktionen "RAMP" und "SIN" abgebildet. Vgl. hierzu Pugh III, A. L. u. M. v. Carrasco, P. A.: DYNAMO User's Manual,a. a. O., S. 49 f.

13 Die Zeitreihen der Variablen "Kapitalbestand neue Betriebsstätte" und "Kumulierter Gewinn" sind aus Gründen der Diskretion gegenüber dem der Untersuchung zugrundeliegenden Unternehmen in den Abbildungen gegenüber den realen Werten verfremdet.

Anwendung eines dualen Entwurfsverfahrens am Beispiel eines Betriebsführungssystems

Von Klaus Henning und Burkhard Ochterbeck*

1. Einleitung

Eingebettet in ein Modellvorhaben[1] für den Ausbau eines neuen Umschlagbahnhofs im Raum Düsseldorf-Neuss werden Verfahren und technischen Mittel für ein Terminal-Betriebsführungssystem (TBFS) von einer Arbeitsgruppe des Fachgebiets Kybernetische Verfahren und Didaktik der Ingenieurwissenschaften (KDI) der RWTH Aachen entwickelt[2]. Dabei ist es das Ziel, die zu entwickelnde Terminal-Betriebsführung so zu gestalten, daß sie optimal anpaßbar ist an die unterschiedlichen bestehenden Umschlagbahnhöfe und deren Strukturen, sowie eine große Flexibilität bei der Konzeption neuer Umschlagbahnhöfe ermöglicht. Dies ist nur durch ein baukastenartig aufgebautes Terminal-Betriebsführungssystem zu erreichen, in dem einzelne Bausteine zur Verfügung gestellt werden, mit deren Hilfe sich die Betriebsführung an die örtlichen Gegebenheiten in den einzelnen Umschlagbahnhöfen mit unterschiedlichen Aufgabenverteilungen und Automatisierungsgraden "optimal" anpassen läßt. Der Aufbau des Terminal-Betriebsführungssystems soll die Festlegung von Ausbau- bzw. Automatisierungsstufen erlauben. So soll, je nach örtlicher Gegebenheit, sowohl ein manueller Betrieb als auch ein relativ weitgehend rechnerunterstützter Betrieb möglich sein. Besonderes Augenmerk wird auf solche

* Prof. Dr.-Ing. Klaus Henning, Dipl.-Ing. Burkhard Ochterbeck, Fachgebiet Kybernetische Verfahren und Didaktik der Ingenieurwissenschaften (KDI) der RWTH Aachen

Betriebsvarianten gelegt, die sich für kleinere und mittlere Umschlagbahnhöfe als wirtschaftlich erweisen. Die für einen zuverlässigen Betrieb unerläßlichen Rückfallebenen, die eine gewisse Robustheit des Betriebsführungssystems gegenüber Geräteausfällen versprechen, sollen analog zu den Automatisierungsstufen definiert werden[3].

2. Humankapital in technischen Systemen

Die Komplexität der Abläufe in den Umschlagbahnhöfen des kombinierten Verkehrs (Bild 1) läßt - abgesehen von sehr kleinen Terminals - den Einsatz rechnerunterstützter Dispositions- und Steuereinrichtungen notwendig erscheinen.

Bild 1: Umschlagbahnhof (Foto aus: "Der Containerverkehr" Nr. 1/1987)

In den vergangenen Jahrzehnten hat die Entwicklung hochautomatisierter Einrichtungen in Industrie und Verwaltung zu einer erheblichen Verbesserung der Produktivität geführt. Die strukturellen Auswirkungen einer immer noch zunehmenden Automatisierung zeigen sich jedoch deutlich auf den Arbeitsmärkten in teilweise bedrohlichem Umfang. Gleichzeitig ist der unbeirrte Glaube an das technisch Machbare und an die hundertprozentige Sicherheit technischer Systeme ins Wanken geraten. Deshalb muß die Frage neu beantwortet werden, wie unter betriebswirtschaftlichen, volkswirtschaftlichen und sozialen Gesichtspunkten technische Systeme optimal gestaltet werden können (Bild 2). Dabei kommt einer neuen, angemessenen Bewertung des "Humankapitals" neben dem "Maschinenkapital" immer größere Bedeutung zu, wenn die betriebliche Effizienz verbessert werden soll.

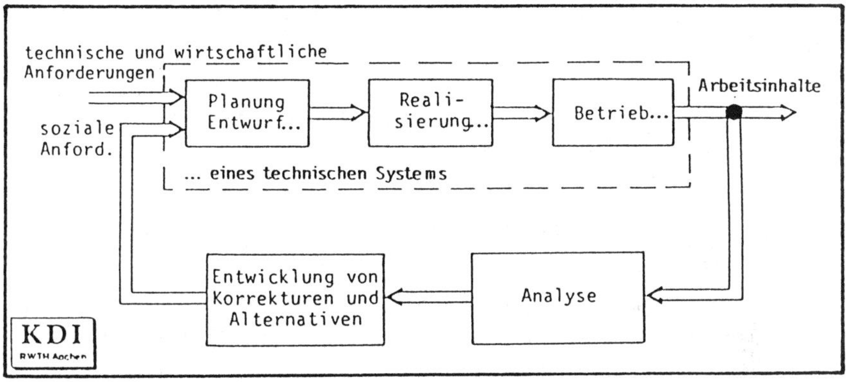

Bild 2: Entwurf eines technischen Systems

Wer heute von technischen Systemen spricht, meint in aller Regel mehr oder weniger automatisierte Systeme. Die Rede von "automatisierten Systemen" kann jedoch leicht die Illusion erzeugen, als ob es technische Systeme mit hohem Automatisierungsgrad geben könnte, in denen keine Menschen mehr arbeiten. Mindestens an den "Rändern" der vollautomatischen Systemelemente wird es immer Menschen im Arbeitsprozeß geben. Deshalb sollte grundsätzlich von "Mensch-Maschine-Systemen" die Rede sein.

In diesem Zusammenhang ist eine Präzisierung des Begriffs Mensch-Maschine-System notwendig. Nach den Anfängen tayloristisch geprägter Automatisierung mit Arbeits(zer)teilung und Fließbandstrukturen ging die Entwicklung bis zur vielfach beschworenen Vision der roboterbestückten "menschenlosen Fabrik". Beim klassischen tayloristischen Ansatz zur Automatisierung kommt die Betrachtung des Menschen mit seinen intellektuellen und kreativen Kenntnissen und Fähigkeiten zu kurz. Der Mensch wird im Sinne eines effektiven Ablaufs der Herstellung eines bestimmten Produktes als Teil der Maschine betrachtet. Seine "maschinellen" Tätigkeiten werden wie ein Teil der Maschine optimiert. Beim Ansatz der "menschenlosen Fabrik" kommt der Mensch scheinbar gar nicht mehr vor. Aber auch eine "menschenlose Fabrik" arbeitet nicht ohne Menschen, auch sie ist ein Mensch-Maschine-System.

Für jedes Mensch-Maschine-System gelten folgende Merkmale (Bild 3):

- In einem Mensch-Maschine-System sind Prozesse menschlicher Arbeit und technische Prozesse durch Leiteinrichtungen miteinander gekoppelt.
- Der Mensch beeinflußt über die Leiteinrichtungen gemäß seinen Zielen und Absichten den technischen Prozeß. Umgekehrt stellt der technische Prozeß übertragen durch die Leiteinrichtungen Anforderungen an den Prozeß menschlicher Arbeit.
- Die Leiteinrichtungen schränken dabei die Möglichkeiten der Wahrnehmung und der Beeinflussung des technischen Prozesses durch den Menschen ein.

Das Bewußtsein für den zuletzt genannten Sachverhalt ist von großer Bedeutung für den Entwurf von Mensch-Maschine-Systemen. Er gilt insbesondere auch für die Betriebsführung eines Umschlagbahnhofes. Hier ist der Automatisierungsgrad zwar weit von einem "menschlosen Betrieb" entfernt, das Maß an Rechnerunterstützung einzelner Teilaufgaben jedoch u.U.

sehr hoch. Das Dilemma bisheriger Automatisierungsphilosophie besteht darin, daß durch die Automatisierung häufig die Wahrnehmungs- und Einflußmöglichkeiten des Menschen eingeschränkt werden. Dadurch verliert der Mensch tendenziell seine Qualifikation und seine Motivation, sich in eigener Verantwortung als Herr der Technik zu erweisen und zu fühlen.

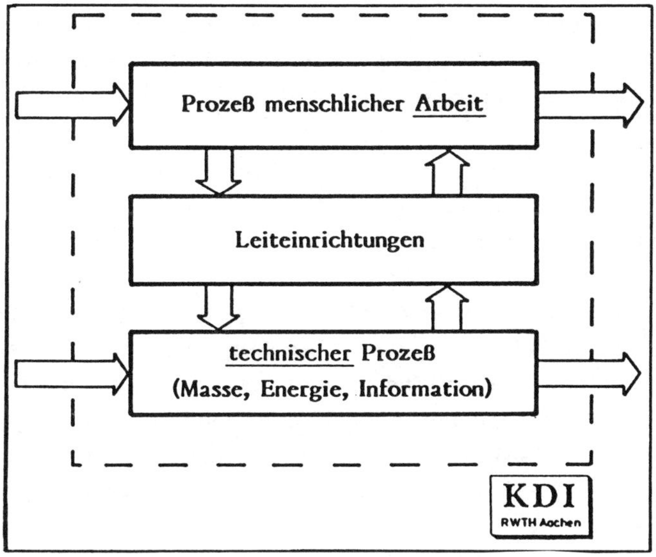

Bild 3: Mensch-Maschine-System

Der bisher vorherrschende Trend bei Prozeßüberwachungseinrichtungen hat dazu geführt, daß der Mensch in derartigen Einrichtungen als "Unsicherheitsfaktor" betrachtet wird. In der Regel werden möglichst viele Aufgaben einer automatischen Einrichtung übertragen. Diese Vorgehensweise enthält einen logischen Fehlschluß, der mit dem Begriff "Fehlerfreiheit" zusammenhängt: In vielen Prozeßführungsaufgaben wird der Mensch durch eine Maschine ersetzt, weil - angeblich - die automatische Einrichtung keine Fehler machen kann. Diese Auffassung ist jedoch nicht haltbar:

- Jedes vom Menschen geschaffene Produkt und jede vom

Menschen geschaffene Einrichtung enthält in dem Maße systematische Fehler, in dem der Mensch, der das Produkt bzw. die Einrichtung geschaffen hat, Denk- und Handlungsfehler gemacht hat.

- Diese durch Menschen verursachten Fehler in einem technischen Gerät werden durch die technisch bedingten Zuverlässigkeitsgrenzen (z.B. Materialverschleiß) ergänzt und führen so zu einer Ausfallwahrscheinlichkeit jeder technischen Einrichtung, die noch dazu i.a. eine Funktion der Zeit ist, weil auch jede technische Einrichtung Alterserscheinungen unterworfen ist.

Dem Dilemma, einerseits größtmögliche Zuverlässigkeit von technischen Anlagen erlangen zu wollen und andererseits der Unzulänglichkeit des Menschen und der von ihm geschaffenen Dinge entgegentreten zu können, kann man nur begegnen, wenn man das Ziel der Fehlerfreiheit fallen läßt. Das Phänomen "Fehler" und damit auch das Phänomen "Risiko" muß als solches bewußt akzeptiert und in den technischen Entwicklungsprozeß als Einflußgröße einbezogen werden[4]. Daneben müssen die kreativen Fähigkeiten des Menschen und sein Vermögen, assoziativ zu denken und bei Bedarf zielgerichtet zu improvisieren stärker als bisher einbezogen und genutzt werden. Anstelle der möglichst umfassenden Verdrängung des Menschen als Stör- und Kostenfaktor aus unseren technischen Systemen sollte daher die Kernaussage und das Entwurfsziel lauten:

Mitarbeiter sind im positiven Sinne **notwendige** Bestandteile für das Funktionieren jedes technischen Systems.

3. Konventionelle Automatisierungspraxis

Der Entwurf eines technischen Systems ist heute i.a. der Entwurf eines automatisierten Systems und damit - wie oben dargestellt - immer der Entwurf eines Mensch-Maschine-Systems. Dabei geht man bis heute üblicherweise von den technisch machbaren Möglichkeiten einer automatisierten Einrichtung aus. Der höchste erreichbare Automatisierungsgrad steht im Mittelpunkt des Interesses, häufig auch die Hoffnung oder Vision eines vollautomatischen Systems. Damit bewegt sich der weitaus größte Teil der dem Systementwurf zugrunde liegenden Ideen im Bereich der technischen Möglichkeiten (Bild 4). Der hier vorhandene Ideenreichtum von Systementwicklern ist die maßgebende Innovationskraft und Voraussetzung für jeden technischen Fortschritt!

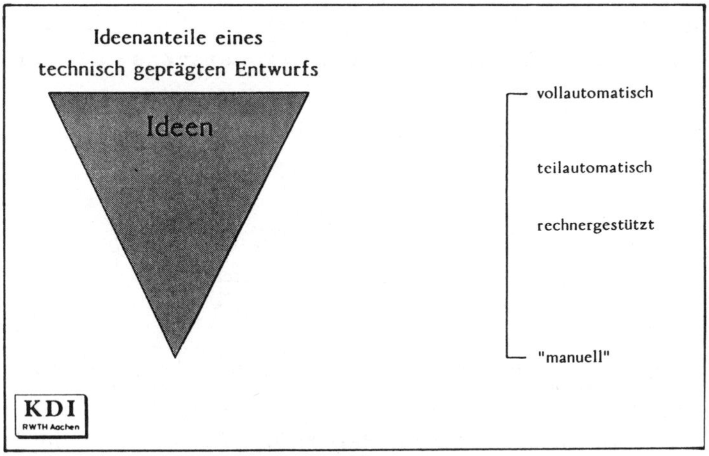

Bild 4: Technisch geprägter Entwurf

Anhand der beschriebenen "Vision" konzipiert man die einzelnen Ebenen des Systems und beginnt dazu mit der übergeordneten, d.h. am höchsten automatisierten Ebene. Der Einsatz von Arbeitskräften wird bei so konzipierten automatisierten Einrichtung häufig zunächst nicht in den Entwurf einbezogen, sondern erst im fortgeschrittenen Verlauf des Vorhabens definiert. Dies geschieht an solchen Stellen, die sich wider Erwarten gar nicht oder nur mit unvertretbar hohem Aufwand automatisieren lassen. Das geplante Automatisierungskonzept "erleidet" dann Abstriche, da es bestimmten wirtschaftlichen und technischen Randbedingungen unterworfen ist. In der Praxis heißt dies, daß bestimmte Automatisierungseinrichtungen nicht realisiert werden und später die zugehörigen Arbeiten von Menschen verrichtet werden (müssen). Die Arbeitsinhalte solcher Arbeitsplätze lassen sich (im nachhinein) nur schwer sinnvoll gestalten und die Kapazität und Qualifikation der eingesetzten Mitarbeiter kann nicht zum Einsatz kommen. Mangelnde Arbeitsmotivation ist ebenso die Folge wie Tatsache, daß der betriebswirtschaftlich angestrebte Rationalisierungserfolg in Frage gestellt ist. Mangelnde "Sicherheit" ergibt sich aufgrund der Unkenntnis der beteiligten Mitarbeiter über die Systemzusammenhänge, wobei hier unter "Sicherheit" nicht nur Aspekte der Unfallgefährdung, sondern auch der Zuverlässigkeit, der Flexibilität und der Transparenz zu verstehen sind.

4. Duales Entwurfsverfahren

Die Ausschöpfung und Umsetzung eines nur technisch abgeleiteten Automatisierungskonzeptes ist daher unter Berücksichtigung der wirtschaftlichen Randbedingungen kein geeignetes Verfahren, um über die Frage nach angemessener Einbindung der menschlichen Arbeitskraft in ein automatisiertes System entscheiden zu können. Wenn man sich gedanklich vom vollautomatischen System langsam in Richtung eines teilautomatischen und manuellen Betriebes vorarbeitet, wird zwar die technische Seite des zu entwerfenden Systems optimiert, nicht jedoch der Einsatz der menschlichen Fähigkeiten. Auch in Zukunft wird in einem Umschlagbahnhof kein vollautomatischer Betrieb ohne den Menschen mit seiner Fähigkeit, wenn erforderlich einzugreifen und zu improvisieren, möglich sein. Deshalb ist es notwendig, daß parallel zur Abwägung der technischen Möglichkeiten ein umgekehrtes Entwurfsverfahren durchgeführt wird, das sich zunächst an einer weitgehend "manuellen", d.h. von Mitarbeitern geleisteten Abwicklung orientiert (Bild 5). Bei diesem umgekehrten, "manuell" geprägten Entwurfsweg lautet die Leitfrage: Wie kann die zu bewältigende Aufgabe ohne Rechnerunterstützung/Automatisierung gelöst werden. Entsprechend wird sich der größte Teil der Ideen mit der optimalen Ausschöpfung der Tätigkeitsmöglichkeiten der Mitarbeiter beschäftigen. Dies führt zu einer intensiven Auseinandersetzung mit der Gestaltung von Arbeitsinhalten. Alle im Rahmen eines solchen Entwurfs entwickelten Hilfsmittel - insbesondere alle ggf. einbezogenen (teil)automatischen Komponenten - leisten "Zubringerdienste" für die Tätigkeiten der Mitarbeiter.

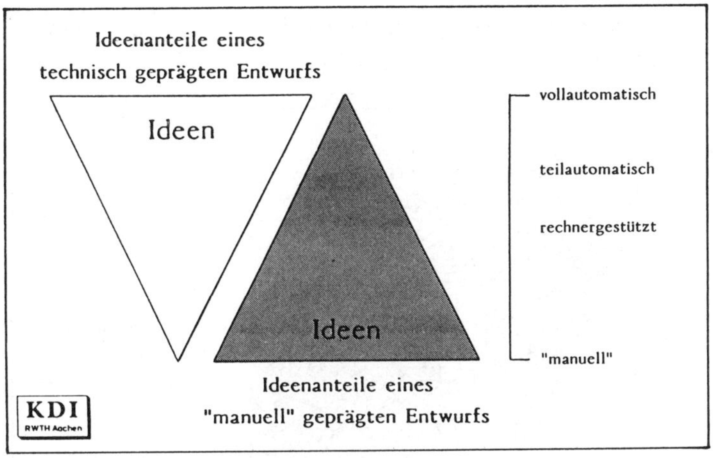

Bild 5: "Manuell" geprägter Entwurf

Der wesentliche Unterschied zum vorher skizzierten Verfahren besteht darin, daß in jeder Stufe des Automatisierungsgrades geprüft wird, wie unter Berücksichtigung der Qualifikation der Mitarbeiter und einer langfristigen gesicherten Motivation und Identifikation mit dem Betrieb die Arbeitsinhalte für die Arbeitsplätze definiert werden müssen.

Natürlich ist ein ausschließlich "manuell" geprägter Systementwurf ebensowenig optimal wie ein rein technisch geprägter. Beide gedanklichen Ansätze müssen sich gegenseitig ergänzen (Bild 6). Bei der aus einem solchen dualen Entwurfsverfahren abzuleitenden Entscheidung über die Entwicklung und den Einsatz bestimmter Automatisierungskomponenten sind immer wieder folgende Fragestellungen miteinander verknüpft zu betrachten:

- Welchen Umfang hat die zu bewältigende Arbeit, d.h - im vorliegenden Beispiel - wie hoch ist das Transport- und Umschlagaufkommen?
- Welche Arbeitselemente sind zeit- und/oder kostenkritisch?
- Welche Arbeitselemente lassen sich nicht mit vertretbarem Aufwand automatisieren?
- Wie können Mitarbeiter entsprechend ihrer Qualifikation möglichst optimal eingesetzt werden?

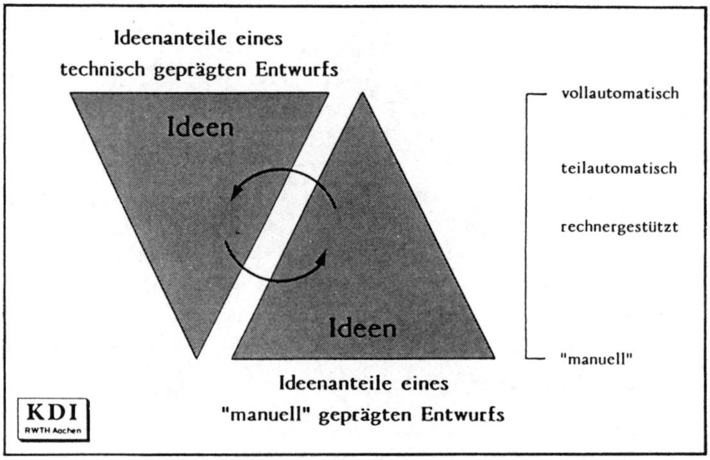

Bild 6: Dualer Entwurf von Mensch-Maschine-Systemen

Bei einem solchen Vorgehen werden in jeder Stufe zunächst die Tätigkeitsmöglichkeiten der Mitarbeiter ausgeschöpft und anschließend das Umfeld der Arbeitsinhalte automatisiert. So ist gewährleistet, daß interessante, qualitativ hochwertige Arbeitsplätze entstehen, weil die Arbeitsplätze nicht als "Abfallprodukt" einer technischen Entwicklung, sondern auf der gezielten Überlegung über ein sinnvolles

Zusammenwirken von Mensch und Maschine entstanden sind.

Heutige technische Systeme - seien sie nun unmittelbar zur Fertigung bestimmter Güter (d.h. zur Produktion) oder zur Überwachung von Abläufen (d.h. zur Prozeßsteuerung oder Betriebsführung) bestimmt - zeichnen sich durch einen sehr hohen Komplexitätsgrad aus. Die Komplexität entsteht u.a. durch die aufgrund betriebswirtschaftlicher Rahmenbedingungen immer enger werdenden Anforderungen an die Präzision der Materialflüsse, die Korrektheit und Rechtzeitigkeit der Informationsflüsse und die notwendige Vernetzung von beiden.

Den Beginn eines neuen Systementwurfs bildet eine genaue Analyse des bestehenden Systems soweit ein solches vorhanden ist. Dabei kommt es zunächst darauf an, alle relevanten Aspekte der Technik, der Ergonomie, der formellen und informellen Kommunikation und der sozialen Implikationen ausführlich zu beschreiben. Externe Beobachtungen, die Einbeziehung der Mitarbeiter z.B. durch Problemlösegruppen sowie die Analyse bestehender Vorschriften und Ablaufpläne sind dafür geeignete Werkzeuge. Bei der Analyse der Informationsflüsse kommt es neben den bereits institutionalisierten, formellen Beziehungen (z.B. unternehmensinterne Listen, Computerein- und -ausgaben) vor allem auf Beobachtung und Auswertung die informellen Informationsbeziehungen an. Zur Analyse dieser informellen Informationsbeziehungen können z.B. die Anzahl der unter den Mitarbeitern geführten Gespräche und Telefonate festgehalten werden. Der Inhalt der Gespräche und Telefonate kann hierbei in Anlehnung an den Entropiebegriff aus der Informationstheorie außer Betracht gelassen werden[5].

Nach der im ersten Schritt der Systemanalyse vollzogenen Beschreibung des Systems erfolgt eine Abstraktion von der vorhandenen (oder angestrebten) Wirklichkeit, indem durch eine Vielzahl von Idealisierungen, d.h. von angenommenen, teilweise unrealistischen Vereinfachungen, eine erste Modellvorstellung des Systems entsteht. Eine solche Idealisierung ist z.B. für einen Umschlagbahnhof die Annahme, daß abholender und anliefernder Verkehr getrennt am Vormittag bzw. Nachmittag stattfinden und nicht - wie in der Realität - parallel. In mehrerer aufeinanderfolgenden Modellstufen werden die getroffenen Idealisierungen dann schrittweise abgebaut und somit die Anzahl der auszuführenden Funktionen erhöht. Ziel dieser Phase der Systemanalyse ist nicht unbedingt die exakte Abbildung der vorhandenen Wirklichkeit. Vielmehr dient sie der Sichtbarmachung von Systemzusammenhängen und Schnittstellen, um über die bisherigen, etablierten Ablaufstrukturen (insbesondere wenn es sich um "gewachsene Strukturen" handelt) hinwegzukommen.

Es wird heute kaum mehr bezweifelt, daß die Einführung automatisierter Technologien nur sinnvoll ist, wenn gleichzeitig qualifizierte Mitarbeiter zur Verfügung stehen, die das System verstehen und beherrschen. Die Erfahrung zeigt, daß die Integration neuer Mitarbeiter in ein System durch "Training-on-the-job" den Erfordernissen nicht mehr genügt. Umfassende Fachkenntnisse der Mitarbeiter über die gesamten Systemzusammenhänge und die Funktionsweisen der Anlagen sind unerläßlich für das reibungslose Funktionieren eines automatisierten Systems. Daher ist die Entwicklung eines Qualifizierungsprogramms ein wesentlicher Bestandteil der Entwicklung des Terminal-Betriebsführungssystems. Auch automatisierte Systeme leben (oder sterben) mit der Teamfähigkeit der an ihnen beteiligten Menschen.

Die Entwicklung der technischen Möglichkeiten muß im Sinne des dualen Entwurfsverfahrens von der Idee geprägt sein, ein möglichst weitgehend automatisiertes System zu verwirklichen (vgl. Bild 4). Jedoch sollten im Rahmen der Systemsynthese möglichst frühzeitig die technischen, organisatorischen und wirtschaftlichen Beschränkungen erkannt werden, die dieser Idee bestimmte Begrenzungen aufzwingen. Nur so können die daraus entstehenden Arbeitsplätze in die Gesamtstrukturplanung des Systems integriert und ihre Arbeitsinhalte sinnvoll entworfen werden. Dabei ist an dieser Stelle nochmals zu betonen, daß sich dieses "sinnvoll" zwar vordergründig auf die humanen Bedingungen des Arbeitsplatzes bezieht, letztlich aber der wirtschaftlichen Effizienz des Gesamtsystems zugute kommt.

5. Kompatibilität

Ein wichtiges Ziel und Merkmal des dualen Entwurfsergebnisses ist die Kompatibilität zwischen automatisierten Ausbaustufen und der "manuellen" Ausführung einer Aufgabe. Dies bedeutet, daß solche Ablauf-, Kommunikations- und Entscheidungsstrukturen geschaffen werden, die sich gleichermaßen für eine manuelle wie für eine rechnerunterstützte bzw. automatisierte Bearbeitung eignen. Für jede Ausbaustufe eines Mensch-Maschine-Systems muß die Organisation und die Logik der einzelnen Arbeitsinhalte einer manuellen Abwicklung mit denen der automatisierten Einrichtung austauschbar sein, ohne das Gesamtsystem umstrukturieren zu müssen. Diese Kompatibilität gewährleistet qualifizierte Mitarbeiter, die "ihr" System verstehen und beherrschen, und infolgedessen "intelligente" Rückfallebenen für den Fall einer Störung des automatischen Betriebes.

6. Modulare Systemstruktur

Die Entwicklung eines Terminal-Betriebsführungssystems nach dem Prinzip des dualen Entwurfsverfahren ist ein wichtiger Schritt, um die in der Einleitung skizzierte Zielsetzung zu erreichen. Das gewählte Vorgehen führt konsequent zu einer baukastenartigen (modularen) Systemstruktur. Die darin enthaltenen Betriebsführungsbausteine (Bild 7) sind von sehr unterschiedliche Art. Sie reichen von sehr groben Funktionen, wie z.B. "LKW-Behandlung" bis zu sehr feinen Funktionen, wie z.B. der Identifizierung einer bestimmten Ladeeinheit. Für jeden Betriebsführungsbaustein werden in der Entwurfsphase verschiedene "logische" Lösungsvarianten und "praktische" Realisierungsmöglichkeiten aufgezeigt und ihre jeweiligen Vor- und Nachteile bewertet. Die konkrete Ausgestaltung der verschiedenen Realisierungsvarianten orientiert sich an der Forderung nach Kompatibilität, daß heißt exakten und für jede Realisierung gleichermaßen gültigen Schnittstellen und Ablaufstrukturen.

Betriebsführungsbausteine:

•
•
•

21 Zugaufnahme Empfang
22 Zugaufnahme "mittags"
23 Zugaufnahme Versand
24 Identifizierungsmerkmale für LE, TW und LKW
25 Positionsbestimmung von TW im Umschlaggleis

31 LKW-Positionierung in der Ladespur
32 Maßnahmen beim "Überlaufen" der Ladespur
33 Dimensionierung der Fahr- und Ladespurbreiten
34 Anordnung der Spuren und Gleise unter dem Portalkran
35 Zwischenlagerbelegung
36 Zapfenstellen

41 Kommunikation zwischen LKW und Kran
42 Kommunikation zwischen LKW-Behandlung und Kran
43 Kommunikation zwischen Leitstelle und Kran
44 Kommunikation zwischen Leitstelle und LKW-Abfertigung

•
•
•

KDI RWTH Aachen

Bild 7 : Betriebsführungsbausteine

7. Entscheidungsfindung

Der Entscheidungsfindung über den Einsatz manueller oder automatisierter Komponenten muß eine betriebswirtschaftliche Investitionskostenrechnung zugrunde liegen. Der duale Entwurf enthält zunächst eine niedrigste Automatisierungsstufe, unterhalb der ein geordneter Betrieb nicht möglich ist. Aufbauend hierauf ist für jede Stufe zu prüfen, ob die angestrebte Systemverbesserung

- durch Investitionen in Qualifizierung der Mitarbeiter und verbesserte Organisation der Abläufe oder
- durch Investitionen in maschinentechnische Anlagen und rechnerunterstützte Steuerungsvorrichtungen

erreicht werden kann.

Der Kostenfaktor "Kenntnisverlust der Mitarbeiter durch den Einsatz automatischer Anlagen" ist bei der Investition zu berücksichtigen. Leider kann die klassische Investitionskostenrechnung Faktoren wie Motivation, Qualifikation, Erfahrung und Kenntnisverlust nicht einbeziehen. Die Quantifizierung dieser Faktoren in Form von Kosten- bzw. Amortisationsbeträgen erweist sich als ausgesprochen schwierig. Ihre Berücksichtigung ist jedoch für eine tragfähige Entscheidung im Hinblick auf den langfristigen Rationalisierungseffekt unerläßlich. Erste Ansätze zu einer solchen erweiterten Wirtschaftlichkeitsrechnung bieten z.B. die Ergebnisse des vom Bundesminister für Forschung und Technologie im Rahmen HdA-Programms (Humanisierung des Arbeitslebens) geförderten Projektes "Dokumentation erweiterter Wirtschaftlichkeitsverfahren". Eine umfassende Investitionskostenrechnung für Mensch-Maschine-Systeme wird in den nächsten Jahren noch zahlreiche interdisziplinäre Forschungsarbeiten notwendig machen.

8. Anwendungsbeispiel

Als Beispiel soll an dieser Stelle - verkürzt - auf die Positionierung der LKW in Ladespuren (BFB 31) eingegangen werden (Bild 8). Um - insbesondere in den Spitzenstunden - einen reibungslosen und zügigen Durchlauf der LKW durch die Umschlaganlage zu gewährleisten, wird angestrebt, die LKW so nah wie möglich neben der abzuholenden Ladeeinheit (Empfang) zu positionieren. So können die zeitaufwendigen Längsfahrwege der Portalkräne minimiert und somit ihre Umschlagleistung erhöht werden. Im Sinne des technisch geprägten Entwurfswegs ist für diesen komplexen Vorgang eine umfangreiche Rechnerunterstützung erstrebenswert. Denkbar ist eine vollautomatische Überwachung und Optimierung der Ladespurbelegung unter vorausschauender Berücksichtigung der aktuellen Kranbewegungen (vgl. Bild 9).

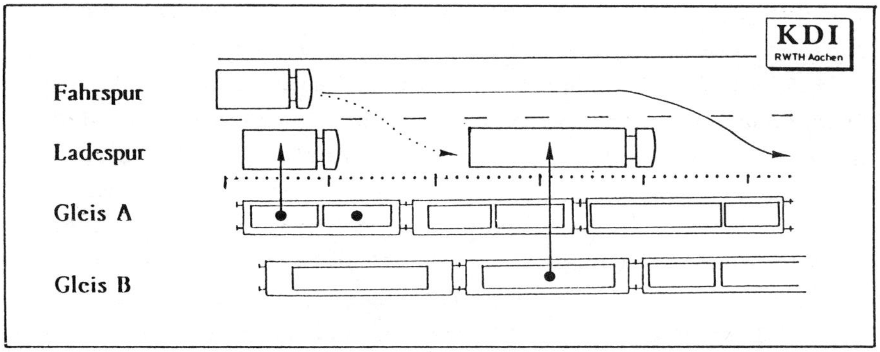

Bild 8: Ladespurbelegung

Der "manuell" geprägte Entwurfsweg legt nahe, - wie bisher - die Erfahrungen der LKW-Fahrer soweit wie möglich auszunutzen und ihnen die Aufgabe der Suche nach einem geeigneten Aufstellplatz in der Ladespur und die entsprechende Koordinierung mit den anderen LKW-Fahrern zu übertragen.

Die geländebedingten Gegebenheiten des ins Auge gefaßten Standortes erfordern eine unbedingte Verhinderung von LKW-

Rückstauungen auf die außerhalb der Umschlaganlage gelegenen Verkehrswege. In Anbetracht des zu erwartenden Spitzenaufkommens von ca. 120 LKW-Ankünften pro Stunde ist daher die Verteilung der Einfahrtbehandlung der LKW auf vier Gateschalter vorgesehen. Um einen reibungslosen Materialfluß zu gewährleisten, soll in diesem Fall eine Koordinierung der Ladespurbelegung vom Gate aus vorgenommen werden. Der ankommende LKW-Fahrer bekommt auf jeden Fall eine freie Position in der für ihn zutreffenden Ladespur mitgeteilt. Dazu ist eine Rückmeldung freigewordenener Positionen von der Ladespur zum Gate erforderlich, die z.B. über den Kranführer oder über die Ausfahrtschranke erfolgen kann. Wegen der Komplexität dieser Vorgehensweise (insbesondere bei mehreren Gateschaltern) scheint hier eine geeignete Rechnerunterstützung der Gate-Mitarbeiter unerläßlich.

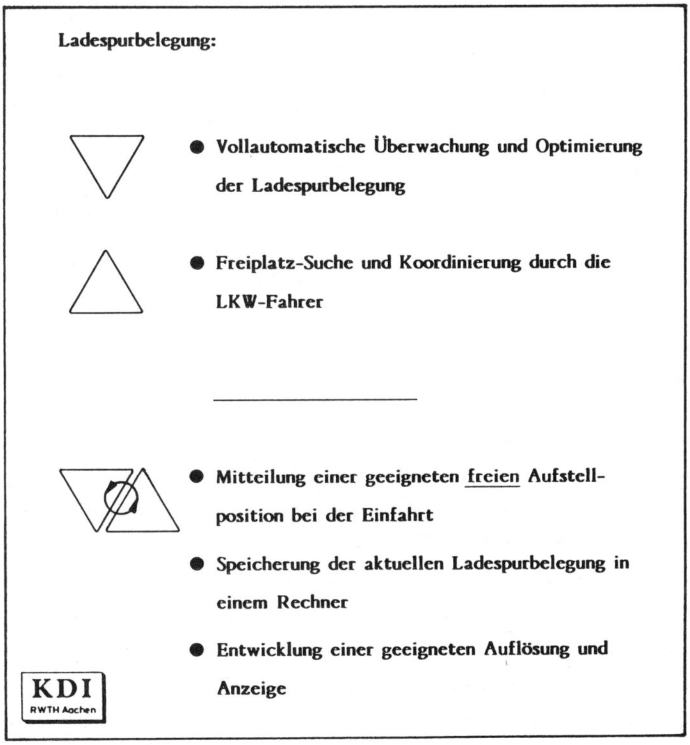

Bild 9: Dualer Entwurf der Ladespurkoordination

Die aktuelle Ladespurbelegung wird durch Eingaben der Gate-Mitarbeiter und der Kranführer in einem Rechner abgespeichert und den Gate-Mitarbeitern in geeigneter Weise angezeigt. Bei Ankunft eines LKW entscheidet der Gate-Mitarbeiter auf der Grundlage der ihm angezeigten Ladespurbelegung über die dem ankommenden LKW zuzuweisende Aufstellposition. Die Entscheidung über Koordinierung und Optimierung der Ladespurbelegung obliegt also den Gate-Mitarbeitern; die Speicherung und Wiedergabe der benötigten Informationen übernimmt eine Rechnerkomponente. Dabei ist das begrenzte Auflösungsvermögen des Gate-Mitarbeiters zu berücksichtigen. Gegenwärtig wird eine Einteilung der Ladespur in 10m-Sektoren ins Auge gefaßt, wobei für einen kurzen LKW ein Sektor und für einen langen LKW zwei Sektoren belegt werden müssen (Bild 10).

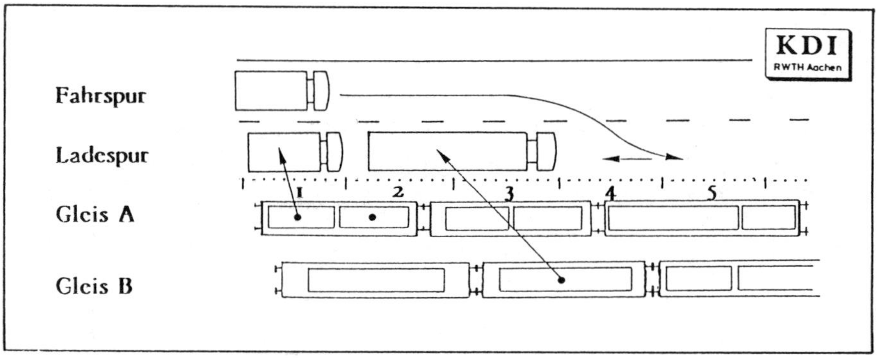

Bild 10: Auflösung der Ladespur in 10-m-Sektoren

Dies führt unter Umständen zu einer suboptimalen, aber akzeptablen Positionsnähe zur Ladeeinheit. Es ist aber notwendige Voraussetzung für schnelle und zuverlässige Entscheidungen durch die Gate-Mitarbeiter. Bei Rechnerausfall besteht eine kompatible Rückfallebene, indem auf ein der Anzeige gleichgestaltetes Formular oder z.B. eine magnetische Hafttafel zurückgegriffen und die Koordinierung der vier Gates über eine Leitstelle abgewickelt wird. Bei einer weiteren Kapazitätserhöhung besteht eine denkbare Ausbaustufe in der Entscheidungsverlagerung der Positionsbelegung auf den Rechner. Dabei muß jedoch im Sinne der Kompatibilität die beschriebene Auflösung und eine entsprechende Anzeige beibehalten werden, um auch hier leistungsfähige und funktionierende Rückfallebenen zu garantieren.

9. Zusammenfassung

Beim Entwurf von automatisierten Systemen geht man üblicherweise von den technischen Möglichkeiten einer automatischen Einrichtung aus, häufig verbunden mit der "Vision" eines vollautomatischen Systems. So konzipierte automatische Einrichtungen enthalten i.a. in bestimmten Bereichen nach wie vor Arbeitsplätze, die in der Regel zunächst nicht in den Entwurf einbezogen worden sind. Ein solches Automatisierungskonzept nutzt die Investitionsmöglichkeit in die Qualifikation von Mitarbeitern in den meisten Fällen nicht aus. Es ist daher notwendig, das automatisierte System von Anfang an als Mensch-Maschine-System aufzufassen und die Mitarbeiter als im positiven Sinne notwendige Bestandteile des technischen Systems zu begreifen.

Neben der Ausschöpfung und Umsetzung eines technisch abgeleiteten Automatisierungskonzeptes ist es notwendig, daß ein "umgekehrtes" Entwurfsverfahren durchgeführt wird, das sich zunächst an besseren Organisationsmöglichkeiten der menschlichen Arbeit orientiert und sich dann schrittweise in Richtung Einbeziehung technischer Komponenten bewegt. Bei einem solchen dualen Entwurfsverfahren von Mensch-Maschine-Systemen werden zwei Vorgehensweisen parallel beschritten:

- Entwicklung der technischen (Automatisierungs-)Möglichkeiten
- Entwicklung der Arbeitsinhalte für eine geschickter orga-

nisierte Arbeit mit neuen Qualifikationsprofilen.

Dabei muß für jede Ausbaustufe die Organisation und Logik der Arbeitsinhalte der Mitarbeiter mit denen der automatischen Einrichtung kompatibel sein. Dieses Vorgehen gewährleistet "intelligente" Rückfallebenen und qualifizierte Mitarbeiter die "ihr" System verstehen. Bei einem solchen Vorgehen werden zunächst die Tätigkeitsmöglichkeiten vorhandener Mitarbeiter ausgeschöpft und anschließend das Umfeld der Arbeitsinhalte automatisiert.

Am Beispiel der Entwicklung eines Betriebsführungssystems für einen neuen Umschlagbahnhof des kombinierten Verkehrs, wurde diese Vorgehensweise des dualen Entwurfs erläutert.

Anmerkungen

1 Deutsche Umschlaggesellschaft Schiene-Straße (DUSS): Modellvorhaben für den modularen Ausbau eines Umschlagbahnhofs für den kombinierten Verkehr im Raum Düsseldorf-Neuss. Forschungsvorhaben TV 84735 mit Förderung des BMFT, in Bearbeitung

2 vgl. auch: Das Prinzip des Dualen Entwurfs angewendet auf die Entwicklung eines Terminal-Betriebsführungssytems. Beitrag in: Eisenbahntechnische Rundschau (ETR) Nr. 10 und 12/1987, Teil Forschungsinformation Bahntechnik.

3 Zwischenbericht Terminal-Betriebsführungssystem, Phase1: Voruntersuchung. Forschungsvorhaben im Unterauftrag der Deutschen Umschlaggesellschaft Schiene-Straße (DUSS) im Rahmen des "Modellvorhabens ..." (vgl. Anm. 1), KDI/RWTH Aachen 1986

4 **Henning, K., Marks, S.**: Inhalte menschlicher Arbeit in automatisierten Anlagen; in: Arbeitsorganisation und Neue Technologien, Springer-Verlag Berlin, Heidelberg 1986

5 **Henning, K.; Marks, S.; Stork, W.**: Kybernetische Unternehmensberatung am Beispiel eines mittelständischen Unternehmens, in: Betriebswirtschaftliche Systemforschung und ökonomische Kybernetik, Duncker & Humblot, Berlin; erscheint in Kürze.

6 **Henning, K., Ochterbeck, B., Bohnhoff, A.** u.a.: Modulares Planungshandbuch für die Betriebsführung in Umschlagbahnhöfen des kombinierten Verkehrs. KDI/RWTH Aachen, in Bearbeitung

Der Innovationsprozeß aus systemtheoretisch-evolutionärer Sicht

Von Ludwig Reichert*

1. Zur Notwendigkeit einer einheitlichen und interdisziplinären Perspektive für die Innovationsforschung

Trotz der wachsenden Erkenntnis über die Bedeutung von Innovationen im Wirtschaftsprozeß befindet sich die Entwicklung einer umfassenden Innovationstheorie noch in einem frühen Stadium[1]. Die vorhandenen Ansätze in den Wirtschaftswissenschaften beschränken sich überwiegend auf Teilaspekte des Innovationsphänomens (Innovationsarten, Verfahrens- und Produktinnovation, Phasen des Prozesses). Sie sind untereinander relativ isoliert, womit ihre Tauglichkeit als integrale Bestandteile einer Innovationstheorie angezweifelt werden kann.

Innovationen sind kein originäres Problem der Wirtschaftswissenschaften, denn fast alle geisteswissenschaftlichen Disziplinen beschäftigen sich mit ihnen, wohingegen sie für die Naturwissenschaften kein Erkenntnisobjekt darstellen. Ein Versuch zur Entwicklung einer Theorie der Innovationen in den Wirtschaftswissenschaften, der den interdisziplinären Charakter des Phänomens vernachlässigt, wird daher kaum erfolgreich sein. Sollen die vorhandenen Ansätze zu einer Innovationstheorie weiterentwickelt werden, so muß dieser interdisziplinäre Charakter Berücksichtigung finden.

---

* Dipl.-Kfm. Ludwig Reichert, Universität Osnabrück.

Die Innovationsproblematik ist zweifellos komplexer Natur. Ein komplexer Sachverhalt kann nicht unter Verzicht auf die ganzheitliche Sichtweise durch einfache partielle Theorien erklärt werden. Die Erklärungskraft simplifizierender Theorien komplexer Phänomene - hier im Sinne von Hayek verstanden - ist gering[2].

Ziel der eigenen Untersuchung ist die Entwicklung eines interdisziplinären theoretischen Bezugsrahmens zur Erklärung des Innovationsprozesses auf der Basis einer homogenen Sichtweise des Innovationsobjekts. Die Erklärung des Innovationsprozesses ist von zentraler Bedeutung, ermöglicht sie doch die Ableitung von Handlungsempfehlungen für die Gestaltung des Ablaufes in der betrieblichen Praxis.

2. Grundzüge einer Theorie des Innovationsphänomens

2.1 Systeme als Innovationsobjekte

Einen geeigneten Ansatz, der die Homogenisierung des Innovationsobjektes ermöglicht, stellt die Drei-Welten-Theorie von Karl Popper dar[3]. Sie ist ein wesentliches Element in seiner Erkenntnistheorie (Welt 1 umfaßt die physikalischen Gegenstände oder Zustände, Welt 2 ist die Welt des Bewußtseins und Welt 3 die der objektiven Gedankeninhalte - der Theorien). Indem das poppersche Schema als Ordnungsprinzip für Innovationsprobleme zugrunde gelegt wird, läßt sich feststellen, daß fast alle Untersuchungen Innovationen als Objekte von Welt 1 behandeln. Hieraus ergeben sich unvermeidliche Einschränkungen in bezug auf Definition und Klassifikation von Innovationen.

Zur Überwindung dieser Einschränkung ist die Ablösung der bisherigen Sichtweise von Innovationen als Objekte der

Welt 1 durch eine, die Innovationen als Objekte von Welt 3 ansieht, erforderlich. Innovationen können als Teile von Aussagesystemen (Theorien naturwissenschaftlicher und geisteswissenschaftlicher Art) und Ideen verstanden werden. Entsprechend der Vorstellung Poppers über den objektiven Charakter von Gegenständen in Welt 3 werden so die unterschiedlichen Innovationsarten in Welt 1 homogenisiert.

Soll dieses Schema auf die Innovationstheorie übertragen werden, so kann zur genaueren Beschreibung dessen, was auf dieser abstrakt immateriellen Ebene als Innovationen bezeichnet werden soll, die Systemtheorie herangezogen werden. Alle Teile von Theorien und Ideen einer Innovation in Welt 1 lassen sich als Menge von Wissen oder Wissenssystemen in Welt 3 zusammenfassen. Einem physischen Gegenstand in Welt 1 entspricht demnach genau ein Wissenssystem in Welt 3.

Wissenssysteme bestehen analog zur Definition der Allgemeinen Systemtheorie aus einer Menge von Wissenselementen, die miteinander in Beziehung stehen. Erst durch die systemtheoretische Betrachtung von Innovationen als Wissenssysteme auf einer immateriellen Ebene können durch Strukturanalogien Verbindungen zur Evolutionstheorie hergestellt werden.

2.2 Strukturanalogien zur Evolutionstheorie

Anknüpfungspunkt für das Heranziehen der Evolutionstheorie zur Untersuchung von Innovationsproblemen ist in erster Linie die Tatsache, daß die These vom evolutionären Wesen des Wirtschaftsprozesses heute nicht mehr angezweifelt wird[4]. Es ist daher unverständlich, daß es an ernsthaften Versuchen eines Theorientransfers zwischen der Biologie und den

Wirtschaftswissenschaften fehlt.

Die Gültigkeit und Bedeutung der aus der Weiterentwicklung der Evolutionstheorie von Charles Darwin entstandenen, synthetischen Theorie der Evolution ist heute unbestritten. Sie erklärt die Phylogenese von Organismen aus der Abfolge von Replikation, Variation und Selektion[5].

Ein Organismus oder Lebewesen setzt sich in der Biologie aus dem Genotyp (der Gesamtheit der Erbträger eines Lebewesens) und dem Phänotyp (physisches Erscheinungsbild eines Organismus) zusammen. Variationsobjekt der infraspezifischen Evolution ist der Genotyp oder die DNS (Desoxyribonukleinsäure); Selektionsobjekt ist, bedingt durch die materielle Identität beider Objekte, der Phänotyp.

Das Variationsobjekt, die DNS, besteht aus nur vier gleichwertigen Nukleotidbasen (Guanin, Adenin, Cytosin und Thymin). Die DNS-Ketten werden aus der unterschiedlichen Reihung der vier Nukleotide gebildet. Sie liegt in Form einer Doppelhelix vor, wobei sich jeweils zwei bestimmte Nukleotidbasen zusammenfinden und jeweils drei aufeinanderfolgende Basenpaare die Information zur Bildung einer Aminosäure enthalten. Aus mehreren Aminosäuren entstehen schließlich die Proteine, aus denen sich eine Zelle zusammensetzt, deren Verband ihrerseits das Lebewesen in seiner physischen Form - den Phänotyp - hervorbringt. Die Gene sind die Bausteine des Phänotyps[6].

In der DNS sind alle Informationen über die Struktur und somit über die reale Gestalt der Organismen abgespeichert. Diese Informationen können auch als Wissen über die physische Erscheinungsform von Organismen bezeichnet werden. Ausgehend von der Struktur der DNS können wir von einem Wissenssystem sprechen.

Die Struktur des Objektes der Phylogenese ist in ihrer elementaren Konzeption zu der für Innovationsobjekte abgeleiteten identisch. In beiden Fällen können die Objekte als Wissenssystem einer höheren Ebene bezeichnet werden (entweder der immateriellen oder der molekularen Ebene).

	← somatischer Bereich →		← genetischer Bereich →
Ebene	Drei-Welten-Theorie	Innovationstheorie	Evolutionstheorie
1	Welt 1 physikalische Gegenstände	materielles Objekt (Produkt, Prozeß)	Phänotyp (Lebewesen, Organismen)
2	Welt 2 subjektives Wissen Bewußtsein	Bewußtsein	molekulargenetische Transformation (Ribosomen, Enzyme)
3	Welt 3 gespeicherte Informationen	immaterielles Objekt Wissenssystem	Genotyp Desoxyribonukleinsäure Nukleotidbasen

Abb. 1: Gegenüberstellung der einzelnen Theorien.

Dem Begriffspaar Genotyp - Phänotyp in der Evolutionstheorie entspricht das Begriffspaar Wissenssystem - reales Objekt in der Innovationstheorie. Die Objekte von Innovationstheorie und Evolutionstheorie besitzen isomorphe Strukturen. Ohne Schwierigkeiten kann die Analogie zu Poppers Drei-Welten-Theorie fortgeführt werden. Genotyp, Wissenssysteme und gespeicherte Informationen oder Theorien sind Begriffe der 3. Ebene des Schichtenschemas, Phänotyp, materielle Objekte und physikalische Gegenstände Begriffe der 1. Ebene oder Welt 1.

2.3 Der Innovationsprozeß als Evolution von Wissen

Ausgangspunkt für die Beschreibung des Evolutionsprozesses in der Biologie bildet heute die synthetische Theorie der Evolution. Variationen der DNS werden durch verschiedene Evolutionsfaktoren hervorgerufen. Der wichtigste, die Mutabilität, verursacht zufallsbedingte Veränderungen der DNS (Gen- oder Punktmutationen, Chromosomenmutation, Duplikationen). In einer Population führt die Variation zu einer Vergrößerung der Vielfalt der Genotypen. Diese Veränderungen sind rein zufällig und ungerichtet - sie bewirken allein noch keine Evolution. Erst durch die Selektion wird dieser Prozeß scheinbar gerichtet. Unter Selektion werden Verschiebungen des Anteils der Genotypen in einer Population verstanden, die auf der unterschiedlichen Eignung ihrer Phänotypen, Nachkommen zu erzeugen, beruhen. Besitzt der Phänotyp eines bestimmten Genotyps diese Eigenschaft nicht, so wird er im Vergleich zu selektionsbegünstigten Phänotypen weniger Nachkommen hervorbringen.

Die systemtheoretische oder auch kybernetische Evolutionstheorie - eine Weiterentwicklung der synthetischen Theorie der Evolution - versucht, lamarckistische Gedanken in die Evolutionstheorie einzubauen[7]. Jean Baptiste Lamarck vertrat schon vor Darwin eine eigenständige Evolutionstheorie. Nach Lamarck ist ein Organismus in der Lage, Umwelteinflüsse auf direktem Wege in Veränderungen umzuwandeln, die auf die Nachkommen übertragen werden können. Dieser These einer Evolution aufgrund von Regelkreisen steht in der modernen Biologie das Dogma der Molekulargenetik gegenüber.

Die evolutionäre Erkenntnistheorie sieht die Prinzipien der Evolution als universell an und überträgt sie auf die kulturelle Entwicklung[8]. Sie versteht den Evolutionsprozeß als einen Prozeß des Lernens oder des Wissenserwerbs. Nach der evolutionären Erkenntnistheorie besitzt dieser für das genetische (schöpferische) und für das somatische (assoziative) Lernen Gültigkeit. Die Geschwindigkeit, mit der dieser Prozeß auf kultureller Ebene abläuft, ist gegenüber der genetischen um Zehnerpotenzen größer. Weiterhin hat der Prozeß des Wissenserwerbs auf dieser Ebene systemtheoretisch-kybernetischen Charakter und entspricht eher einem lamarckistischen Prozeß.

Der Innovationsprozeß wird üblicherweise in die Phasen Invention, Innovation, und Diffusion unterteilt, innerhalb derer die Beobachtung auf eine materielle und eine immaterielle Ebene ausgedehnt werden soll. Auf der immateriellen Ebene befinden sich ausschließlich Wissenssysteme, die nur durch zwei Kriterien voneinander unterschieden werden können: Anzahl der Elemente und Beziehungen (Anzahl der Nukleotidbasen und Reihenfolge). Die Anzahl der Kriterien, nach denen Objekte der materiellen Ebene abgegrenzt werden können, ist ungleich größer. Es lassen sich den einzelnen Phasen unterschiedliche Objekte zuordnen:

Phasen: / Ebene:	Invention	Innovation	Diffusion
Welt 3 immateriell	Wissenssystem (Hypothese)	Wissenssystem (Theorie)	Wissenssystem (Paradigma)
Welt 1 materiell	Labormuster, Prototyp	neue Produkte, Verfahren	eingeführte Produkte, Verfahren

Abb. 2: Das Phasenschema des Innovationsprozesses.

Durch die so vorgenommene Strukturierung des Phasenschemas des Innovationsprozesses kann die Evolutionstheorie in der skizzierten Form, wie sie die evolutionäre Erkenntnistheorie verwendet, als Erklärungsansatz herangezogen werden. Variation und Selektion finden als beschreibende Elemente des Prozesses Verwendung.

In der Inventionsphase werden Wissenssysteme durch mentale Variationsprozesse modifiziert. Die so entstandenen neuen Wissenssysteme werden anschließend dem Selektionsprozeß, der in allen drei Phasen stattfindet, unterworfen. Von Phase zu Phase steigen die Kosten der Selektion für das Unternehmen an. Läuft die Selektion der Inventionsphase noch überwiegend auf der mentalen Ebene innerhalb einer Person oder eines Teams ab, so verlagert sich dieser Prozeß - nun unter Einbeziehung der materiellen Ebene - immer mehr vom Unternehmen in den Markt, und gleichzeitig erhöhen sich die an der Selektion beteiligten Faktoren (Umweltfaktoren). Das Selektionsmilieu wird für das Unternehmen zunehmend komplexer und weniger beherrschbar. Angriffspunkte jeglicher Selektion sind (über die in Welt 2 wahrgenommenen Eigenschaften materieller Objekte aus Welt 1) primär Wissenssysteme in Welt 3. Die Bedeutung der dualen Sichtweise des Innovationsobjektes auf einer materiellen und einer immateriellen Ebene für die Prozeßanalogie ist offensichtlich. Variationen können nur auf der immateriellen Ebene erfolgen, wohingegen die Selektion nicht an eine bestimmte Phase oder Ebene gebunden ist.

Die für die Selektion entscheidende Umwelt setzt sich ihrerseits aus Wissenssystemen zusammen. Hinzu kommen - ähnlich wie in der Biologie z. B. klimatische o.ä. Bedingungen - exogene Faktoren aus Metasystemen von anderen Gebieten (Religion, Naturwissenschaften). Der Innovationsprozeß kann als ein evolutionärer Prozeß der Erweiterung von Wissen angesehen werden.

3. Ein formales Modell zur Erklärung des Wissenserweiterungsprozesses

3.1 Der Evolutionsalgorithmus zur Generierung von Wissen

Das theoretische Modell der Wissenserweiterung wurde zur Verifikation in ein mathematisches Erklärungsmodell übertragen und liegt als ablauffähiges Programm vor. Das Programm besteht im wesentlichen aus einem Evolutionsalgorithmus durch den die Generierung des Wissens abgebildet wird[9]. Die Wissenssysteme als Evolutionsobjekte werden durch 8 X n große Binärmatrizen dargestellt. Ein Byte (eine Zeile) steht für ein beliebiges Wissenselement oder eine Beziehungsfunktion.

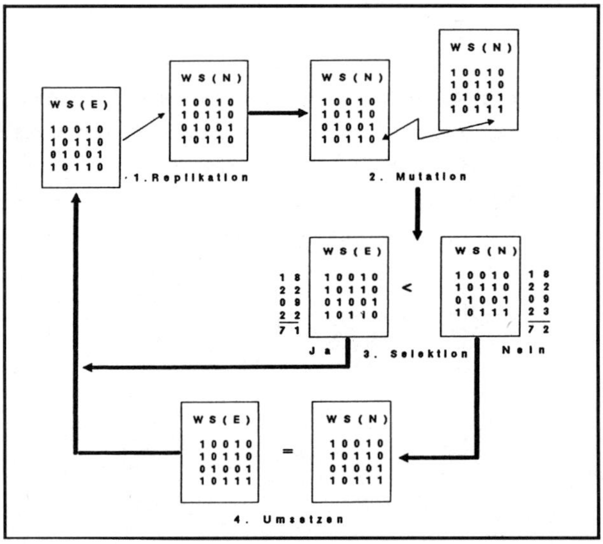

Abb. 3: Schema der einfachen zweigliedrigen Evolutionsstrategie.

Die Variation wird unter Anwendung der einfachen zweigliedrigen Evolutionsstrategie durchgeführt. Vor dem Start des Algorithmus werden die Matrizen durch gleichverteilte Zufallszahlen mit den Ziffern Eins oder Null vorbesetzt. Durch einen Parameter wird der prozentuale Anteil der Elemente aus Nullen und Einsen festgelegt. Der Anteil der Nullelemente bestimmt das Entwicklungs- oder Evolutionspotential des Wissenssystems. Das Evolutionsziel besteht in der vollständigen Umwandlung aller Nullelemente in Einserelemente.

Der Algorithmus arbeitet mit zwei Wissenssystemen oder Binärmatrizen - einer Matrix Elter [WS(E)] und einer Matrix Nachkomme [WS(N)]. Durch Replikation wird aus der Elter-Matrix eine identische Nachkommen-Matrix abgeleitet. An der Nachkommen-Matrix wird sodann eine Variation vorgenommen. Gesteuert durch Zufallszahlen bestimmt das Programm ein Element in der Matrix. Findet es eine Eins vor, wandelt es diese in eine Null um, findet es eine Null vor, wandelt es diese in eine Eins um. Nur im letzten Fall bewirkt die Variation eine Verbesserung der Struktur des Wissenssystems. Der Binärcode der einzelnen Zeilen wird in eine Dezimalzahl umgewandelt und durch Addition der einzelnen Zeilensummen zu einer Gesamtsumme für jede Matrix zusammengefaßt.

Die Selektion beruht auf dem Vergleich der Zahlenwerte der Matrizen. Die Matrix mit dem größeren Wert ist die bessere und bildet die Elterngeneration des sich anschließenden nächsten Variationsprozesses.

3.2 Die Struktur des Gesamtmodells

Der Grundalgorithmus der einfachen zweigliedrigen Evolutionsstrategie entspricht der Optimierung eines geschlossenen Systems unter Einbeziehung einer Zielfunktion. Die Evolution wie auch der Prozeß der wirtschaftlichen Entwicklung kann hingegen als offen interpretiert werden. Er bewegt sich nicht auf eine Zielfunktion zu und unterliegt hinsichtlich der Intensität der Inventionen erheblichen Schwankungen.

In einer ersten Erweiterung wird die Anzahl der Punktmutationen innerhalb eines Variationsschrittes erhöht. Statt einem Element können nun mehrere gleichzeitig verändert werden. Der Evolutionsfortschritt, d.h. die relative und absolute Verbesserung bezogen auf eine bestimmte Anzahl von Evolutionsschritten, steigt hierdurch spürbar an. Übertragen auf die Innovationstheorie bildet diese Modifikation Variationen der Intensität der angewandten F.u.E. und deren Auswirkungen auf die Forschungsergebnisse ab.

Durch die Festlegung der Dimensionen der Binärmatrizen werden gleichzeitig die Entwicklungsgrenzen des Algorithmus vorgegeben, womit implizit eine Zielfunktion definiert wird. Die zweite Ergänzung ermöglicht durch das Hinzufügen neuer Zeilen eine theoretisch unendliche Erweiterung der bestehenden Matrix und somit ein Hinausschieben der Zielfunktion. Die Struktur des Wissenssystems wird um neue Elemente erweitert, wodurch sich das Optimierungspotential oder besser Evolutionspotential erhöht. Diese Modifikation kann als echte Erweiterung eines Wissenssystems bedingt durch Grundlagenforschung interpretiert werden.

Die erste Modifikation ermöglicht durch den schnelleren Abbau von Evolutionspotentialen eine Beschleunigung der Generierung neuen Wissens, wohingegen die zweite Modifikation zusätzlich das Evolutionspotential und somit auch das Wissen selbst auf ein höheres Niveau verschiebt.

In einem hier rudimentär dargestellten Branchenmodell mehrerer Unternehmen wird der erweiterte Grundalgorithmus als Leitalgorithmus an den F.u.E.-Sektor gekoppelt. Er bildet somit den Teil des Unternehmens ab, in dem neues Wissen, also Inventionen, erzeugt werden. In eine Innovation umgewandelt, tritt das so erzeugte Wissen als Produkt am Markt in einen Wettbewerbsprozeß mit den Wissenssystemen der anderen Unternehmen. Alle Wissenssysteme der Unternehmen bilden das Selektionsmilieu für das Wissenssystem eines entsprechenden einzelnen Unternehmens.

3.3 Modellexperimente

Die Modellexperimente beschränken sich hier auf den erweiterten Grundalgorithmus. In Abhängigkeit vom gewählten Abbruchkriterium und der Auswahl der entsprechenden Modifikation kann das Programm unterschiedliche Verhaltensweisen des Systems generieren.

Im ersten Lauf ergänzt das Programm eine bestehende Matrix in Abhängigkeit von bestimmten Parametern um neue Zeilen. Erreicht es eine vorgegebene maximale Zeilenzahl, bricht es ab. Gleichzeitig wurde die Anzahl der Punktmutationen auf 8 erhöht. Die Entwicklung der Wissenssysteme - insgesamt sind es vier Stück - können auf dem vorliegenden Plot verfolgt werden. Auf der Abszisse sind die Evolutionsschritte abgetragen und auf der Ordinate die Gesamtsummen der Matrizen, die Beträge der Variablen WERT.

Die Kurven des nächsten Plots spiegeln die Ausschöpfung des Entwicklungspotentials einer Technologie wider. Pro Evolutionsschritt wird nur eine Punktmutation durchgeführt. Eine neue Technologie besitzt ab dem Zeitpunkt ihrer Entdeckung ein Entwicklungspotential. Zu Beginn sind die Grenzerträge bei der Entwicklung des Wissenssystems noch sehr hoch, sie nehmen aber im weiteren Verlauf des Prozesses immer mehr ab, bis sie gegen Null gehen.

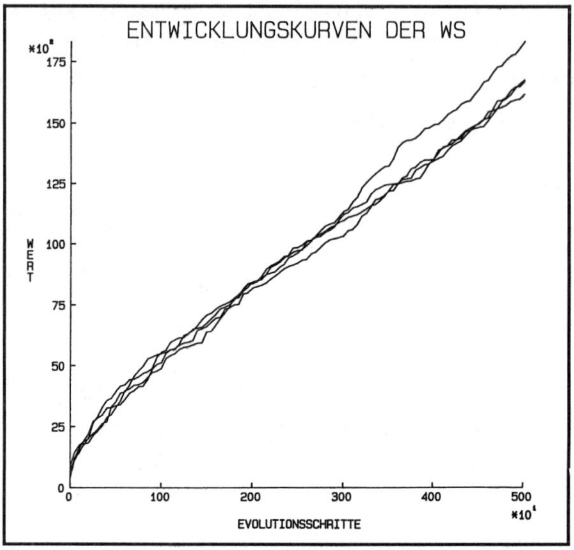

Abb. 4: Entwicklung der Wissenssysteme durch das Hinzufügen neuer Zeilen.

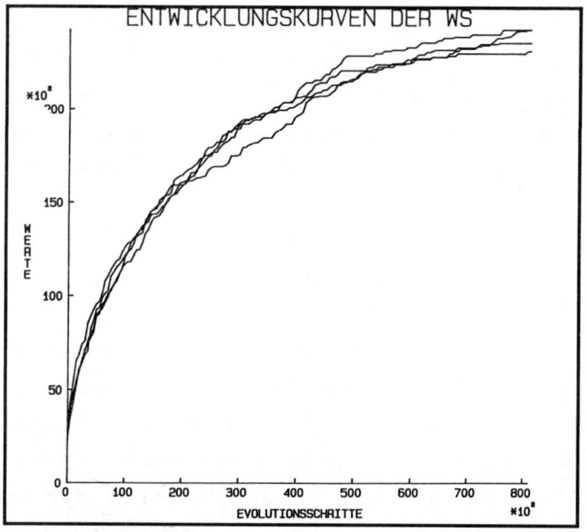

Abb. 5: Ausschöpfen des vorhandenen Potentials einer Technologie

Durch den Algorithmus läßt sich zeigen, daß das Entwicklungspotential durch die Intensivierung des Prozesses schneller ausgeschöpft werden kann. So führt die Erhöhung der Anzahl der Punktmutationen von 1 auf 8 zu einer wesentlich schnelleren Ausschöpfung des vorhandenen Evolutionspotentials. Es zeigt sich, daß nicht nur die Entwicklung eines Wissenssystems unter gegebener Parameterkonstellation des Algorithmus, sondern auch die durch Parameteränderung verursachte Beschleunigung des Prozesses selbst abnehmende Grenzerträge aufweist[10].

4. Anwendungsmöglichkeiten des Ansatzes

Aus der Hypothese über den evolutionären Charakter des Prozesses der Wissenserweiterung folgt, daß er zeitlich unmöglich fixiert werden kann. Auch wenn in einzelnen Gebieten alle Anzeichen für einen Stillstand des Prozesses sprechen, so muß diese Annahme aufgrund der aufgestellten Hypothese falsch sein. Unternehmen können sich nicht darauf verlassen, daß in den Bereichen, in denen sie operieren, keine weitere Entwicklung mehr stattfinden wird. Jedes Unternehmen sollte sich deshalb in ständiger Innovationsbereitschaft befinden.

Aus dem Ansatz können Empfehlungen für die Gestaltung des F.u.E. Prozesses abgeleitet werden. Der Evolutionsalgorithmus arbeitet bei einer mittleren Parameterkonstellation von 5-7 Punktmutationen optimal. Weitergehende Parameteränderungen führen lediglich zu einer Erhöhung der Rechenzeit, nicht jedoch zu einer Verbesserung des Systemverhaltens. Dies bedeutet, daß sich die Effizienz von F.u.E.-Prozessen durch Ressourcenzuteilung nicht über ein bestimmtes Maß hinaus steigern läßt, sondern daß sie zu abnehmenden Grenzerträgen führen kann. Kleinere oder dezentrale Forschungsabteilungen werden eine günstigere Kosten-Nutzenrelation aufweisen als große, zentral geführte Abteilungen.

Voraussetzung für den befriedigenden Ablauf eines F.u.E.-Prozesses ist ein ausgeglichenes Verhältnis zwischen Variation und Selektion. Mangelnde Selektion überschwemmt das Unternehmen mit Ideen, zu deren Umsetzung die Ressourcen fehlen, wohingegen übersteigerte Selektion z.B. in Form unsachlicher Kritik jede Variation zum Erliegen bringt. Die Steuerung oder Regelung des F.u.E.-Prozesses bedingt eine ausgeglichene Balance zwischen beiden Prozeßelementen. Nur wenn Kenntnisse bezüglich des Charakters des Gesamtprozesses vorhanden sind, können Innovationswiderstände in Form von mangelnder Bereitschaft zur Evolution des Wissens überwunden werden.

Da Unternehmen in den seltensten Fällen in der Lage sind, den Selektionsdruck am Markt zu beeinflussen, müssen sie über die Unternehmensstrategie die Intensität des Variationsprozesses anpassen. Erforderlich ist eine innovative Unternehmenstrategie, deren Ziel aus dem bewußten Gestalten des Evolutionsprozesses besteht.

Durch seine interdisziplinäre Sichtweise wird der vorgestellte Ansatz dem Charakter von Innovationen gerecht und vermag zur Erklärung des Innovationsphänomens in seiner Gesamtheit beizutragen. Er bildet gleichzeitig die Basis für weitergehende Betrachtungen beispielsweise von Innovationswiderständen oder der Effizienz des F.u.E.-Prozesses.

5. Literatur

1 Vgl. **Drucker, Peter**, Innovationsmanagement für Wirtschaft und Politik, Düsseldorf 1985, S. 63; Thom, Norbert, Grundlagen des betrieblichen Innovationsmanagements, 2. Aufl., Königstein/Ts. 1980, S. 14.

2 Vgl. **Hayek, F. A. von**, Die Theorie komplexer Phänomene, Tübingen 1972, S. 16.

3 Vgl. **Popper, Karl, P.**, Objektive Erkenntnis, 2. Aufl., Hamburg 1984, S. 85 ff und 123 ff; derselbe, Three Worlds. in: Michigan Quarterly, Review 18, Heft1, S. 1-23.

4 Vgl. **Schumpeter, Joseph, A.**, Kapitalismus, Sozialismus und Demokratie, 4. Aufl., München 1975, S. 136; Nelson, Richard, R.; Winter, Sidney, G., An Evolutionary Theory of Economic Change, Cambridge MA - London 1982, S. 23 ff; Sahal, Devendra, Patterns of Technological Innovation, Reading MA 1981, S. 36 ff; Röpke, Jochen, Die Strategie der Innovation, Tübingen 1982, S. 73 ff; Gerybadze, Alexander, Innovation, Wettbewerb und Evolution, Tübingen 1982, S. 10 f.

5 Vgl. **Mayr, Ernst**, Artbegriff und Evolution, Hamburg 1967, S. 13 ff; Dzwillo, Michael, Prinzipien der Evolution, Stuttgart 1978, S. 28 ff.

6 Vgl. **Dzwillo, Michael**, Prinzipien..., S. 32.

7 Vgl. **Riedl, Rupert**, Evolution und Erkenntnis, 2. Aufl., München 1984, S. 43 ff.

8 Vgl. **Vollmer, Gerhard**, Evolutionäre Erkenntnistheorie, 3. Aufl., Stuttgart 1983, S. 84 ff.

9 Vgl. **Rechenberg, Ingo**, Evolutionsstrategie Optimierung technischer Systeme nach Prinzipien der biologischen Evolution, Stuttgart 1973, S. 43 ff.

10 Vgl. **Schmookler, Jacob**, Invention and Economic Growth, 2. Aufl., Cambridge MA - London 1976, S. 87; Wolf, Julius, Die Volkswirtschaft der Gegenwart und Zukunft, Leipzig 1912, S. 236 ff.

Untersuchung des Sprechverhalten der Benutzer von Computerspracherkennern unter kybernetischen Gesichtspunkten

Von Klaus Henning und Armin Bohnhoff*

1. Einleitung

Im Rahmen der Entwicklung eines Betriebsführungssystems für einen neuen Umschlagbahnhof des kombinierten Verkehrs[1] werden derzeit u.a. Alternativen zu bestehenden Betriebsabläufen und den dazu angewandten Hilfsmitteln aufgezeigt und untersucht. Einen Teilbereich dieser Aufgaben umfaßt die Identifikation und Kennzeichnung von Ladeeinheiten (Container, Wechselbehälter, u.a.) und Tragwagen, die einen Umschlagbahnhof erreichen bzw. verlassen. Diese Datenaufnahme geschieht um einen aktuellen Überblick über die im Umschlagbahnhof befindlichen Ladeeinheiten und Tragwagen zu erhalten. Die Daten werden u.a. zur Planung des Umschlaggeschehens benötigt. Sie setzen sich aus Tragwagennummern, Container-Kennzeichnungen und Kennzeichnungen der Huckepack-Ladeeinheiten zusammen.

Eine Tragwagen-Nummer besteht aus einer 12-stelligen Ziffernreihe, deren zwölfte Ziffer eine Prüfziffer darstellt (Bild 1). Die Container-Kennzeichnung besteht aus einem Eigner-Kennzeichen (2 bzw. 4 Buchstaben), einer Seriennummer (6 Ziffern) und einer Prüfziffer (Bild 2). Die Ladeeinheiten des Huckepack-Verkehrs sind Wechselbehälter, Sattel-

* Prof. Dr.-Ing. Klaus Henning, Dipl.-Ing. Armin Bohnhoff, Fachgebiet Kybernetische Verfahren und Didaktik der Ingenieurwissenschaften (KDI) der RWTH Aachen

anhänger und Lastkraftwagen bzw. Lastzüge. Letztere sind eindeutig durch ihr Kraftfahrzeugkennzeichen zu identifizieren (keine Prüfziffer). Eine einheitliche Kennzeichnung von Sattelanhängern und Wechselbehältern hat sich noch nicht durchgesetzt. Sie sind größtenteils mit einer Metallplakette versehen die eine Nummer zur Identifizierung des Eigentümers, eine eigentümerinterne Zählnummer der Ladeeinheit und eine Profilangabe, bestehend aus alphanumerischen Zeichen, besitzt (Bild 3).

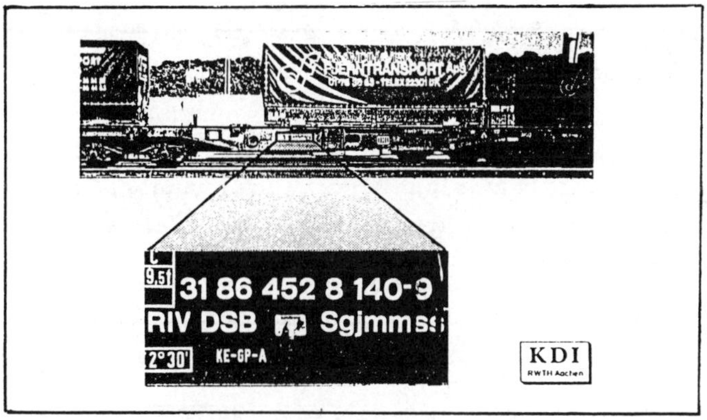

Bild 1: Tragwagen-Nummer[2]

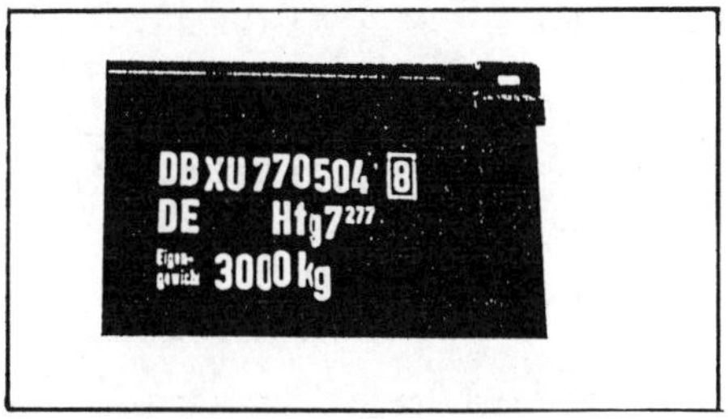

Bild 2: Container-Kennzeichnung[2]

Die derzeitige Aufnahme dieser Daten erfolgt manuell mit Hilfe von Listen, die von einem Mitarbeiter ausgefüllt werden, indem er am Zug entlanggeht. Eine schnelle und weitestgehend fehlerfreie Datenaufnahme kann mit diesem Aufnahmeverfahren nur bedingt gewährleistet werden. Diese sehr zeitaufwendige und fehleranfällige Art der Identifizierung ließ die Suche nach Alternativen zur rein manuellen Datenaufnahme dringend notwendig erscheinen.

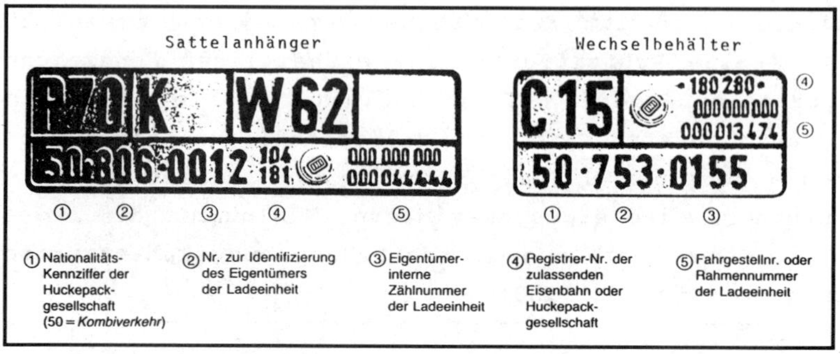

Bild 3: Huckepack-Kennzeichen[2]

Nach einer Literaturrecherche über die verschiedenen Identifizierungstechniken konnten die Leistungsspektren ausgewählter Identifizierungstechniken vergleichend dargestellt werden (siehe Tabelle 1).

	Liste	Tastatur	CSE*
Mobilität des Arbeiters	++	++	++
paralleles Arbeiten möglich	+	o	++
geringer Zeitbedarf	++	+	+
schnelle Weiterverarbeitung	-	++	++
Prüfung auf Fehler	-	++	++
Datenaufnahme im Freien	+	+	+
ca. 40 verschiedene Zeichen	++	o	++

++ sehr gut + gut o befriedigend - ausreichend

* Computer Spracherkenner

Tabelle 1: Anforderung an die Identifizierungstechnologien

Aufgrund dieser Recherche wurde entschieden, die Spracherkennertechnologie als alternative Eingabemöglichkeit zur bisherigen Aufnahme von Ladeeinheiten und Tragwagen-Kennzeichnungen zu untersuchen. Allgemein ist das Verfahren der Datenaufnahme mittels Computerspracherkenner (CSE) so zu beschreiben, daß ein Mitarbeiter eine Hör-/Sprechgarnitur trägt, über die er Daten einsprechen kann und akustische Rückmeldungen erhält, ggf. kann zusätzlich eine optische Rückmeldung erfolgen. Die eingesprochenen Worte werden vom CSE digitalisiert und weiterverarbeitet. Die Hör-/Sprechgarnitur wird entweder direkt an einen CSE angeschlossen oder, falls die Mobilität eines Mitarbeiters bei Datenaufnahme gewährleistet sein soll, über eine Funkanlage mit dem CSE verbunden. Exemplarisch ist ein solcher Arbeitsplatz in Bild 4 dargestellt.

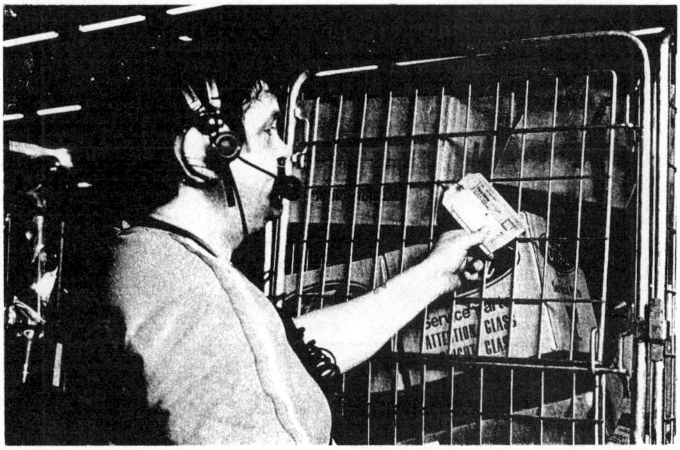

Bild 4: Packstücke mittels CSE im Dialog erfassen[3]

2. Verschiedene Systeme der Spracherkennung

Leistungsmerkmale eines idealen Spracherkenners sind nach P. Gütinger:

- Anonymer Benutzerkreis, d.h. Sprecherunabhängigkeit
- Natürliche, d.h. fließende Spracheingabe
- Unbeschränkter Wortschatz[4]

Derzeitig angebotene CSE decken bisher jeweils nur Teilbereiche dieser Leistungsmerkmale ab. Vereinfacht sind Spracherkenner in zwei Kategorien zu unterteilen, in sprecherunabhängige und sprecherabhängige Spracherkenner. Die jeweiligen spezifischen Merkmale der beiden Verfahren sind in Bild 5 vergleichend dargestellt.

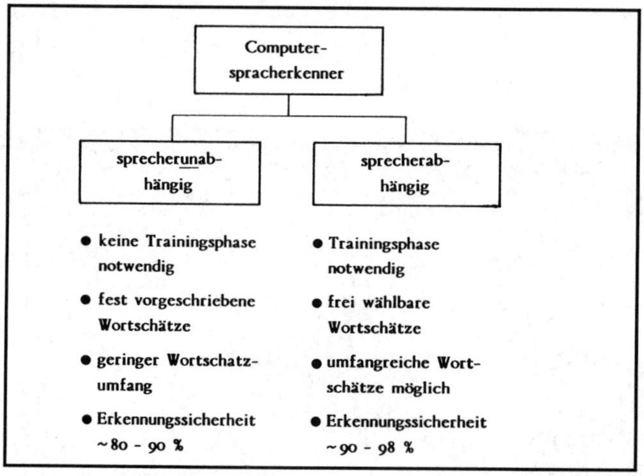

Bild 5: Vergleichende Darstellung von sprecherunabhängigen und sprecherabhängigen Spracherkennersystemen

Als Grundaussage kann festgehalten werden, daß sprecherunabhängige Systeme bedingt durch geringen Wortschatzumfang, vorgegebenen Wortschatz und vergleichsweise geringer Erkennungssicherheit derzeit industriell nur bedingt einsatzfähig sind. Diese Vorüberlegungen führten dazu, daß zunächst das Marktangebot entsprechender CSE geprüft wurde. Nach einem Vergleich der Leistungsmerkmale basierend auf Firmeninformationen wurde ein CSE der Computergesellschaft Konstanz ausgewählt. Das Gerät ist ein sprecherabhängiger Einzelworterkenner mit einem Wortschatzumfang von 200 Worten.

3. Ablauf der Spracherkennung

Bevor auf die Wechselwirkung zwischen Nutzer und CSE eingegangen wird, erscheint es sinnvoll, den prinzipiellen Ablauf der Spracherkennung bei Einsatz eines sprecherabhängigen Systems zu erläutern. Der in Bild 6 dargestellte schematische Ablauf der Spracherkennung zeigt die zwei Teilbereiche Training und Erkennung.

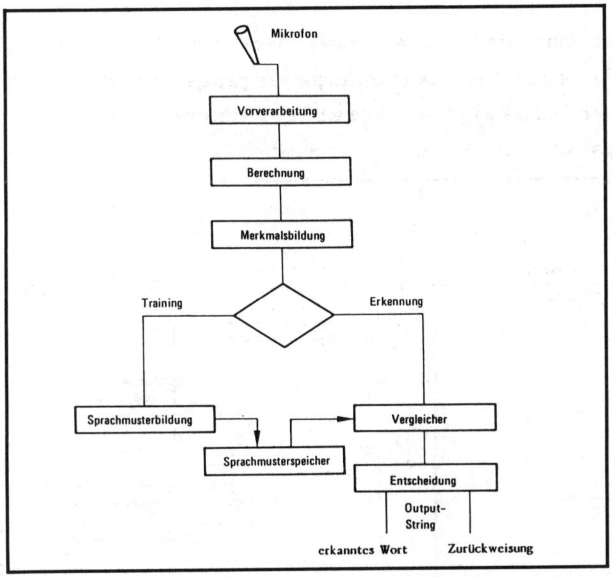

Bild 6: Schematischer Ablauf der Spracherkennung (nach [5])

In der Trainingsphase werden die Sprachmuster zu einem vorher definierten Wortschatz gebildet und abgespeichert. Zwischen den eingesprochenen Worten muß eine für das Gerät erkennbare Sprechpause von ca. 250 msec vorhanden sein (Einzelworterkenner). Diese Sprachmuster dienen bei der späteren Erkennung als Referenzmuster, um die eingesprochenen Worte mit den abgespeicherten vergleichen zu können. Fällt dieser Vergleich positiv aus, werden entsprechend definierte Daten zur Weiterverarbeitung vom CSE an das Anwenderprogramm weitergeleitet. Falls ein eingesprochenes Wort nach der Merkmalsbildung vom Vergleicher keinem der abgespeicherten Sprachmuster zugewiesen werden kann, erfolgt eine Zurückweisung, und der Nutzer muß das Wort erneut einsprechen.

4. Das Mensch-Maschine System

Betrachtet man das Zusammenwirken von Nutzer und Spracherkenner während des Erkennungsvorgangs nach dem bisher geschilderten Ablauf der Spracherkennung kommt man zu einem Regelkreis wie in Bild 7 dargestellt.

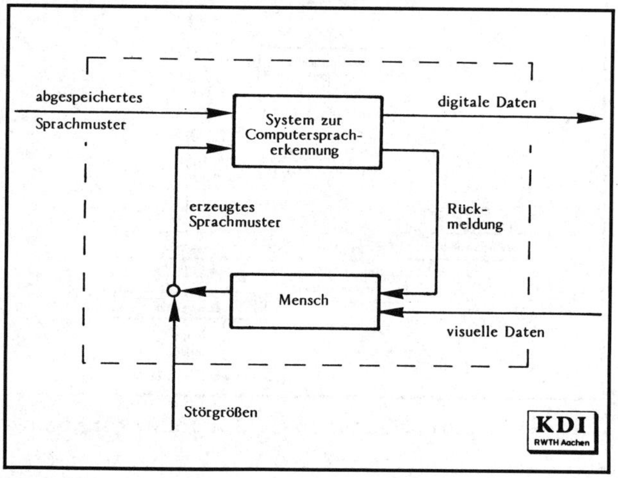

Bild 7: Regelkreis bei der Spracherkennung

Die einzige in diesem Regelkreis aufgeführte Störgröße ist die von außen auftretende Beeinflussung des erzeugten Sprachmusters durch Umfeldgeräusche, Raumakustik etc.. Bei Erkennungsversuchen im Labor stellte sich heraus, daß nicht nur die Störgeräusche in der Erkennungs- oder der Trainingsphase einen wesentlichen Einfluß auf die Güte der Erkennung hatten, sondern auch Schwankungen der "normalen" Sprechweise bei den Versuchspersonen einen großen Einfluß auf die Erkennungsgüte nehmen. Dies führt dazu, daß man den dargestellten Regelkreis und die darauf wirkenden Störgrößen genauer betrachten muß. Die dabei gesammelten Erfahrungen sind im folgenden Regelkreis dargestellt (Bild 8).

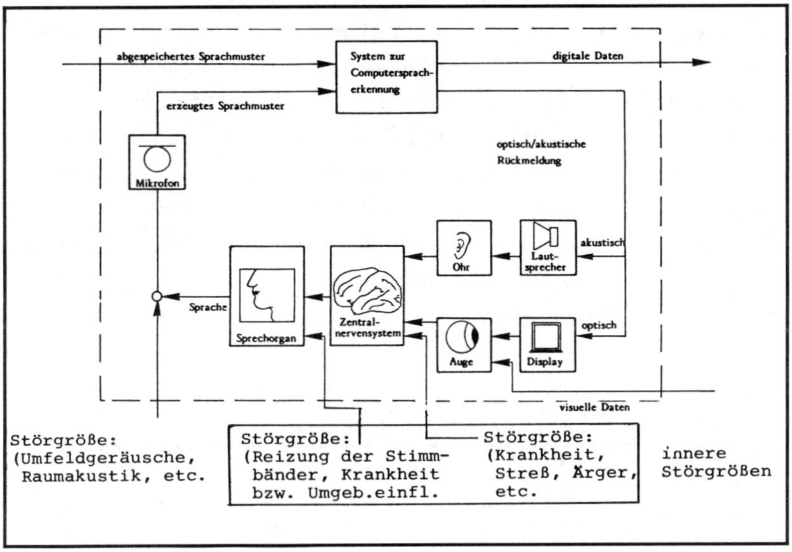

Bild 8: Regelkreis bei der Spracherkennung

Die "Systemkomponente" Mensch und die auf ihn wirkenden Störgrößen werden in diesem Regelkreis ausführlicher dargestellt. Es ist ersichtlich, daß alltäglich auftretende Belastungen wie Streß, Krankheit, Ärger indirekten Einfluß auf das Sprechverhalten und somit auf die Erkennungsgüte nehmen. Diese Störgrößen kann man sozusagen als "innere" Störgrößen (vgl. Bild 8) bezeichnen.

Um die Einflüsse dieser Störgrößen zu minimieren muß der Nutzer lernen, deren Auswirkungen auf seine Sprechweise zu kompensieren. Dies führt dazu, daß die Nutzer gerätegerecht sprechen lernen müssen, um zu einer Sprechweise zu gelangen, die konstanten Charakter besitzt.

In Bild 9 sind die Ergebnisse einer Laborversuchsreihe zur

Erkennungssicherheit dargestellt, bei der ein Sprecher ohne vorherige "Nutzererfahrung" mit Spracherkennern ein vorgeschriebenes Versuchsprogramm durchführen muß. Dasselbe Versuchsprogramm mußte er jeweils an acht aufeinanderfolgenden Tagen durchlaufen. Die Fehlerkennungen sind über die jeweiligen Tage aufgetragen. Zu erkennen ist eine Verminderung der Fehlerkennungen mit zunehmender Sprecherübung. Am siebten Tag ist nach erstem Augenschein eine ungewöhnlich hohe Schwankung der Fehlerkennungsrate zu verzeichnen. Dies kann jedoch durch einen überdurchschnittlichen Einfluß der "inneren" Störgrößen erklärt werden. Das oben erwähnte gerätegerechte Sprechen mit einer weitgehenden Kompensation der inneren Störgröße ist bei Nutzern nach einer zwei- bis dreimonatigen Eingewöhnungszeit zu beobachten. Anzumerken ist an dieser Stelle, daß eine Schwankung der Erkennungsgüte bzw. der Anzahl der Fehlerkennungen eine Schwankung der Dateneingabezeit bedingt.

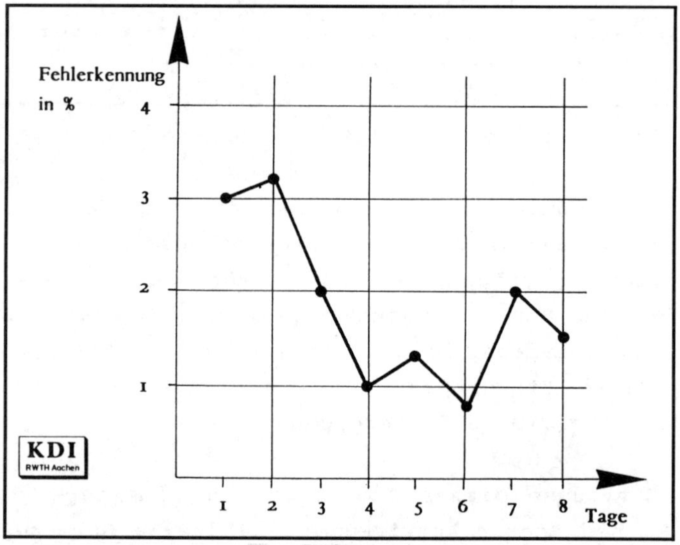

Bild 9: Laborversuche zur Erkennungssicherheit an unterschiedlichen Tagen bei ungeübten Nutzern

Die Ergebnisse der Untersuchung lassen sich wie folgt zusammenfassen:

- Die Erkennungssicherheit schwankt in den ersten Monaten der Nutzung stark
- Die Eingebenden ändern ihr Sprechverhalten während der Eingewöhnungsphase; sie lernen gerätegerecht sprechen.

Grund:

- innere Störgrößen (vgl. Bild 8)

Folgen:

- Schwankungen der Erkennungsgüte
- unterschiedliche Eingabezeiten

5. Der Betriebsversuch

Nach den überwiegend positiven Ergebnissen der Laborversuche wurde der CSE in einem Umschlagbahnhof vor Ort eingesetzt. Als Ergebnis dieses Betriebsversuches ist festzuhalten, daß die Aufnahme und Übertragung von Daten mittels CSE und einer Funkanlage möglich sind. Die erwarteten Vorteile der CSE-Technologie (vgl. Kapitel 1) sind jedoch durch eine große Beeinflussung der erläuterten inneren und äußeren Störgrößen bei dem momentanen Stand der Technik (1987) nicht umsetzbar, da der Zeitbedarf für die Datenaufnahme vor Ort zu hoch ist. Daher ist derzeit eine Funktastatur für diesen Anwendungsfall dem CSE vorzuziehen.

6. Ausblick

Die Erkennungsgüte ist bei einem Spracherkenner in der jeweils spezifischen Anwendersituation auch aus ergonomischer Sicht die wichtigste Kenngröße. Die Anzahl der Fehlerkennungen und Zurückweisungen muß so gering sein, daß der Benutzer nicht bei der Durchführung seiner Arbeit behindert wird[6].

Dies ist, wie bereits erwähnt, beim derzeitigen Stand der CSE-Technologie in Bahnhöfen nicht gegeben. Fortschritte in dieser Technologie sind jedoch heute schon absehbar. Zum einen werden adaptive Erkennungssysteme entwickelt, die während der Eingabe das in der Trainingsphase abgespeicherte Sprachmuster gewissermaßen "aktualisieren". Von diesen Systemen ist zu erwarten, daß sie den Einfluß der "inneren" Störgrößen minimieren helfen, da sich hier nicht nur der Mensch, sondern auch das Gerät an geänderte Randbedingungen durch die Aktualisierung des abgespeicherten Referenzmusters anpassen kann.

Desweiteren ist eine Beschleunigung des Eingabevorgangs zu erwarten, da Geräte entwickelt werden, die die fließende Eingabe von Worten ermöglicht (connected digits).

Bei einer Vorführung eines Prototypen dieses Verfahrens zeigte sich, daß hierbei die Eingabe einer 12-stelligen Tragwagennummer nur 50 % der derzeitigen Eingabedauer benötigt. Derzeit existiert in Deutschland jedoch noch keine Pilotanwendung eines solchen Gerätes. Auf dem Hintergrund dieser Entwicklungen erscheint es ratsam, den Fortschritt dieser Technologien zu beobachten und bei signifikanten Änderungen des Leistungsspektrums der CSE erneut abzuwägen, welche Technik für die jeweilige Datenaufnahme am geeignetsten erscheint.

7. Zusammenfassung

Sprache ist die dem Menschen vertrauteste Art der Kommunikation. Die Computerspracherkennung ermöglicht es heute in Ansätzen, diese dem Menschen eigenste Kommunikationsart auch an Mensch-Maschine Schnittstelle anzuwenden. Durch deren Anwendung werden ergonomisch betrachtet völlig neue Wege der Dateneingabetechnik beschritten.

Da kybernetische Systeme i.a. rückwirkungsbehaftet sind, ist innerhalb des Dateneingabe-Systems für die "Systemkomponente" Mensch zu erwarten, daß das Einsprechen und das damit verbundene Erkennen bzw. Nichterkennen auf ihn zurückwirkt. Diese Annahme konnte durch praktische Anwendungen bestätigt werden. Der Eingebende ändert sein Sprechverhalten während einer zwei- bis viermonatigen Eingewöhnungsphase während der Eingabe der Daten. Er lernt maschinengerecht zu sprechen. Der Sprecher ist, wie an anderen Mensch-Maschine-Schnittstellen der flexiblere Partner und paßt sich daher dem Gerät in seiner Sprechweise an. Aus arbeitspsychologischer Sicht wird beim Einsatz solcher Geräte Neuland betreten, daher ist besonderer Wert auf die ergonomische Arbeitsplatzgestaltung bei der Nutzung von Computerspracherkennern zu legen.

Anmerkungen

1 Deutsche Umschlaggesellschaft Schiene-Straße (DUSS): Modellvorhaben für den modularen Ausbau eines Umschlagbahnhofs für den kombinierten Verkehr im Raum Düsseldorf-Neuss. Forschungsvorhaben TV 84735 mit Förderung des BMFT, in Bearbeitung.

2 Zwischenbericht Terminal-Betriebsführungssystem, Phase 1: Voruntersuchung. Forschungsvorhaben im Unterauftrag der Deutschen Umschlaggesellschaft Schiene-Straße (DUSS) im Rahmen KDI/RWTH Aachen 1986.

3 Computer Gesellschaft Konstanz mbH CGK. SO 15 Ausgabe 01/84 Computer-Spracheingabe bei Ford

4 VDI-Gesellschaft, Identifizierungssysteme für den Materialfluß, VDI Bericht 541 VDI-Verlag, Düsseldorf, 1984.

5 Computer Gesellschaft Konstanz mbH, Computer Spracherkenner CSE 1200, Benutzerhandbuch, Konstanz, 1986.

6 **J. Blauert, E. Schaffert**, Automatische Sprachein- u. ausgabe, Schriftenreihe der Bundesanstalt für Arbeitsschutz, 1985.

Informationsstrukturen in der ökonomischen Kontrolltheorie

Von Reinhard Neck*

1. Einleitung

In verschiedenen Teilgebieten der mathematischen Systemtheorie und der Theorie der optimalen Kontrolle spielt der Begriff der Informationsstruktur eine wesentliche Rolle für die Formulierung und Lösung von Entscheidungsproblemen. Grob gesprochen versteht man unter einer Informationsstruktur die Angabe jener Informationen der Entscheidungsträger, die für die Planung und Formulierung von Entscheidungen zu jedem Zeitpunkt herangezogen werden. Der Versuch einer schärferen Begriffsabgrenzung begegnet allerdings der Schwierigkeit, daß der Begriff "Informationsstruktur" und insbesondere die Bezeichnungen für einzelne spezifische Informationsstrukturen in verschiedenen Theoriebereichen in unterschiedlichen Bedeutungen verwendet werden, wobei insbesondere bei ökonomischen Anwendungen manchmal unscharfe und unvollständige Charakterisierungen gegeben werden. Durch derartige taxonomische Unschärfen können sich unnötige Unklarheiten ergeben, die bei Anwendungen zu falschen Schlußfolgerungen führen können.

Im vorliegenden Beitrag sollen die vorherrschenden Begriffsbildungen über Informationsstrukturen in drei Gebieten der dynamischen System- und Kontrolltheorie dargestellt und miteinander verglichen werden, die für ökonomische Anwendungen von großer Bedeutung sind. Im einzelnen betrachten wir Probleme der Unsicherheit für einen einzelnen Ent-

* Dr. Reinhard Neck, Institut für Volkswirtschaftstheorie und -politik, Wirtschaftsuniversität Wien

scheidungsträger, die in der stochastischen und adaptiven Kontrolltheorie behandelt werden, Kommunikationsprobleme, die in der Theorie der dezentralisierten Kontrolle (dynamischen Teamtheorie) untersucht werden, und Probleme strategischer Interaktionen verschiedener Entscheidungsträger, die Gegenstand der Theorie dynamischer Spiele sind. Es wird gezeigt, daß wesentliche Unterschiede in den Beziehungen der Lösungen von Problemen unter verschiedenen Informationsstrukturen zwischen diesen Theoriegebieten bestehen. Hinweise zur Entwicklung eines Ansatzes zur Formulierung eines für eine allgemeinere Klasse von Modellen der dynamischen Systemtheorie und Kontrolltheorie einsetzbaren Begriffs der Informationsstruktur werden gegeben. Um die Darstellung nicht zu überfrachten, wird auf völlige mathematische Stringenz verzichtet; wir beschränken uns auch durchgehend auf Systeme in diskreter Zeit, obwohl analoge Überlegungen (unter Berücksichtigung einiger weiterer Voraussetzungen) auch für zeitstetige Systeme angestellt werden können.

2. Informationsstrukturen in der stochastischen Kontrolltheorie

Wir betrachten zunächst ein stochastisches Kontrollproblem (vgl. z.B. Kendrick 1981). Die Zeit t ist eine diskrete Variable: $t = 0,1,\dots,T$. Die Entwicklung des Systems wird durch die sogenannte Zustandsgleichung dargestellt, eine vektorielle Differenzengleichung erster Ordnung:

$$x(t+1) = f[x(t),\ u(t),\ v(t),\ t], \quad t = 0,1,\dots,T-1. \qquad (1)$$

Dabei ist $x(.)$ der n-dimensionale Zustandsvektor, $u(.)$ der m-dimensionale Kontrollvektor, $v(.)$ ein n-dimensionaler Vektor von Zufallsvariablen und $f(\dots,t)$ eine für alle t wohldefinierte Funktion. In diesem stochastischen Zustandsmodell bedeutet das Konzept des Zustands das Mindestausmaß an Information über die Vergangenheit des dynamischen Systems, das erforderlich ist, um zukünftige Bewegungen vorherzusagen. Dabei wird vorausgesetzt, daß der Zustand einem stochastischen Prozeß mit der Markov - Eigenschaft folgt, das heißt:

$$P\{x(t)\leq\mu|x(t_1),x(t_2),...,x(t_k)\} = P\{x(t)\leq\mu|x(t_k)\},$$
$$t_1<t_2<...<t_k<t, \quad t_1,t_2,...,t_k,t\varepsilon T = \{0,1,...,T\}, \qquad (2)$$

wobei P die (bedingte) Wahrscheinlichkeitsverteilungsfunktion bezeichnet. Diese Voraussetzung vereinfacht die Lösung von stochastischen Kontrollproblemen entscheidend, da andernfalls die gemeinsame Wahrscheinlichkeitsverteilung aller Zustände x(0),...,x(t) (für gegebene Werte der Kontrollvariablen) für alle t bestimmt werden müßte.

Wir nehmen ferner an, daß der Anfangszustand x(0) eine Zufallsvariable ist und daß die a-priori-Wahrscheinlichkeitsverteilungen von x(0) und v(t), t = = 0,1,...,T-1, gegeben sind. Der Kontrollvektor u(t) enthält die Kontrollvariablen (Steuerungs-, Entscheidungs-, Politik-, Instrumentvariablen), deren Werte vom Entscheidungsträger festgesetzt werden können. Das Modell (1) setzt folgende Zeitstruktur voraus: Im Zeitpunkt (bzw., bei Betrachtung von Stromgrößen, in der Zeitperiode) t wird zuerst der Zustand x(t) realisiert, dann wird die Kontrolle u(t) angewandt. In der Ökonomie wird häufig die alternative Systemgleichung

$$x(t+1) = f[x(t),u(t+1),v(t+1),t+1] \qquad (3)$$

verwendet; man kann jedoch leicht zeigen, daß beide Zustandsformen in systemtheoretischer Hinsicht äquivalent sind. Ebenso können Differenzengleichungen höherer Ordnung durch entsprechende Neudefinitionen von Zustandsvariablen in die Form (1) gebracht werden (vgl. dazu z.B. Aoki 1976).

Im stochastischen Kontrollproblem wird im allgemeinen angenommen, daß der Zustandsvektor x(t) nicht genau gemessen werden kann. Vielmehr ist nur eine partielle Beobachtung oder Messung in der Form eines r-dimensionalen Vektors y(t) möglich. Die Messung ist durch einen Meßfehler w(t) überlagert, wobei w(t) eine r-dimensionale Zufallsvariable ist. Wir betrachten folgende Meßgleichung (Beobachtungs-, Outputgleichung):

$$y(t) = h[x(t), w(t), t], \quad t = 1, 2, ..., T. \tag{4}$$

Ebenso wie für x(0) und v(t) wird für w(t) die Kenntnis der a-priori-Wahrscheinlichkeitsverteilung (bzw. der Statistiken dieser Zufallsvariablen) vorausgesetzt. Ferner sind die Funktionsformen von f(...) und h(...) dem Entscheidungsträger bekannt.

Zur Vereinfachung der Schreibweise führen wir folgende Notation für die Trajektorien der Zustands-, Kontroll- und Beobachtungsvektoren ein:

$$U_k^t = \{u(k), u(k+1), ..., u(t)\}, \quad k,t = 0, 1, ..., T-1, \tag{5}$$

$$X_k^t = \{x(k), x(k+1), ..., x(t)\}, \quad k,t = 0, 1, ..., T, \tag{6}$$

$$Y_k^t = \{y(k), y(k+1), ..., y(t)\}, \quad k,t = 1, 2, ..., T. \tag{7}$$

Vorausgesetzt wird schließlich die Existenz einer intertemporalen Zielfunktion, die als erwartete Kostenfunktion formuliert wird:

$$J = E[L(X_0^T, U_0^{T-1}, T)] \tag{8}$$

wobei L(...) eine wohldefinierte reellwertige Funktion ist und E den Erwartungswertoperator bezeichnet. Ein Beispiel für eine solche Zielfunktion ist das zeitadditive Kostenfunktional

$$J = E[\sum_{t=0}^{T-1} L_1(x(t),u(t),t)+L_2(x(T))] \qquad (9)$$

Der Entscheidungsträger ist bestrebt, durch die Wahl einer Kontrolltrajektorie U_0^{T-1} die erwarteten Kosten (8) zu minimieren, gegeben das Systemmodell.

Das vorstehend formulierte Problem der optimalen stochastischen Kontrolle könnte noch weiter verallgemeinert werden, indem etwa die Markov-Eigenschaft aufgegeben wird; eine andere Verallgemeinerung besteht in der Berücksichtigung von Problemen des optimalen Stoppens, bei denen der Zeithorizont T nicht fixiert ist, sondern vom Entscheidungsträger bestimmt werden kann. Für ökonomische Anwendungen besonders interessant ist der Fall des adaptiven Kontrollproblems (vgl. z.B. Pekelman/Rausser 1978), bei dem die Zustandsgleichung einen s-dimensionalen Parametervektor p(t) enthält:

$$x(t+1) = f[x(t),u(t),p(t),v(t),t]. \qquad (10)$$

Der Parametervektor entwickelt sich über die Zeit gemäß der Gleichung

$$p(t+1) = g[p(t),z(t),t], \quad t = 0,1,...,T-1, \qquad (11)$$

wobei p(0) und z(0), z(1),...,z(T-1) s-dimensionale Zufallsvariablen mit bekannten Statistiken sind und die Funktionalform von g(...) als bekannt vorausgesetzt wird. Beispiele dafür sind der Spezialfall konstanter unbekannter Parameter, p(t+1) = p(t), t = 0,1,...,T-1, sowie der Fall zufälliger Parameter, beispielsweise p(t+1) = p(t)+z(t). In allen diesen Fällen ist es jedoch möglich, p(t) als Teil des Zustands zu betrachten, also einen neuen Zustand

$$x_1(t) = [x'(t)\ p'(t)]' \qquad (12)$$

zu definieren und die Gleichungen (10) und (11) in einer Zustandsgleichung der Form (1) im Zustandsvektor $x_1(t)$ zusammenzufassen. Unsere Formulierung erfaßt also auch adaptive Kontrollprobleme.

Das hier formulierte stochastische Kontrollproblem enthält verschiedene Arten von Unsicherheit. In der Ökonomie sind vor allem die Unsicherheiten im System bekannt, also additive Fehler $v(t)$ in der Systemgleichung, die den Fehlergliedern in ökonometrischen Modellen entsprechen, sowie Unsicherheit über die Parameter ($z(t)$), die meist als konstant, aber unbekannt angenommen werden, sodaß ihre Schätzer Zufallsvariablen sind, deren Mittelwerte und Kovarianzen ökonometrisch geschätzt werden; der Fall, in dem die wahren Werte der Parameter selbst stochastisch sind, ist schwieriger zu behandeln. Die bei der Messung des Systems auftretende Unsicherheit ist dagegen stärker in technischen Anwendungsbereichen untersucht worden, doch sind "Fehler in den Variablen" auch in der Ökonometrie nicht unbekannt; in den letzten Jahren wurden zudem Methoden der Zustandsschätzung (z.B. der Kalman-Filter) verstärkt für ökonometrische Schätzprobleme eingesetzt. Für die vollständige Formulierung und Lösung eines stochastischen Kontrollproblems ist entscheidend, welche Arten von Unsicherheit explizit einbezogen werden. Dazu muß die Informationsstruktur des Kontrollproblems angegeben werden, da spezielle Typen von Kontrollproblemen unterschiedliche Annahmen über die Informationen treffen, die dem Entscheidungsträger zum Zeitpunkt der Entscheidung zur Verfügung stehen. Wesentlich ist dabei die Klärung der Interaktionen von Entscheidung und Information und die daraus folgende Möglichkeit, nicht nur die Leistung des Systems direkt zu verbessern, sondern auch im Verlauf des Entscheidungsprozesses über das System zu lernen. Die von Norbert Wiener in der Kybernetik eingeführte

Idee der Rückkopplung, die für deterministische Kontrollprobleme weniger wichtig ist, gewinnt unter Unsicherheit ihre eigentliche Bedeutung.

Die Informationsstruktur bestimmt die Klasse der zulässigen Kontrollgesetze, das heißt, der Regeln (Funktionen), die die verfügbaren Daten in Werte der Kontrollvariablen abbilden. Eine Informationsstruktur in der stochastischen Kontrolltheorie besteht aus allen oder einigen der folgenden Elemente:

(1) Modelldynamik:

$$F_t^k = \{f(\dots,t), f(\dots,t+1), \dots, f(\dots,t+k)\},\quad t,k = 0,1,\dots,T-1, \tag{13}$$

also Kenntnis der Funktionalform des Systems in der Zukunft.

(2) Meßdynamik:

$$H_t^k = \{h(\dots,t), h(\dots,t+1), \dots, h(\dots,t+k)\},\quad t,k = 1,2,\dots,T-1. \tag{14}$$

Im Gegensatz zur Kenntnis der tatsächlichen Messungen wird damit das Wissen darüber bezeichnet, daß und wie Messungen in Zukunft gemacht werden.

(3) Verbleibende Kosten: Unter der Voraussetzung (9) sind das

$$J^k = E\left[\sum_{\tau=t}^{t+k} L_1(x(\tau), u(\tau), \tau)\right],\quad t,k = 0,1,\dots,T-1, \tag{15}$$

mit entsprechenden Modifikationen für k = T.

(4) A-priori-Statistiken von Modell und Meßprozessen: Kenntnisse über die gemeinsamen Dichteverteilungen oder Statistiken (Mittelwerte, Kovarianzen) der Zufallsvariablen $x(0)$, $v(0),\dots,v(T-1)$ und allenfalls $z(0),\dots,z(T-1)$, die

als S^0 zusammengefaßt werden, sowie der Zufallsvariablen w(1),...,w(t), die gemeinsam mit S^0 als S^t zusammengefaßt werden.

(5) Vergangene Entscheidungen: U_0^{t-1}.

Es wird also vollständige Kenntnis aller vergangenen Kontrollen bei der Berechnung der laufenden Kontrolle vorausgesetzt.

(6) Vergangene und laufende Messungen: Y_1^t.

Wir betrachten also nur kausale Kontrollen, das heißt, u(t) kann nicht eine Funktion zukünftiger Beobachtungen Y_{t+1}^T sein.

Eine Informationsstruktur e(t) besteht dann aus allen oder einzelnen Elementen der Realzeitinformation Y_1^t und U_0^{t-1} sowie der "off-line"-Information (der a-priori gegebenen Information) F_0^{T-1}, H_1^{T-1}, S^T und J_0^T; diese bilden die Grundlage zur Bestimmung der Kontrolle u(t). Da die Wahrscheinlichkeitsverteilung von x(0) als bekannt vorausgesetzt wurde, konnte angenommen werden, daß in t = 0 keine Messung vorgenommen wird; die Messung in t = T ist für das Entscheidungsproblem irrelevant und kann weggelassen werden.

In Anlehnung an eine von Bar-Shalom/Tse (1974) eingeführte Terminologie unterscheidet man in der stochastischen Kontrolltheorie üblicherweise folgende Informationsstrukturen:

(1) Informationsstruktur in offener Schleife:

$$e(t) = \{F_0^{T-1}, J_0^T, S^0\}. \quad (16)$$

Hier werden keine Messungen vorgenommen; das Kontrollproblem wird in t = 0 vollständig gelöst. Man könnte hier auch U_0^{t-1} in e(t) aufnehmen, doch wird dies nicht zur Bestimmung von u(t) verwendet.

(2) Rückkopplungs-Informationsstruktur (manchmal auch: Rückkopplungs-Informationsstruktur in offener Schleife):

$$e(t) = \{F_0^{T-1}, H_1^{t-1}, J_0^T, S^t, U_0^{t-1}, Y_1^t\}. \tag{17}$$

In diesem Fall beobachtet der Entscheidungsträger die Daten, die in t bekannt werden, und bestimmt die Kontrolle u(t) so, daß er annimmt, es gäbe keine zukünftigen Beobachtungen; zukünftige Messungen werden also nicht antizipiert.
(3) k-Messungs-Rückkopplungs-Informationsstruktur:

$$e(t) = \{F_0^{T-1}, H_1^{t+k-1}, J_0^T, S^{t+k}, U_0^{t-1}, Y_1^t\}. \tag{18}$$

Der Entscheidungsträger berücksichtigt (antizipiert), daß k Messungen in Zukunft getätigt werden. Wenn $t>T-k$, ist $t+k-1$ in H_1^{t+k-1} durch H_1^{T-1} zu ersetzen; analoges gilt für S^{t+k}.
(4) Informationsstruktur in geschlossener Schleife:

$$e(t) = \{F_0^{T-1}, H_1^{T-1}, J_0^T, S^T, U_0^{t-1}, Y_1^t\}. \tag{19}$$

Hier werden alle zukünftigen antizipierten Informationen einbezogen; insbesondere wird der Einfluß der laufenden Kontrolle auf zukünftige unsichere Zustände und Parameter berücksichtigt.

Natürlich ist diese Einteilung der Informationsstrukturen nicht erschöpfend; weitere Informationsstrukturen können unschwer formuliert werden. Die Unterschiede zwischen den Informationsstrukturen (16) bis (19) liegen nicht in den Informationen über die Vergangenheit, sondern in jenen über zukünftige Beobachtungen. Letztere werden "kausal antizipiert"; die Kausalität bedingt, daß nicht zukünftige Beobachtungen direkt in die Entscheidung eingehen. Dadurch unterscheidet sich etwa die Informationsstruktur in geschlossener Schleife von jener, die in zahlreichen Modellen mit rationalen Erwartungen in der Wirtschaftstheorie implizit vorausgesetzt wird. Für deterministische Systeme liefern die optimalen Kontrollen, die als Funktionen der vier dargestellten Informationsstrukturen bestimmt werden, äquivalente Ergebnisse. Im stochastischen Fall unterscheiden sich jedoch die Politiken nach dem Ausmaß der für die Bestimmung der Kontrollen für die jeweilige Zeitperiode benutzten Informationen.

Man kann Politiken aufgrund einer Informationsstruktur in offener Schleife dahingehend interpretieren, daß die gesamte Entscheidung in t = 0 getroffen wird. Bei Politiken aufgrund einer Rückkopplungs-Informationsstruktur werden Entscheidungen in t unter Berücksichtigung bisheriger, jedoch nicht zukünftiger Messungen getroffen. Eine solche Rückkopplungs-Politik kann man für den Zeithorizont [0,T] als Folge von Politiken in offener Schleife mit den Zeithorizonten [0,T],[1,T],...,[T,T] erhalten. Im Gegensatz dazu sind "rollende Pläne" Politiken in offener Schleife mit Ausweitung des Zeithorizonts, also für [0,T],[1,T+1],..., [T,2T]. Bei der k-Messungs-Rückkopplungs-Politik werden die Messungen für die nächsten k Perioden berücksichtigt. In t = T-1 fallen k-Messungs- und Rückkopplungs-Politik zusammen. Die Politik in geschlossener Schleife ist in t = 0 eine T-Messungs-Rückkopplungspolitik; für sie sind Beobachtungen für alle zukünftigen Perioden bis T verfügbar.

Wesentlich für einen Vergleich der Informationsstrukturen im stochastischen Kontrollproblem ist die Dominanzrelation zwischen den verschiedenen Politiken: Im allgemeinen liefert die optimale Politik in geschlossener Schleife bessere Resultate (einen niedrigeren Wert des Kostenfunktionals) als die optimale Rückkopplungs-Politik, und diese wieder liefert bessere Resultate als die optimale Politik in offener Schleife. Für ein allgemeines stochastisches Kontrollproblem ist also eine Politik in geschlossener Schleife optimal. Diese ist jedoch am schwierigsten zu bestimmen; selbst für das bisher am besten untersuchte linear-quadratisch-Gauß'sche Problem (lineare System- und Meßgleichungen, quadratische Zielfunktion, normalverteilte Zufallsstörungen) sind keine analytischen Ergebnisse bekannt. Ein Grund dafür liegt in den einem adaptiven Kontrollproblem inhärenten Nichtlinearitäten; unsichere Parameter führen zu "multiplikativer Unsicherheit". Noch wichtiger ist die Tatsache, daß die Politik in geschlossener Schleife die Dualität der Kontrolle berücksichtigen muß: Wenn über die Zeit hinweg ein Lernprozeß bezüglich der Parameter und der Zustände erfolgt, können deren zukünftige Schätzungen durch gegenwärtige Störungen des Systems verbessert werden. Entscheidungen haben dann neben dem unmittelbaren Zielerreichungseffekt auf das System einen Lerneffekt auf die Parameterschätzung, der nicht direkt in der Zielfunktion bewertet wird, sondern sich aus besseren zukünftigen Kontrolleistungen ergibt. Nur die Politik in geschlossener Schleife berücksichtigt diesen dualen Effekt der Kontrolle voll; eine k-Messungs-Rückkopplungs-Politik berücksichtigt ihn teilweise. Die sich aus der Dualität ergebenden Komplikationen beruhen darauf, daß einerseits die Zustands- und Parameterschätzungen von den Messungen und den vergangenen Kontrollen abhängen, andererseits die Kontrollen selbst Funktionen der Zustände und Parameter und ihrer Messungen sind.

Da eine optimale Politik in geschlossener Schleife außer in extrem einfachen Spezialfällen nicht bestimmt werden kann, behilft man sich bei der Lösung eines allgemeinen stochastischen Kontrollproblems mit Approximationen. Im allgemeinen werden die anderen Politikklassen als Approximationen verwendet, das heißt, die Information des Entscheidungsträgers wird vermindert. Die Wahl einer Rückkopplungs-Informationsstruktur anstelle einer Informationsstruktur in geschlossener Schleife stellt also eine praktische Vereinfachung dar, führt jedoch zu einer suboptimalen Politik. Man kann verschiedene Approximationen unterscheiden, etwa Schemata "passiven Lernens", bei denen angenommen wird, daß die Wahrscheinlichkeitsverteilungen der Parameter und der Zustände in Zukunft gleich bleiben, die Wirkung der Kontrolle auf zukünftiges Lernen also nicht beachtet wird, und Schemata "aktiven Lernens", bei denen die Wirkungen der laufenden Kontrolle auf die zukünftigen Parameter- und Zustandsschätzungen bei der Entscheidung über die optimale Kontrolle berücksichtigt werden (vgl. Kendrick 1981). Erstere laufen auf Rückkopplungs-Politiken hinaus; bei letzteren erfolgt eine Approximation nicht am ursprünglichen System, sondern bei der Ableitung des optimalen Kontrollgesetzes.

Bei "passivem Lernen" werden Zustände und Parameter in jeder Periode neu geschätzt, wenn neue Daten verfügbar sind; diese Vorgangsweise ist die in der Praxis der Ökonometrie am häufigsten eingesetzte, wobei zusätzlich oft Modifikationen der Modellstruktur bei Fehlspezifikationen erfolgen. Die Bewertung der verschiedenen Algorithmen "aktiven Lernens" ist derzeit noch eine offene Frage; sie dürften dann besonders erfolgversprechend sein, wenn anfangs weite Konfidenzbereiche für Zustände und Parameter vorliegen und nur wenig natürliche Schocks auf das reale ökonomische System wirken. Approximationen durch Sicherheitsäquivalenz-Kontrollen, bei denen das stochastische Kontrollproblem auf ein deterministisches reduziert wird, sind dagegen im allgemeinen als ad-hoc zu betrachten und meist auch innerhalb der Klasse der Rückkopplungs-Kontrollen nicht optimal.

3. Informationsstrukturen in der dezentralisierten Kontrolltheorie

Im Gegensatz zur stochastischen Kontrolltheorie geht die dezentralisierte Kontrolltheorie von der Existenz mehrerer Entscheidungsträger aus, die unterschiedliche Informationen über das System haben. Sie stellt eine Verallgemeinerung der Teamtheorie für den dynamischen Fall dar; vorausgesetzt wird, daß alle Entscheidungsträger eine gemeinsame Zielfunktion optimieren wollen. Probleme der Kommunikation zwischen den verschiedenen Entscheidungsträgern, die direkt oder über einen "Koordinator" verlaufen kann, des optimalen Informationsaustauschs und der Bewertung von Informationen werden in dieser Theorie unter anderem behandelt (vgl. Singh 1981 als Überblick).

Im Anschluß an Witsenhausen (1971), dessen Zeitstruktur wir etwas modifizieren, betrachten wir ein teamtheoretisches Modell eines dynamischen Systems mit T Perioden. Zu jeder Zeitperiode $t = 0,1,...,T-1$ können von N Entscheidungsträgern Kontrollen $u_1(t), u_2(t),...,u_N(t)$ festgelegt werden. Ferner werden in jeder Zeitperiode von M Beobachtungsstationen Beobachtungen (Messungen) vorgenommen. Der chronologische Ablauf des Systems gestaltet sich dann folgendermaßen: Erzeugung des zufälligen Anfangszustands $x(0)$ - Beobachtung von $y_1(0),...,y_M(0)$ an den Beobachtungsstationen - Anwendung der Kontrollen $u_1(0),...,u_N(0)$ durch die Entscheidungsträger - Übergang zum Zustand $x(1)$ - ...- Übergang zum Zustand $x(t)$ - Beobachtung der Outputs $y_1(t),...,y_M(t)$ an den Beobachtungsstationen - Anwendung der Kontrollen $u_1(t),...,u_N(t)$ durch die Entscheidungsträger - Übergang zum Zustand $x(t+1)$ - ...- Übergang zum Zustand $x(T)$. Die Zustandsübergänge erfolgen gemäß der Zustandsgleichung

$$x(t+1) = f[x(t), u_1(t),...,u_N(t), v(t), t], \quad t = 0,1,...,T-1. \tag{20}$$

Die Kontrollvektoren $u_1(.),...,u_N(.)$ haben die Dimensionen $m_1,...,m_N$. Die Beobachtungsstationen erhalten den Output (die Messungen) nach den Beobachtungsgleichungen

$$y_j(t) = h_j[x(t), w_1(t),...,w_M(t), t]; \quad j = 1,...,M; \quad t = 0,1,...,T; \tag{21}$$

die Beobachtungen in $t = T$ werden nicht mehr benötigt. Die Dimensionen von $y_1(.),...,y_M(.)$ sind $r_1,...,r_M$. Die Unsicherheit im System wird durch die Zufallsvektoren $x(0), v(0), \ldots, v(T-1), w_1(0), \ldots, w_1(T), w_2(0), \ldots, w_M(0), \ldots, w_M(T)$ mit gegebenen Wahrscheinlichkeitsverteilungen bestimmt. Die Funktionen f(...) und h(...) sind den Entscheidungsträgern bekannt. Die gemeinsame Kostenfunktion sei wieder zeitadditiv:

$$J = E[\sum_{t=0}^{T-1} L_1(x(t), u_1(t), \ldots, u_N(t), t) + L_2(x(T))]. \tag{22}$$

Wie im stochastischen Kontrollproblem ist auch hier die Informationsstruktur als Spezifikation der für die Formulierung der Kontrollgesetze (der Entscheidungsregeln für die N Entscheidungsträger) verfügbaren Daten eine wesentliche Voraussetzung für die Spezifikation der zulässigen Kontrollgesetze zur Generierung der Kontrollvariablen. Wegen der Existenz mehrerer Beobachtungsstationen und mehrerer Entscheidungsträger ist die Notation hier etwas komplizierter. Wir definieren Indexmengen:

$$Y_t = \{(\tau, j) \mid \tau = 0, 1, \ldots, t;\ j = 1, \ldots, M\}, \quad t = 0, 1, \ldots, T; \tag{23}$$

$$U_t = \{(\tau, i) \mid \tau = 0, 1, \ldots, t-1;\ i = 1, \ldots, N\}, \quad t = 1, \ldots, T; \tag{24}$$

$$U_0 = \text{leere Menge}. \tag{25}$$

Eine Datenbasis in der Zeitperiode t ist ein Paar (A,B), wobei A eine Teilmenge von Y_t und B eine Teilmenge von U_t ist. (Y_t, U_t) ist die maximale Datenbasis in der Zeitperiode t. Ferner seien Vektoren y_A und u_B definiert, wobei y_A aus $y_j(t)$ mit (t,j) aus A und u_B aus $u_i(t)$ mit (t,i) aus B besteht. Dann wird zur Definition einer Informationsstruktur jedem Indexpaar (t,i) in U_T eine Datenbasis in der Zeitperiode t, $(Y_{t,i}, U_{t,i})$, zugewiesen:
Das heißt, die Kontrolle des Entscheidungsträgers i in der

aus $Y_{t,j}$ und $u_b(t'')$ mit (t'',b) aus $U_{t,i}$; dadurch werden die vergangenen und laufenden Beobachtungen und die vergangenen Kontrollen bezeichnet, soweit sie dem Entscheidungsträger i in der Zeitperiode t verfügbar sind, wenn er $u_i(t)$ festlegt.

Vergleicht man den Begriff der Informationsstruktur, wie er in der dezentralisierten Kontrolltheorie verwendet wird, mit jenem aus der stochastischen Kontrolltheorie, so ergeben sich Unterschiede nur bezüglich der Realzeitinformationselemente. Die Vielzahl von Entscheidungsträgern und Beobachtungsstationen erlaubt eine größere Vielfalt von Informationssstrukturen, weil angegeben werden muß, welche Beobachtungen von welchen Stationen und welche Kontrollen anderer Entscheidungsträger jeder Entscheidungsträger zur Verfügung hat. Von den a-priori gegebenen Informationselementen (Modelldynamik, Meßdynamik, Kosten, a-priori-Statistiken von Modell und Meßprozessen) wird angenommen, daß sie allen Entscheidungsträgern gemeinsam in gleicher Weise zur Verfügung stehen. Tatsächlich hat man sich in der dezentralisierten Kontrolltheorie bisher noch nicht mit den Fragen auseinandergesetzt, die sich aus der Möglichkeit ergeben, zukünftige Messungen zu antizipieren. Dementsprechend sind die Informationsstrukturen, die in konkreten Problemen der dezentralisierten Kontrolltheorie bislang vorausgesetzt wurden, Rückkopplungs-Informationsstrukturen und Informationsstrukturen in offener Schleife. Da Optimierungsprobleme für Informationsstrukturen in geschlossener Schleife auch im Fall eines einzigen Entscheidungsträgers noch nicht analytisch gelöst werden konnten, verwundert es nicht, daß solche Probleme in der teamtheoretischen Verallgemeinerung der stochastischen Kontrolltheorie noch nicht einmal formuliert wurden. Trotzdem können sie von Interesse sein; man könnte damit beispielsweise Situationen modellieren, in denen ein oder einige Entscheidungsträger höhere Informationsverarbeitungskapazität haben als andere und dementsprechend künftige Messungen einiger oder aller Beobachtungsstationen antizipieren, während andere Entscheidungsträger nur aufgrund von Realzeitinformationen aus der Vergangenheit entscheiden. Ein solches Modell wäre wohl geeignet, Entscheidungs- und Kommunikationsprozesse in Unternehmungen darzustellen, in denen die Führungsebene oder eine Stabsstelle wesentlich mehr Informationen benötigen als andere Abteilungen.

Die Einteilungen von Informationsstrukturen, die von Witsenhausen und anderen Autoren der dezentralisierten Kontrolltheorie vorgeschlagen wurden, beziehen sich durchwegs auf die Realzeitinformationselemente. Einige dieser speziellen Informationsstrukturen sind für uns von Interesse; sie tauchen in ähnlicher Form auch in der dynamischen Spieltheorie auf. So hat ein Entscheidungsträger i eine Informationsstruktur mit vollständigem Gedächtnis, wenn $T = 1$ ist oder $Y_{t,i}$ in $Y_{t+1,i}$ und $U_{t,i}$ in $U_{t+1,i}$ für alle t enthalten sind, das heißt, wenn die Daten, die der Entscheidungsträger in der Vergangenheit zur Verfügung hatte, für alle zukünftigen Zeitperioden verfügbar bleiben. Dabei genügt es, daß diese Daten rekonstruiert werden können; es ist nicht erforderlich, daß sie gespeichert werden. In der stochastischen Kontrolltheorie wurde in allen betrachteten Informationsstrukturen vorausgesetzt, daß der Entscheidungsträger in diesem Sinn vollständiges Gedächtnis hat. Eine Informationsstruktur wird klassisch genannt, wenn alle Entscheidungsträger die gleichen Informationen erhalten und vollständiges Gedächtnis haben.

Ein etwas allgemeinerer Begriff ist jener einer Informationsstruktur mit verzögertem Austausch. Dabei ist $N = M$ und $Y_t = U_{t+1}$. Für $c>0$ besteht $Y_{t,i}$ aus allen (t',a) mit $t' \leq t-c$, $1 \leq a \leq N$, und (t',i) mit $t-c<t' \leq t$; $U_{t,i}$ enthält (außer für $t' = t$) die gleichen Paare. Das heißt, wir haben N Entscheidungsträger mit vollständigem Gedächtnis, wobei jedem genau eine Beobachtungsstation zugeordnet ist. Jeder Entscheidungsträger erhält von seiner Beobachtungsstation sofort die Messungen und erinnert sich an seine eigenen Kontrollen. Die Entscheidungsträger tauschen ihre Daten mit

einer Verzögerung von c Zeitperioden aus, sodaß jeder die Beobachtungen und Kontrollen aller anderen bis t−c und die eigenen Beobachtungen bis t und Kontrollen bis t−1 zur Verfügung hat. Für N = 1 erhält man den Spezialfall der strikt klassischen Informationsstruktur, der der Rückkopplungs-Informationsstruktur des üblichen stochastischen Kontrollproblems entspricht. Wenn mehrere Entscheidungsträger vorhanden sind, ist eine Informationsstruktur mit verzögertem Austausch nichtklassisch. Im Fall T = 1 erhält man ein Problem der statischen Teamtheorie, für c = 1, T>1 und N>1 die Informationsstruktur mit um einen Schritt verzögertem Austausch, und für c = T>1 den Fall von N Entscheidungsträgern ohne Informationsaustausch. Eine mögliche Verallgemeinerung wäre darin zu sehen, verschiedenen Entscheidungsträgern unterschiedliche Verzögerungen zuzuweisen. Man kann zeigen, daß durch die Einführung zusätzlicher Zustandsvariablen jedes Problem mit einer klassischen Informationsstruktur auf ein Problem mit einer strikt klassischen Informationsstruktur, also ein stochastisches Kontrollproblem, zurückgeführt werden kann; auch dies gilt allerdings nur unter der Voraussetzung von Rückkopplungs-Informationsstrukturen. Die eigentlich interessanten Fragen der dezentralisierten Kontrolltheorie stellen sich also nur, wenn die Entscheidungsträger unterschiedliche Informationen zur Verfügung haben.

4. Informationsstrukturen in der dynamischen Spieltheorie

Die dynamische Spieltheorie (vgl. Basar/Olsder 1982) beschäftigt sich mit Entscheidungsproblemen, bei denen mehrere Entscheidungsträger unterschiedliche Zielfunktionen optimieren wollen. Wir beschränken uns wieder auf dynamische Systeme in diskreter Zeit und skizzieren die Formulierung eines deterministischen dynamischen Spiels im "Schleifenmodell", das der Darstellung in der extensiven Form entspricht. Es gebe N Entscheidungsträger, von denen jeder einen Kontrollvektor $u_i(.)$, $i = 1,...,N$, festlegen kann. $u_i(t)$ ist die Entscheidung (Kontrolle) des Entscheidungsträgers (hier auch Spieler genannt) i in der Zeitperiode t, $t = 0,1,..., T-1$. Diese hängt von der Informationsmenge des Spielers i ab; ein Kontrollgesetz eines Entscheidungsträgers (eine Strategie des Spielers) bestimmt seine Aktionen in Abhängigkeit von den verfügbaren Informationen. Wenn das dynamische Spiel in extensiver Form dargestellt werden kann, ist die Information jedes Spielers vollständig durch die Aktionen aller Spieler bei gegebenen Strategien bestimmt; gilt darüber hinaus die Kausalitätsannahme, ist $u_i(t)$ nur als Funktion vergangener Kontrollen der Spieler darstellbar:

$$u_i(t) = q_i[u_1(0),...,u_1(t-1),...,u_N(0),...,u_N(t-1),t], \quad i = 1,...,N; \quad t = 1,...,T, \tag{26}$$

wobei sich die Funktionen $q_i(...)$ aus der Substitution der Abbildung der Kontrollen auf die Informationsmengen in die Strategie-Abbildungen ergeben. Für ein gegebenes N-tupel von Strategien sind also die Aktionen der Entscheidungsträger durch die Lösung des Gleichungssystems (26) des Schleifenmodells bestimmt.

Ebenso wie in der dynamischen Systemtheorie und der Kontrolltheorie ist auch in der dynamischen Spieltheorie der Übergang von dieser Input-Output-Beschreibung zu einem Zustandsraummodell möglich und sinnvoll. Dabei wird das dynamische System durch die Zustandsgleichung

$$x(t+1) = f[x(t),u_1(t),...,u_N(t),t], \quad t = 0,1,...,T-1, \tag{27}$$

und die (deterministische) Beobachtungsgleichung

$$y_i(t) = h_i[x(t),t], \quad t = 1,...,T, \tag{28}$$

dargestellt, wobei $x(t)$ der Zustand des Spiels (ein n-dimensionaler Vektor), $y_i(t)$ die (deterministische) Beobachtung des Spielers i (unterschiedliche Dimensionen r_i sind zulässig), und $f(...)$ und $h_i(..)$ bekannte Funktionen sind. Der Anfangszustand $x(0)$ ist gegeben. Die Information $e_i(t)$, die dem Spieler i in der Zeitperiode t zur Verfügung steht, setzt sich aus Elementen von

$$Y^t(j) = \{y_j(1),...,y_j(t)\} \tag{29}$$

und

$$U^{t-1}(j) = \{u_j(0),...,u_j(t-1)\} \tag{30}$$

für $j = 1,...,N$ zusammen. Die Informationsstruktur des Spiels $e(t)$ ist dann die Sammlung aller $e_i(t)$, $i = 1,..., N$. Die zulässigen Strategien jedes Spielers werden durch seine Informationen, also durch die Informationsstruktur des Spiels bestimmt.

Ebenso wie im stochastischen und im dezentralisierten Kontrollproblem wird auch im Fall eines dynamischen Spiels die Problembeschreibung durch die Spezifizierung der Zielfunktionen vervollständigt. Der entscheidende Unterschied liegt dabei darin, daß für jeden Entscheidungsträger im dynamischen Spiel eine eigene Zielfunktion gegeben sein muß. In der Formulierung als Kostenfunktion kann diese geschrieben werden als

$$J_i = L^i(X_0^T, U^{T-1}(1),...,U^{T-1}(N),T), \tag{31}$$

wobei X_0^T entsprechend zu (6) und $U^{T-1}(j)$ entsprechend zu (30) definiert ist; $j = 1,...,N$. Zeitadditive Kostenfunktionen haben die Form

$$J_i = \sum_{t=0}^{T-1} L_1^i(x(t), u_1(t),...,u_N(t),t)+L_2^i(x(T)). \tag{32}$$

Im Gegensatz zum stochastischen und zum dezentralisierten

Kontrollproblem müssen bei einem spieltheoretischen Problem noch zusätzlich Angaben über das Lösungskonzept gemacht werden, da hier die Interaktionen zwischen den verschiedenen Entscheidungsträgern unterschiedlich gestaltet werden können. Bei kooperativen Lösungskonzepten wird vorausgesetzt, daß die Spieler eine bindende Vereinbarung abgeschlossen haben und sich dementsprechend verhalten. Im Gegensatz dazu versuchen die Spieler bei Voraussetzung eines nichtkooperativen Lösungskonzepts, ihre eigenen Ziele direkt zu verfolgen (ihre Kostenfunktion zu minimieren), wobei sie jedoch die strategischen Reaktionen der anderen Spieler berücksichtigen. Die nichtkooperative Nash-Gleichgewichtslösung bietet sich für Spielsituationen an, bei denen die Spieler symmetrisch handeln; wenn ein oder mehrere Spieler (als "Führer") einem oder mehreren anderen Spielern (den "Nachfolgern") ihre Strategien vorgeben können, ist die asymmetrische Stackelberg-Gleichgewichtslösung adäquat. Eine zusätzliche Komplikation ergibt sich im Fall eines dynamischen Spiels aus der Tatsache, daß die nichtkooperative Nash-Gleichgewichtslösung "informationsmäßig nichteindeutig" ist: Nash-Gleichgewichtslösungen unter bestimmten Informationsstrukturen bleiben Gleichgewichte, wenn zu einer Informationsstruktur übergegangen wird, bei der die beteiligten Spieler zusätzliche Informationen haben, doch kommen bei dieser umfassenderen Informationsstruktur im allgemeinen zusätzliche Nash-Gleichgewichte hinzu.

Damit ist ein wesentlicher Unterschied zwischen den Informationsstrukturen in der stochastischen Kontrolltheorie und der deterministischen dynamischen Spieltheorie angesprochen: Die in der ersteren auftretenden Dominanzrelationen zwischen Politiken aufgrund unterschiedlicher Informationsstrukturen gelten in der letzteren nicht. Ferner wird in der dynamischen Spieltheorie, ebenso wie in der dezentralisierten Kontrolltheorie, dem Problem der a-priori gegebenen Informationen wenig Bedeutung zugemessen. Modell- und Meßdynamiken, Kostenfunktionen und auch das Lösungskonzept werden generell als gemeinsames Wissen der Spieler vorausgesetzt. Bei Informationsstrukturen mit Gedächtnis können auch vergangene Kontrollen der anderen Spieler in die Informationsstruktur aufgenommen werden; bei den oft ausschließlich untersuchten gedächtnislosen Informationsstrukturen ist das nicht der Fall. Die Informationsstrukturen der dynamischen Spieltheorie enthalten also meist wesentlich weniger Realzeitinformationselemente als jene der Kontrolltheorie, während die gemeinsamen a-priori gegebenen Informationen eher umfangreicher sind. Dadurch wird zwar die Lösbarkeit spieltheoretischer Probleme oft erst ermöglicht, es werden aber potentiell interessante Fragestellungen, die sich etwa bei Antizipationen künftiger Beobachtungen oder Kontrollen anderer Spieler ergeben können, aus der Problemformulierung ausgeschlossen.

Dementsprechend erfolgt die Einteilung der Informationsstrukturen in der dynamischen Spieltheorie nicht nach dem Ausmaß antizipierter zukünftiger Informationen, sondern nach dem Ausmaß der Informationen aus der Vergangenheit, die zur Formulierung der Strategien der Spieler herangezogen werden. Leider werden dabei die gleichen Begriffe verwendet wie in der stochastischen Kontrolltheorie, obwohl damit unterschiedliche Inhalte bezeichnet werden. So werden für ein deterministisches dynamisches N-Personen-Spiel in diskreter Zeit unter anderem folgende Informationsstrukturen $e_i(t)$ für den Spieler i, $i = 1,\dots,N$, unterschieden:

(1) Informationsstruktur in offener Schleife:

$$e_i(t) = \{x(0)\}, \qquad t = 0,1,\dots,T. \tag{33}$$

(2) Informationsstruktur in geschlossener Schleife mit vollständiger Zustandskenntnis:

$$e_i(t) = \{x(0),x(1),\dots,x(t)\}. \tag{34}$$

(3) Informationsstruktur in geschlossener Schleife mit unvollständiger Zustandskenntnis:

$$e_i(t) = \{x(0), y_i(1), ..., y_i(t)\}. \quad (35)$$

(4) Gedächtnislose Informationsstruktur mit vollständiger Zustandskenntnis:

$$e_i(t) = \{x(0), x(t)\}. \quad (36)$$

(5) Rückkopplungs-Informationsstruktur mit vollständiger Zustandskenntnis:

$$e_i(t) = \{x(t)\}. \quad (37)$$

(6) Rückkopplungs-Informationsstruktur mit unvollständiger Zustandskenntnis:

$$e_i(t) = \{y_i(t)\}. \quad (38)$$

Weitere Informationsstrukturen lassen sich auch hier analog formulieren. Zu beachten ist jedoch der Unterschied zur Begriffsbildung in der stochastischen Kontrolltheorie: Beispielsweise würde die hier "Informationsstruktur in geschlossener Schleife" genannte Informationsstruktur dort als eine Rückkopplungs-Informationsstruktur zu bezeichnen sein. Gedächtnislose Informationsstrukturen werden in der stochastischen Kontrolltheorie überhaupt nicht behandelt; daß sie für bestimmte Fragen der nichtkooperativen Spieltheorie nützlich sein können, zeigen jedoch die Anwendungen dieser Theorie. Ein Grund dafür ist die bereits erwähnte informationsmäßige Nichteindeutigkeit der Nash-Gleichgewichtslösung, die eine Verringerung der Elemente der Informationsstruktur wünschenswert macht.

5. Ausblick

In diesem Aufsatz wurde der Begriff der Informationsstruktur in der stochastischen Kontrolltheorie, der dezentralisierten Kontrolltheorie und der dynamischen Spieltheorie dargestellt. Es wurde gezeigt, daß unterschiedliche Schwerpunkte in den Fragestellungen dieser drei Theorien zu unterschiedlichen Begriffen von Informationsstrukturen führen. Ein nächster Schritt wäre die Formulierung eines für alle drei Gebiete einsetzbaren Begriffs der Informationsstruktur und eine darauf aufbauende Einteilung von Informationsstrukturen. Dazu müßte zunächst ein allgemeines Modell der dynamischen Systemtheorie aufgestellt werden, das die Problemformulierungen der stochastischen und der dezentralisierten Kontrolltheorie und der dynamischen Spieltheorie als Spezialfälle erfassen könnte. Dafür bietet sich ein dynamisches Zustandsmodell mit mehreren Entscheidungsträgern und mehreren Beobachtungsstationen an, wobei die Entscheidungsträger unterschiedliche Zielfunktionen haben können. Ein solcher einheitlicher Rahmen für die drei genannten Theoriegebiete würde erstmals eine erschöpfende Klassifikation von Informationsstrukturen ermöglichen; zudem könnte er sich als heuristisch wertvoll für die Formulierung von Problemen der Anwendung der Systemtheorie auf ökonomische Fragen erweisen und als Ausgangspunkt eines Forschungsprogramms dienen, das in systematischer Weise auch die Bestimmung von Lösungen der gestellten Probleme in Angriff zu nehmen hätte.

6. Literatur

Aoki, M., Optimal Control and System Theory in Dynamic Economic Analysis, Amsterdam 1976.

Bar-Shalom, Y. / Tse, E., Dual Effect, Certainty Equivalence, and Separation in Stochastic Control. IEEE Transactions on Automatic Control, AC-19, 1974, 494-500.

Basar, T. / Olsder, G.J., Dynamic Noncooperative Game Theory, New York 1982.

Kendrick, D., Control Theory with Applications to Economics. In: Arrow, K.J. / Intriligator, M.D. (Hrsg.), Handbook of Mathematical Economics, Vol. I, Amsterdam 1981, 111-158.

Pekelman, D. / Rausser, G.C., Adaptive Control: Survey of Methods and Applications. In: Bensoussan, A. / Kleindorfer, P.R. / Tapiero, Ch.S. (Hrsg.), Applied Optimal Control, Amsterdam 1978, 89-120.

Singh, M.G., Decentralised Control, Amsterdam 1981.

Witsenhausen, H.S., Separation of Estimation and Control for Discrete Time Systems. Proceedings of the IEEE, 59, 1971, 1557-1566.

Kybernetik und Kultur — Gestaltungsformen der Überlebenschancen von Systemen

Von Heinz Walek*

1. Einleitung

Ein hoch beladener Erntewagen ist von den fruchtbaren Feldern der Facharbeit dieses Kongresses, reich beladen mit Früchten der Erkenntnis und Erfahrungen aus Wissenschaft und Praxis eingebracht.

Ich danke dem Veranstalter, mit Ihnen gemeinsam in dieser Stunde in die Vorhöfe einer fachgebundenen Reflexion eintreten zu können.

Bitte, seien Sie gewiß, daß ich den hohen Anspruch dieses Themas nicht mißbrauchen will, um unserem Erntewagen in aller Eile einige Herbstblumen kultureller Spätlese zur Zierde anzuheften!

Um im Bild zu bleiben: Als Ackermann bitte ich Sie, mit mir einen mühevolleren Weg zu gehen. Sollte es in dieser Stunde nicht reizvoll sein, Kultur geradezu im übertragenen Sinne quasi als ökologisches Wirksystem eines qualitativen Kreislaufs zwischen dieser Ernte, Ihrer aller künftigen geistigen Aussaat und einer noch reicheren Ernte auf all den Höfen, zu denen Sie heimkehren, zu sprechen?

Herder nannte die Städte das "stehende Heerlager der Kul-

* Dr. H. Walek, Rationalisierungs-Kuratorium der Deutschen Wirtschaft e.V., Eschborn

tur". Carl Jakob Burckhardt sieht in der Fülle der auf Menschen einwirkenden urbanen Eindrücke eine kulturschöpferische Umfeldbedingung, Ihre Verarbeitung, schreibt Burckhardt, ist ein gemeinsamer Akt denkender und miteinander kommunizierender Menschen. Ist nicht die Kultursprache der Griechen im städtischen Gespräch entstanden? Die Nachricht, die formulierte Auffassung und ihre dialektisch sich behauptende Abweichung sind es, die kulturschaffend wirken. Dies setzt allerdings voraus, daß ihr Gehalt überblickbar bleibe. Mehr noch: daß die Zeit vorhanden sei, sie organisch und nicht nur intellektuell zu assimilieren. Ohne diese Voraussetzung - betont Burckhardt - entstehe kein neues Kulturelement, sondern nur ein nihilistisches Gemenge. Greifen wir aus der Fülle der Einsichten Karl Steinbuchs zu den gesellschaftlichen Konsequenzen unserer Frage nach gleichgerichteten Deutungen: In einer Auseinandersetzung über die Tragweite von Informations- und Dokumentationsprogrammen befürchtet er nicht allein, daß die Festlegung von Klassifikationsstrukturen Pluralität zerstören könne und unser Denken tiefgreifend bestimmen werde. Er fragt besorgt, ob nicht Kreativität selbst gefährdet werden könne im Spannungsverhältnis zu der gewiß unerläßlichen Effizienz. Effizienz verlange einheitliche und widerspruchsfreie Darstellung. Kreativität verlange aber Vielfältigkeit und Kontroverse.

Kreative Pluralität wird hier zur konzeptionellen Idee. In einem anderen Zusammenhang greift Professor Steinbuch zu einem mythologischen Gleichnis: Die Geschichte vom Turmbau zu Babel zeige, daß eine funktionierende Informationstechnik Voraussetzung einer funktionierenden Gesellschaft ist.

Dieses Bild verdient eine nähere Betrachtung. Der niederländische Maler Pieter Brueghel hat dieses Gleichnis eines unerschöpflichen Wachstums eines Supra-Systems in den Herbst des Mittelalters verlegt. Die Vielgestaltigkeit kreativen Gestaltungswillens führt uns, auf einzelne Stockwerke verteilt, Subsysteme in Gestalt unterschiedlicher architektonischer Kulturleistungen vor Augen. Stil und Ausdrucksformen der Künstler werden zu Sinnbildern einer Teiloptimierung.

Unser Gleichnis einer technischen wie kulturellen Kreativität zerfällt vor unserem prüfenden Blick in eine Kaskade artifizieller Spitzenleistungen. Effizienz ist mit allen Sinnen greifbar. Zeitgemäße fortschrittliche Technologie - Flaschenzüge, Kräne, sind ebenso selbstverständliche Attribute, wie emsige, offenbar motivierte Kärrner der Schwer- und Schmutzarbeit am Bau. Wo finden wir den Architekten als Planer und Gestalter des Gesamtsystems? Er ist in einen Bildwinkel gedrängt, wurde zur belanglosen Randfigur. Es dominiert die Menge "sich selbst verwirklichender Problemlösungsgruppen" und profilbedachter Künstler und Bauleiter der einzelnen Baustufen. Hätte hier ein noch so ausgefeiltes Management Informationssystem den kulturellen Überbau gerettet? Offensichtlich leidet nicht der Datenfluß zum Prozeßablauf. Torso und Ruine, scheininnovativer Systemaufbau bei gleichzeitigem Systemverfall, Verweigerung oder Unvermögen - wem drängt sich nicht eine Fülle zeitnaher Assoziationen auf? Die Sinnfrage bleibt offen:

Vermag Kultur die viel beschworene Homöostase des gesellschaftlichen Gesamtsystems bewirken, wenn nur endlich die Subsysteme eine Wertübertragungskrise überwinden?

2. Systemstabilisierung: „Funktionalisierung von Kultur"?

Nach Toynbee können wir den Wellenschlag wechselnder Kulturen durchaus dialektisch interpretieren. Denken wir hier ebenso an Hegel, der die menschliche Geschichte als Spiralbewegung von einer Form der Einheit durch eine Phase der Uneinheit bis hin zu einer Wiedervereinigung auf höherer

Ebene deutet. Wir sehen,daß die Vorstellung flukturierender Strukturen für unsere Fragestellung hilfreich sein kann.

Für den systemtheoretischen Aspekt vollzieht Professor Erich Jantsch, Berkeley, eine entscheidende Ausrichtung des Blickwinkels künftiger Überlegungen - so widerspruchsvoll seine kybernetisch interpretierte sozialkulturelle Systemanalyse zu meinem Ansatz erscheinen mag. Ich zitiere:

"Der Mensch hat eine eingebaute Kapazität, das Letzte an der Selbstorganisation von Systemen zu leisten. Während die biologischen Systeme dank der in ihren genetischen Schablonen gespeicherten Information sich selbst organisieren können, hat sich der Mensch selbstorganisierende Systeme geschaffen, die in kulturelle Schablonen gespeicherte Informationen verwerten." Er muß sie nur umgestalten, wenn sich das Umfeld verändert. Professor Jantsch schließt hier konsequent:

"Ein Untersystem des Gesamtsystems der Gesellschaft konstruiert und organisiert seine eigenen Tätigkeiten als Untersystem, ein anderes Untersystem versucht andererseits das Gesamtsystem in einem prekären Gleichgewicht zu halten. Wichtig ist: Dies würde nicht zwangsläufig zu einer Verschlechterung des Gesamtsystems führen, wenn das aktiv wirkende Untersystem bemüht wäre, im Interesse des Gesamtsystems, der Gesamtgesellschaft, zu handeln." Für Professor Jantsch ist das durchaus eine Frage nach einer "neuen Kultur". Denn: "Systemtechnik durchdringt kreuz und quer alles, was vor unseren Augen verfällt und was wir in unseren Lehrsystemen nur zu gern neu konstruieren möchten."

Warum gellt uns der Ruf der öffentlichen Meinungsmacher nach mehr "politischer Kultur", nach Rückbesinnung oder gar Rückgriff auf tradierte kulturelle Bildungsgüter, nach Kulturförderung und wertfreier oder wertgebundener Kulturpolitik und nicht zuletzt sogar nach Gestaltung oder Wahrung einer "Unternehmenskultur" so laut in den Ohren?

Bilden die kulturellen Impulse auslösenden Teilsysteme in sich selbst und untereinander keine Korrektive? Professor Hartmut von Hentig folgert für den Bereich der Bildungssysteme:

"Die Homöostase des gesellschaftlichen Organismus, dem die Schule dient, gelingt heute in der Tat nur durch eine zunehmende Flexibilisierung des Ganzen und daher durch eine größere Selbständigkeit der Einzelteile. Nicht bildbar ist sie für ihn durch eine fortgesetzte Unterwerfung der individuellen Neigungen und Potentiale unter ein festgelegtes und daher, wie ich meine, der Erstarrungsgefahr unterworfenes Normensystem."

Für unsere Systembetrachtung ist Hentigs Erkenntnis, daß gerade die unverrückbaren Maßstäbe und Werthaltungen bis hin zum kulturellen Überbau oder tradierten Kulturerbe unter den hier zu ermittelnden Bedingungen zu einer Verengung der Teilsysteme führen und somit zum Verlust der Umfeldorientierung und Systemvernetzung. Die Funktionalisierung kulturell gestützter Verhaltensmuster vergeude, sagt v. Hentig, in allen Subsystemen das kostbarste Veränderungspotential. Zitat: "Man bedient sich der neuen unbelasteten Generation, soweit es in Pläne paßt, die ein Fortbestehen des von der Jugend kaum beeinflußbaren Planungsrahmen voraussetzt."

Übertragen wir nun den Gehalt dieser Beobachtung aus dem Feld der Bildungspolitik auf das Gebiet der Organisationsentwicklung in den Unternehmen.

3. Kultur — eine strategische Erfolgsposition

Unter Kultur einer Unternehmung wird heute das "Werte- und Normengefüge" des offenen soziotechnischen Systems Unternehmung verstanden. Durch seine praktisch gelebten Verhaltensmuster, die die Unternehmensidentität ausmachen, prägt die Unternehmenspersönlichkeit ein unverwechselbares Erscheinungsbild.

Für die Sicherung von Organisationsentwicklungen kann man hier mit Professor Meinen sagen: "Die Unternehmenskultur wird als Gestaltungsvariable der Unternehmensleistung zum Zweck einer Verbesserung des Zielerreichungsgrades aufgefaßt. Im Hintergrund wirken Einsichten, daß die alleinige Analyse von Potentialen, Strukturen und Strategien einer Organisation für die Effektivierung eines Chancenmanagement nicht mehr ausreicht.
Wir müssen dabei davon ausgehen, daß im Verlaufe jeder Firmengeschichte Firmenkultur reich aufgefächert und mit Symbolen, Riten und Mythen behaftet wurden. Gerade für stark ausgeprägte Unternehmenskulturen, die Gefahr laufen, durch immer wieder zelebrierte und in Firmenführungs- und Organisationsgrundsätzen zementierte Tradition und Kontinuität zu verkrusten, kann aber durch ideologiebedingte Informationseinengung die Sensibilisierung für die Gefahren und Chancen einer Umweltänderung vermindert oder verloren gehen. Unser erstes Bild zeigt, wie Unternehmenskultur

- die Chef-Mitarbeiterbeziehung,
- die gruppemdynamischen Prozesse,
- die Umwelteinflüsse

umschließt und durchwirkt.

Professor Pümpin geht sogar davon aus, daß Unternehmenkultur als das gewachsene oder kreierte Wertgefüge normativ am stärksten auf die Belegschaft einwirkt. Er folgert:

"Nur wenn die unternehmenskulturellen Voraussetzungen stimmen, kann eine Strategie erforlgreich realisiert werden."[2]

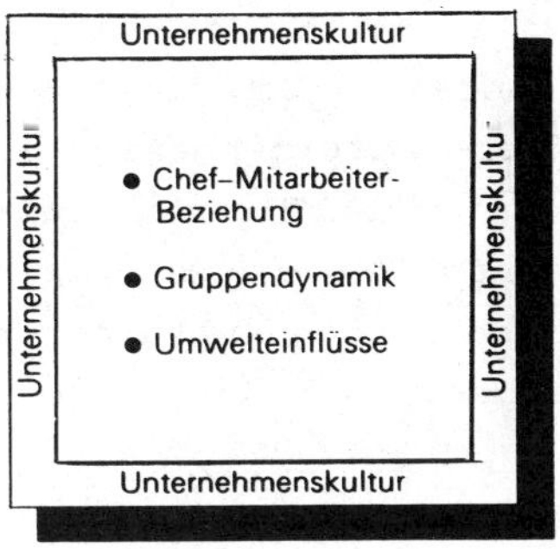

Bestimmungsfaktoren des Verhaltens des Mitarbeiters

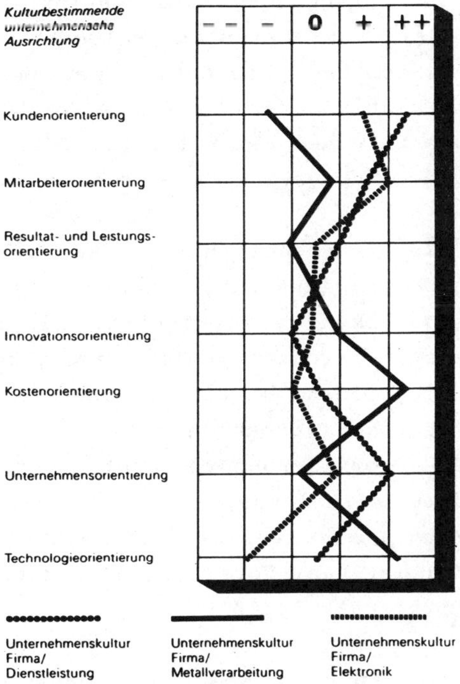

Beurteilungskriterien der Unternehmenskultur

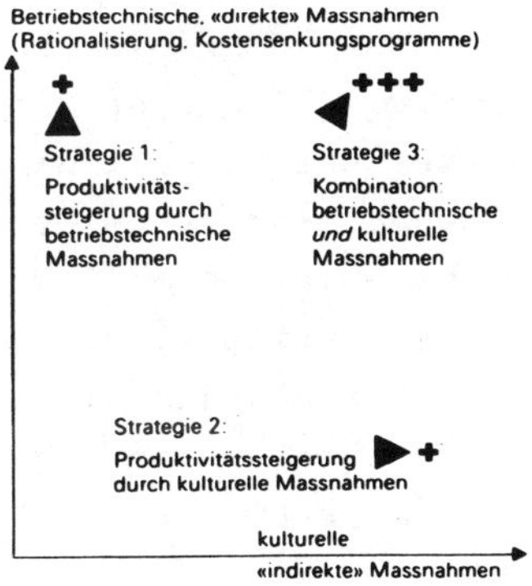

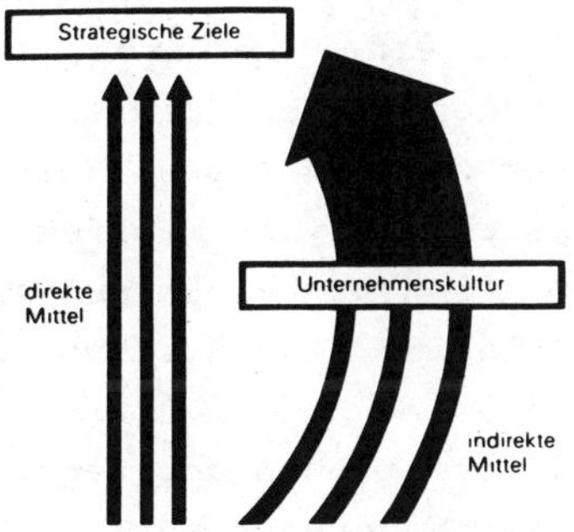

Der Einsatz direkter und indirekter Mittel zur Strategiedurchsetzung

2 Aus: Pümpin, C: Unternehmenkultur, Unternehmensstrategie und Unternehmenserfolg, Schweizerische Versicherungszeitschrift, 9/85

Seine Beurteilungskritierien richten sich - wie zu sehen - daher nach Konsistenz, Stärke und Grundorientierung der Unternehmenskultur, sowie nach ihrer Übereinstimmung mit der Unternehmensstrategie.

Sehr aufschlußreich erscheint im folgenden Bild aber die Folge von Akzenten kulturbestimmender unternehmerischer Ausrichtung. Lassen wir gerade vor dem Schaubild der kulturbestimmenden Einflüsse im Unternehmen Professor Pümpin anhand eines Beispiels die Soll-Bruchstelle des kulturbezogenen Subsystems Unternehmnung ansprechen:

"Ein Unternehmen hat die Werthaltungen von den unterschiedlichsten Intensivierungsstrategien auf Sparsamkeit und Kostensenkung ausgerichtet, hierin geradezu eine eindeutig kostengerichtete Kultur entwickelt. Die entsprechenden betrieblichen "harten Führungsstile", Sanktionen und Erfolgsmaßstäbe, verbunden mit Beförderungschancen, sind bekannt. Die Profilierung verlangt nicht nur sachlich, sondern geradezu rituell-argumentativ von allen Führungskräften vorrangig die kaufmännisch-rechnerische Begründung von Ideen, Initiativen, Vorschlägen in kurzfristig angelegten Rentabilitätskalkülen."

Was geschieht aber, wenn Lebenszyklen sich nicht nur verkürzen, sondern Märkte zusammenbrechen? Plötzlich soll Innovation zu einer primären, strategischen Erfolgsposition erhoben werden können? Ein verändertes Werteklima soll dann Kreativität wuchern lassen, ein verhaltensorientiertes Lernen ermöglichen, Synergieeffekte einer bereichsübergreifenden Kooperation herbeiführen? Tatsache ist zunächst, daß in unserem Beispiel eine kostenorientierte Unternehmenskultur

1. Marktinformationen der Sensoren des Subsystems ideologisch verengt hat,
2. Realität nur bedingt wahrgenommen und verarbeitet wurde,
3. Unternehmenskultur zur Inflexibilität führte,
4. die jetzt erforderliche Veränderung des Wertgefüges zu

Verunsicherungen, Ängsten und härtesten Konflikten auf allen Organisationsebenen führte.

In dieser Situation Unternehmenskultur im Dienste einer innovationsorientierten Unternehmenszielsetzung verändern zu wollen bedingt den Einsatz indirekter Einwirkungsmöglichkeiten.

Professor Pümpin zählt hierzu

1. Personalförderung durch Aus- und Weiterbildung,
2. Förderung der Identifikation im Sinne der Kongruenz von persönlicher und Unternehmensidentität bei veränderten Unternehmenszielen,
3. symbolische Handlungen.

Die Problematik, wenn nicht sogar Gefährlichkeit einer Funktionalisierung des normativen Wertgefüges in einem Unternehmen läßt ein kurzer Rückblick auf die politisch-kulturelle Wetterlage in einem grellen Licht erscheinen.

4. Fortschritte ohne Fortschritt?

Leben wir in einer Erwartung oder im Zustand einer schleichenden Kulturkrise oder lediglich in einem Tumult?

Hans Freyer hat in seinem Beitrag zum "Ernst des Fortschritts" den Begriff der Blütezeit einer Kultur abgewandelt. Jakob Burckhardt spricht noch von den historischen Bewegungen einer abnorm gesteigerten Intensität in Hochkulturen und meint die Zeitalter der Menschheit, in denen die Durchschlagskraft des Neuen, des Aufkommenden einer Strömung ebenso bezeichnend vorherrscht, wie die tradierenden Beharrungskräfte des Bestehenden.

Für Hans Freyer zeichnen Vehemenz und Dichtigkeit die Wirkungsstöße des Neuen aus. Kybernetisches Denken wird die Breite dieser Prozesse erkennnen, vor allem aber die Art und Weise, wie sie aufeinander einwirken, sich gegenseitig fördern und verstärken. Je dichter sie sich verflechten, umso mehr gedeiht die gesellschaftliche Entwicklung zu einer vielsträhnigen Bewegung. Fritjof Capra spricht in diesem Zusammenhang von Herausforderung und Antwort, der dynamischen Wechselwirkung zwischen polaren Kräften. Dieser Gedanke fluktuierender Strukturen kehrt immer wieder: Erinnert sei daran, daß Hegel die Menschheitsgeschichte als Spiralbewegung von einer Form der Einheit durch eine Phase der Uneinheit bis zur Wiedervereinigung auf höherer Ebene ansah. Capra erinnert an Toybees Akzentuierung der Flexibilität einer Kultur. Ihr Verlust müsse als wesentliches Element eines kulturellen Zusammenbruchs gerade für unsere kybernetische Schau ins Blickfeld gerückt werden.

"Sind soziale Strukturen und kulturell gestützte Verhaltensmuster so starr geworden, daß sich die Gesellschaft nicht mehr an veränderte Situationen anpassen kann, dann ist sie auch nicht mehr in der Lage, den kulturellen Prozeß der Evolution fortzusetzen."

Sie, die Gesellschaft, werde zusammenbrechen und schließlich verfallen, folgert er.

Während im Wachstum begriffene Zivilisationen durch endlose Vielfalt und Anpassungsfähigkeit gekennzeichnet sind, offenbaren die zerfallenden Kulturen Uniformität von Wertpyramiden tradierter Inhalte und einen Mangel an Erfindungsreichtum.

Für die Selbstorganisationsfähigkeit von Substrukturen erscheint es von ganz besonderer Bedeutung, daß der Verlust an Flexibilität des Gesamtsystems einhergeht mit einem Verlust an Konfliktfähigkeit, Konsensbereitschaft und Harmonie zwischen ihren verschiedenen Elementen. Uneinigkeit und

Mißstimmung sowie ein kollektives Unbehagen an der Kultur, wie es Sigmund Freud nannte, sind dann die unausweichlichen gesellschaftlichen Folgen des Prozesses. Ist das Römische Imperium am Verfall der Sitten, dem Verlust der "guten alten RÖMISCHEN TUGENDEN" zugrunde gegangen? Kaiser Marc Aurel hat in der Spätzeit Roms die Tragik der Verkrustung und Inflexibilität seiner Tage empfunden. Er, ein Stoiker von tiefem Ernst, notiert in seinem Tagebuch:

"Bei allem auf und ab wirst du stets dasselbe finden, wovon Städte und Häuser widerhallen. Nichts Neues unter der Sonne. Alles wohlbekannt und von kurzer Dauer. Hat jemand Angst vor Umwandlung? Kann sich irgend eine Unternehmung ohne Umwandlung vollziehen?"

Als Voraussetzung dieses Wandels fordert er:

"Streng dein Denken aufs äußerste an, die Dinge und was zu dir gesagt wird, zu erfassen." Aber: "Zieh dich in dich selbst zurück! Dein Wesen soll Einfachheit und Gleichmut gegen alles das verschönen, was zwischen Gut und Böse liegt. Der von Vernunft beherrschte Seelenteil wird ebenda seine vollendete Ruhe finden."

Dieser weite Zirkelschlag, der das Ringen um eine objektivierungsfähige innere Disposition, eine Ent-Ideologisierung der Objektbetrachtung umgreift, wird uns bis zu Heidegger und Sartre zu begleiten haben. Denn: Bilden die Hindernisse des "inneren Ausstiegs" aus den Umfriedungen der Werthierarchie des eigenen Kulturkreises und dem normativen Denken seiner Subsysteme nicht die Ursache eines kreisrelationellen Informationsinfarktes, mit allen seinen Folgen für positive Rückkoppelungsfähigkeit und Verarbeitungschance innovativer Impulse? Für die Fortschrittsträchtigkeit der Fülle von Fortschritten!

Heute fühlen wir, erneut an der Brüstung einer Zeitmauer der Kulturwende zu stehen. Neue Bilder sozialer Wertvorstellungen suchen nach den kulturellen Szenarien ihrer gesellschaftlich anerkannten Verwirklichung:

- In der Güterproduktion
- In den Dienstleistungsangeboten
- Auf den Bühnen gesellschaftlicher und politischer Präsentation.

Nur wenn wir uns freuen können an einer tief empfundenen inneren Freiheit, die eine Vielgestaltigkeit der Kulturszene bejaht, gewinnen wir die Kraft, die Phantasie und Logik als Ausdruck produktiver Kreativität, in neue Zielvorstellungen für unternehmerische Strategien einmünden zu lassen.

Verlassen wir also die Marksteine der kritischen gesellschaftspolitischen Diskussion, die seit dem Ende des Krieges den leidensvollen geistigen Kalvarienberg mit Marterln versehen hat. Ob No- Future- Attitüde im Windschatten von Marcuse oder Extrapolation der Argumentationskette von Untergangsvisionen der abendländischen Kultur:

Die Herausforderung richtet sich an die Sensibilisierungsbedingungen der Effektoren als Sensoren der Subsysteme gegenüber dem Überbau! Lassen wir also Selbsterforschung und Fortschrittsängste mit dem Bewußtsein einer zutiefst mitmenschlichen Teilnahme an allen ihren fragwürdigen kulturellen und noch so umstrittenen politischen Äußerungsformen im Raume stehen. Hören wir auf eine Herausforderung, deren ethisches Gewicht die Überlebensfrage aller Systeme in einem planetaren Ausmaß ins Gewissen ruft:

Rast unser Raumschiff Erde bereits ohne Kompaß? Plünderung des Planeten und atomare Selbstvernichtung werden nicht allein der Gebildewelt der Kulturen, sondern dem Leben der Menschheit ein Ende bereiten. Gibt es denn keinen Minimalkonsens aller Kulturen und Gesellschaftssysteme, die Homöostase im globalen kybernetischen Überlebensmodell bewirkt?

Die Steuerungskompetenz der "Kapitäne bestehender Systeme" verliert angesichts der Unfähigkeit, Zielkonflikte auf dieser Weltbühne kultiviert auszutragen, zusehends an Vertrauen. Aurelio Peccei erhoffte noch vor dem Röntgenbild eines Katastrophenszenarios die Equifinalität übergeordneter Ziele der Menschheit. Er rechtfertigt die Ergebnisse der M I T - Studie sehr scharf:

"Auf eine Kurzformel gebracht können wir sagen, daß die gegenwärtige Führung menschlicher Angelegenheiten ein Musterfall krasser Fehlleistung ist, die dringend aufgehalten werden muß. Wenn wir unsere weltweiten Probleme anpacken wollen, müssen wir im Rahmen der Systemanalyse vom linearen Denken und sektoralen Vorgehen, das nur Stückwert sein kann, abrücken." Peccei bezieht sich auf Professor Jantsch, der in den langfristigen und normativen Dimensionen der Probleme und ihren Lösungen die wichtigste Änderung, die der Mensch in den letzten Jahren erfahren hat, erkennt.

"Der Mensch ist jetzt das kybernetische, das regelnde Element in der Welt, weil er der wichtigste Träger des Wandels ist. Hat er nicht einen selbstregelnden Mechanismus, so wird dieser Wandel völlig unkontrolliert von sich gehen."[3]

Die normative Dimension muß daher als unabdingbare Voraussetzung gelten, bekennt Peccei.

3 Jantsch, E.: "Unternehmung und Umweltsysteme". In: "Systemorientiertes Management" Schriftenreihe: "Führung und Organisation" Bd. 18, Bern/Stuttgart.

Zwei Argumente möchte ich besonders hervorheben:[4]

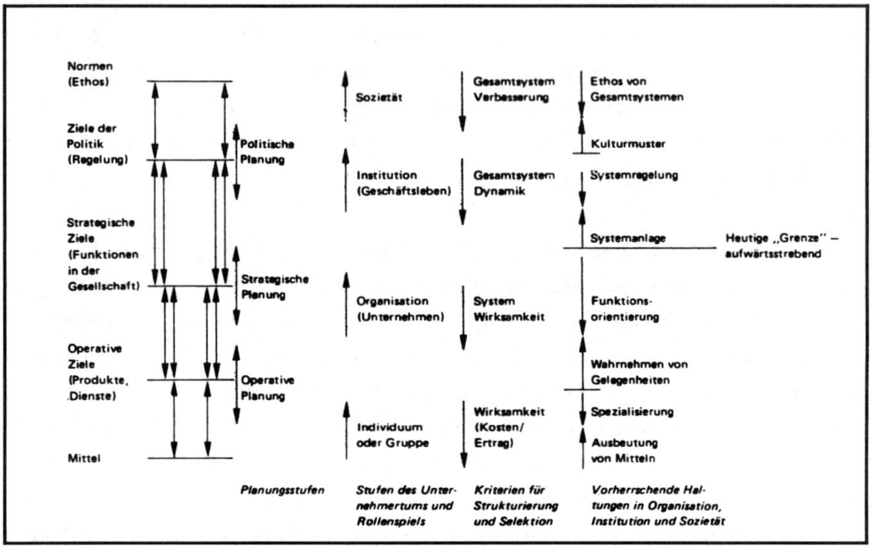

Abb. 1: Die vertikale Integration von Tätigkeit und Zweck durch Systemorientierung. Der Übergang zu einer höheren Betrachtungsstufe gestattet die Anordnung von Tätigkeiten und Konzepten auf einen Zweck hin; der Zweck selbst wird dann von einer noch höheren Stufe aus in Frage gestellt.

Einmal die Überzeugung von Peccei und Jantsch, daß wir es selbst sind, die mit einem die Wandlungsfähigkeit bedingenden Verhalten die Angerufenen und Herausgeforderten sind. Zum anderen die Perspektive des Kulturkritischen schlechthin. Wir müssen, wie Peccei sagt, wahrscheinlich von Grund auf die kulturelle Basis unserer Zivilisation neu durchdenken, beurteilen und formulieren, in interdisziplinär arbeitenden Gruppen, die viele soziale Fähigkeiten aus verschiedensten Kulturen zusammenfassen sollen. Dieser Grundsatz soll uns bei der Umfeldorientierung des Unternehmens, das mit seinem Chancenmanagement nach neuen Märkten tastet, beschäftigen. Ein Schaubild von Professor Jantsch erleichtert uns den Übergang:

4 Aus: Jantsch, E.: "Unternehmung und Umweltsysteme".

Seine Sicht von horizontaler und vertikaler Integration führt zwar zu einer Vernetzung der Informationen auf allen Systemebenen und Stufen. Wir steigen förmlich von der individuellen Leistung auf hierarchischen operativen Leitern empor zum Kulturbereich, ausgezeichnet durch ein Ethos des Gesamtsystems. Hierbei soll die horizontale Integration nicht etwa im Sinne von Markt- und Meinungsforschung wirken. Vielmehr soll das Geflecht vertikaler und horizontaler Rückmeldeschlaufen Voraussage und Planung stützen, "bis wir", sagt Jantsch, "genügend Vertrauen aufgebaut haben, daß unser Handeln nach einem Ethos - im Idealfall nach dem Ethos von Gesamtsystemen - moralisch ist. "Denn", so folgert er, "alle Planung und Systemtechnik ist unmöglich, wenn wir nicht zu einer neuen Kultur gelangen, die lebendig und aufbaufähig ist. Einer neuen Kultur, die neue Formen von Institutionen erfordern und möglich machen wird, eine Kultur, die neue und integrierte Regulierungsformen bringen wird."

Hier spätestens befällt den Betrachter des babylonischen Systembaus - bei aller Überzeugubngskraft der Schlüssigkeit der Argumente - mehr als Zweifel.

Zu einer neuen Kultur gelangen wir doch nur, wenn das dialektische Spannungsfeld aus einander widersprechenden Lebensäußerungen in allen Bereichen von Kunst, Bildung, Wertgestaltung, Design, erhalten bleibt.

Wir haben schon darüber gesprochen, daß das Ausformen einer Unternehmenkultur uns nicht durch Wertvorstellungen eine Binde vor die Augen legen darf, die mitten im Gären der Kulturlandschaft und des gesellschaftlichen Wandels einen Markttrend, eine neue Erlebnislandschaft nicht mehr von Irrlichtern unterscheiden läßt.

Professor Klaus definiert die Ursache einer Kriege und Krisen heraufbeschwörenden Insuffizienz wie folgt:

"Die multistabilen Teilsysteme unserer Wirtschaftsordnung würden ihrer Folgeregelung ohne Rücksicht auf die übrigen Teilsysteme gehorchen."

Dieser Gedanke soll uns kurz abschweifen lassen:

Klaus setzt sich in seiner Schrift "Kybernetik - eine neue Universalphilosophie der Gesellschaft" intensiv und eingehend mit Steinbuchs immer wieder publizierter Forderung nach Ideologiefreiheit der Organisation auseinander. In diesem spannungsgeladenen inneren Dialog habe ich eine für unsere Fragestellung entscheidend erscheinende Passage entdeckt. Jantsch bindet seine Hoffnung auf eine Systemstabilisierung an den ehtischen Reifeprozeß eines die Führungsgrößen beeinflussenden kulturellen Überbaus. Fast muß man meinen, daß Klaus die gleichgerichtete Bedingung an die Bestimmung von Führungsgrößen prädestinierter Gruppeninstanzen heftet. Dabei aber verliert er die kreative Selbststeuerungsfähigkeit der Systemelemente aus dem Blick.

Eine der Thesen Steinbuchs:

"Es muß ein wichtiges Bemühen der Zukunftsforschung sein, die Führungsgrößen zu erkennen, welche die technischen und gesellschaftlichen Situationen zu verändern suchen. Hierbei darf nicht", sagt Steinbuch, "von der Vorstellung ausgegangen werden, es gäbe eine einzige Führungsgröße." In typischen Fällen bestünden ganze Hierarchien solcher Führungsgrößen, und es sei wichtig zu wissen, welche Prioritäten zwischen ihnen bestehen. (Aus: "Die informierte Gesellschaft").

Dieser These stimmt Klaus völlig zu, um dann in seinem Gegenüber, dem er übrigens hölchsten wissenschaftlichen und menschlichen Respekt entgegenbringt, dennoch einen Utopisten erkennen glauben zu müssen. Denn:

"So außerordentlich brauchbar die Kybernetik dafür sein

mag, und in Zukunft auch mehr und mehr sein wird, die gesellschaftlichen Entwicklungen lenken zu helfen - sie ist ihrem ganzen Wesen nach nicht geeignet und nicht berufen, aus sich heraus Führungsgrößen der Entwicklung von Prozessen festzulegen. Prioritäten zu bestimmen und die Struktur ganzer Hierarchien von Führungsgrößen zu errechnen ... denn die inneren Widersprüche unserer Gesellschaft erlaubten es der herrschenden Klasse nicht einmal, ihr System von Prioritäten und eine entsprechende Hierarchie von Führungsgrößen in ein gewissermaßen widerspruchsfreies, logisches System zu bringen."

Ich erinnere daran, daß alle von mir bisher beschworenen Gesprächspartner um jene Offenbarungsinstanz der Kulturwerte ringen, die in die Hierarchien von Führungsgrößen eingehen können.

Gottfried Benn hat die Aussichstlosigkeit, vielleicht sogar Gefährlichkeit solcher Hoffnungshorizonte in Verse gefaßt:

Woher, wohin
nicht Nacht, nicht Morgen
kein Evoe, kein Requiem
du möchtest dir ein Stichwort
borgen - allein bei wem ...
(Aus "Verlorenes Ich")

Dieses kurze Gedicht verweist uns auf eine Chance, die kreisrelationelle Problematik zu drehen.

Sollten wir es nicht wagen, die Werterelevanz für einen gedanklichen Atemzug zu verlassen? Sollten wir nicht nach Voraussetzungen fragen, Kulturerlebnisse vorurteilsfrei zu verarbeiten?

Das farbenreiche Bild der Kulturlandschaft zeichnet eine Vielfalt der Szene aus, deren kreative Spannung mit Worten kaum beschrieben werden kann.

Der Vielgestaltigkeit der kulturellen Szene entspricht die Entwicklungschance von Verbraucherverhalten, Markttrends und Perspektiven für künftige Geschäftsfelder. Diesen sich wandelnden Umfeldpotentialen hätte die Ausgestaltung der inner- und überbetrieblichen Logistik sowie der Infrastruktur sowohl aus der Sicht des Unternehmens wie der Gesellschaft durch eine interdisziplinäre Kooperation der Entscheider aller Subsysteme im Sinne eines Chancenmanagement von Überlebensperspektiven zu entsprechen!

5. Distanzfähigkeit: Bedingungen von Systemoffenheit sowie von Identität und Humanität einer flexiblen Unternehmenskultur

Organisationsentwicklung, Informatik, Telekommunikation, Computertechnologie haben noch qualifiziertere, strategisch relevante Voraussetzungen für die Verdichtung und den schnellen Transport von Marktinformationen geschaffen und die logistische Operationalisierung von Unternehmenszielen entscheidend verbesert. Flexibilisierte Fertigungsstrukturen effektivieren die Anpassungsfähigkeit durch eine zu hohe Reagibilität auf sich abzeichnende Marktchancen, im Gefolge der beschriebenen Vielgestaltigkeit und Wandlungsfähigkeit der Kulturlandschaft.

Offen bleibt hier die Frage, ob der kreisrelationell relevante Informationsprozeß ungefiltert zwischen dem nach immer neuen Identitätschancen ringenden kulturellen Überbau der Gesellschaft und der Wirtschaft, mit ihren firmengeschichtlich bedingten "Unternehmenskulturen" wandlungssfähig gestaltet werden kann.

Situationsgerechte Werte einer Unternehmenskultur zu übertragen, rührt an das gewachsene Selbstverständnis der Organisation und ihrer Mitglieder. Tradierte Überzeugungen von Erfolgsfaktoren und die sie bedingenden Verhaltensmuster erschweren oder verhindern "Wertübertragungsprozesse". Der gewünschte Übergang, die Fluidität vpn Ausprägungen der Unternehmenskulturen, z.B. im Sinne der Typologien von Professor Scholz, verlangt demnach eine innere Lösungsfähigkeit von internalisierten Werten tradierter Art, ein "Abstand nehmen können" - vielleicht Abschied nehmen könnnen - von allem, was einer "Betriebsfamilie" oder ihren Funktionsbereichen ritualisierte Zugehörigkeit und Beheimatung bedeutet haben kann. Eine Verdrängung einer Krise im Wandlungsprozeß einer Unternehmenskultur, verstärkt lediglich "die neurotische Struktur" des Systems, bei deutlicher Erhöhung des Aggressionspotentials. (Sigm. Freud: "Das Unbehagen in der Kultur" - ... trotz aller Erschwerungen darf man erwarten, daß jemand eines Tages das Wagnis einer solchen Pathologie der kulturellen Gemeinschaften unternehmen wird ... Die Schicksalsfrage der Menschenart scheint mir zu sein, ob und in welchem Maße es ihrer Kulturentwicklung gelingen wird, der Störung des Zusammenlebens durch den menschlichen Aggressions- und Selbstvernichtungstrieb Herr zu werden...").

Existentiale Distanzfähigkeit und Toleranz: Wie finden wir situationsgerechte Werte für eine Unternehmenskultur? Wann, und unter welchen Bedingungen verfügen wir über die innere Distanz, der eigenen Unternehmenskultur, der persönlichen Werthierarchie gegenüber ebenso, wie gegenüber dem kulturellen Überbau der Gesellschaft vorurteilsfrei gegenüberzutreten?

Nur unter dieser Bedingung lassen sich Informationen ungefiltert von ideologisch infiltrierten "Wertungen" aus dem Umfeld von Märkten und Meinungen einer Entscheidungsfindung zuführen, ja sogar während der Entscheidungsprozesse, vor allem bei der Suchfeld-Strukturierung bei Innovationen und Diversifikationen in einer am Markt orientierten Unternehmensführung gewinnen und verarbeiten.

Diese Frage nach der Vorurteilsfreiheit gegenüber Objekten, Personen, Artifakten und Systemen zieht daher sowohl aus systemtheoretischer wie kulturphilosophischer Sicht eine Analyse denkbarer "Führungsgrößen" innerhalb von Subsystemen, zwischen ihnen und des "umgreifenden Gesamtsystems" nach sich.

Wenn wir im Interesse einer kreativen dialektischen Spannung zwischen den Elementen, Effektoren und Subsystemen eines Gesamtsystems als der gärenden Wirkkraft sich stetig erneuernder Chancen auf Wertübertragungen "harter und direkter Art" aus einem Systemüberbau verzichten, so liegt die Frage nahe, wie wir im Sinne von Aurelio Peccei, eine Selbsterfahrung von Gestaltungskraft in einem zur inneren Objektivität bereiten Freiraum des Menschen gelangen. Wenn die Reinheit der Wahrheit jeden anderen Ursprungs erst aus dieser existentialen Selbsterfahrung erwächst, (Karl Jaspers) dann stellt sich das Problem, wieweit Distanzfähigkeit gleichsam als temporäre negative Rückkoppelung eine situative Wahl von Regelgrößen erleichtert.

Professor Helmar Frank schreibt dem kybernetischen Systemdenken die Erkenntniskraft zu einen Gegensatz aufzuheben, dessen Bedeutung für die Homöostase als bedeutend erscheint:

"Heisenberg habe behauptet", schreibt Frank in "Kybernetik und Philosophie", in der technisch überformten Welt begegneten wir "gewissermaßen immer nur uns selbst". Heisenberg meint, im Spiegel der nach unseren Zielen umgeformten Umwelt."Dies ist einerseits die nach Professor Arnold Gehlen als" technisch-zivilisatorisch bezeichnete "Zwischenwelt der totalen Abhängigkeit existentiellen Überlebens". Andererseits können wir ebenso die von Professor Margaret Mead als "postfigurativ" bezeichnete Kulturstufe angesprochenn sehen. In ihr sind die Figurationen, Deutungen und Ordnungen des Lebens immer schon da, wenn der Mensch seiner selbst bewußt wird; er füllt sie nur noch aus. "Heidegger hingegen betone", wie Frank entgegenzusetzen weiß, "daß der Mensch heute in Wahrheit gerade nirgends mehr sich selber, d.h. seinem Wesen begegne." Für Professor Frank schließt das wechselseitige Prägen von Wesenheiten zwischen dem Tun des ingenieusen Menschen und seinem Werk den angesprochenen Widerspruch kreisrelationell. "...Denn der Mensch verändert in der Technik die Natur und prägt ihr dabei etwas von ihrem Wesen auf, das er aber teilweise aufgibt, da dieses technische Tun und die dadurch veränderte Umwelt auf ihn selbst verändernd zurückwirken. Dabei schließt sich jene Kreisrelation, welche dem technischen Fortschritt zugrundeliegt: Bedürfnisse führen zu befriedigenden Produkten der Technik, welche ihrerseits neue Bedürfnisse erzeugen.".

Auf der Suche nach kulturellen Einflußgrößen von homöostatischer Relevanz und Bedeutung für die Überlebensfähigkeit einer Organisation im Umfeld, scheint die aus Heideggers Existenzverständnis ableitbare "innere Disposition" als Subjekt allen Objekten - Systemelementen, Subsystemen also auch der jeweiligen "Unternehmenskukltur" - bis hin zu den gesellschaftlichkulturellen Kräften vorurteilsfrei entgegenzutreten, von besonderer Bedeutung zu sein. Vorurteilsfrei bedeutet hier unbefangen von den im näheren oder weiteren Umfeld des Systems jeweils maßgebenden normativen Werten Informationen aufzunehmen und selbst zu scheinbar widersprüchlichen Aussagen verarbeiten oder weiterleiten zu können!

Allein, die geistige Leichtigkeit bei gleichzeitiger Ruhe zur Objektivierung kennzeichnet nicht nur die innere Verfassung der Distanzfähigkeit.

Eine "Selbsterfahrung" von Gleichmut und Tolerenz verleiht der Kulturfähigkeit von Menschen und Systemen, Organisationen und Unternehmen den hohen Rang einer umgreifenden, einer konzeptionell neue Ganzheiten erschließenden Humanität. Es sei hier der Schluß gestattet, daß nicht die Suche nach spezifischen "Grundwerten" allein, eine Regelgröße in dem hier angesprochenen kulturrelevanten Sinne der Systemerhaltung als ein Überleben des Ganzen und seiner Teile gewährleisten kann. Während selbst "Grundwerte" den ungetrübten Blick für Veränderungen verstellen können und sklerotische Effekte auszulösen geeignet sind, vermag eine durch Offenheit ausgezeichnete Lebenseinstellung eine Nähe zum Nachbarn und "seinem System" zu erzeugen, die ihn und seine Kultur existential unverändert durch eigene Wertvorgaben annimmt und eine Begegnungsfähigkeit, die eine gegenseitige Unabhängigkeit respektiert, erleichtert.

Martin Heidegger charakterisiert diese umgreifende Art des Denkens, das von uns verlange, "...daß wir nicht einseitig an einer Vorstellung hängen bleiben, daß wir nicht eingleisig in einer Vorstellungsrichtung weiterrennen...und uns auf solches einlassen, was in sich dem ersten Anschein nach, gar nicht zusammengeht...".

Es bedarf hier der ausdrücklichen Hervorhebung, daß diese Einstimmung in einen Zustand innerer Distanzfähigkeit nicht gleichzusetzen ist mit dem Versuch, einen "höchsten Wert" individueller oder gesellschaftlicher Art, zu vermitteln. Vielmehr handelt es sich doch um das Erringen und Verteidigen der Selbsterfahrungschance eines Freiraums der Seele. Gewinnt unser Blick aus ihm heraus, nicht an Schärfe und Objektivität? Wird aus ihm heraus nicht Bereitschaft und Befähigung geboren und geformt, Informationen ohne Einengung aufzunehmen, weiterzuleiten und zu verarbeiten?

In seinem Spätwerk "Skeptische Ethik" spricht Professor Wilhelm Weischedel, Tübingen, in dem hier erörterten Zusammenhang, von einer "inneren Abschiedlichkeit". Sie bedeute vor allem sich von sich selbst zu distanzieren, sich nicht auf sich selbst und die Bedeutung seiner Artifakte zu versteifen, demnach den Mut zur Selbstaufgabe und somit zur kritischen Identität in sich wachzuhalten. Für Sartre ist dieser Freiraum der Begegnungsfähigkeit von Phantasie und Logik der Hort "schöpferischer Aktivität". Er muß gegen Zugriffe der Umwelt mit der "Haltung eines unerschütterlichen Gleichmuts" verteidigt werden. Auch sein Stoizismus ist eben nicht Gleichgültigkeit! Engagement, Excellence und Performance, wie alle Steigerungsformen des werkenden, des unternehmerischen und des künstlerisch wirkenden Menschen, des forschenden Suchers wie des konstruktiven Gestalters verfügen in diesen Offenheiten und Augenblicken der Loslösung über einen gemeinsamen existentialen Ursprung:

Distanzfähigkeit von den Gedankengebäuden, Werthierarchien und kulturellen Artifakten, ohne die Chance zur Identität dank der Ausrichtung auf Ziele und Räume der gesellschaftlichen Beheimatung aufgegeben zu haben. Ausfahrt in Ozeane des Ungeformten und Ungestalteten, Entwürfe einer Zukunft, Mut zu realen Utopien werden "ortungsfähig". Der Aufbruch bleibt nicht auf elitäre Klassen beschränkt, ist nicht "herrschaftsgebunden". Das Merkmal der Regelgröße, Toleranz, eint. In vielgestaltigen Kulturlandschaften wird flexibles Chancenmanagement somit auch zur Frage, wie weit kooperativer Führungsstil und partizipative Arbeitsstrukturierung, Arbeitsplatzgestaltung und Organisationsentwicklung in einer Unternehmenskultur verankert sind, die aus dem verbindenden Erlebnis der Distanzfähgikeit aller Organisationsmitglieder, Konfliktfähigkeit zu einem festen Fundament gegenseitigen Vertrauens und kooperativ erarbeiteter Zukunftsdimensionen werden läßt.

Ein stetiges Mühen, in allen Subsystemen die Menschen als Elemente und Effektoren "distanzfähig" zu der eigenen Organisationskultur wie der Wertewelt des Umfeldes zu machen bedeutet demnach, eine latent wirkende, "unsichtbare" Regelgröße für das Gesamtsystem zu besitzen, die überlebensfähig macht. Das "Prinzip Hoffnung" (Professor Ernst Bloch) wie ebenso das "Prinzip Verantwortung" (Professor Hans Jonas) erfahren in den Vestibülen des Heranwachsens von Distanz und Toleranz gegenüber Prozessen und Artifakten, einer sinnorientierten Reflexionsfähigkeit und homöostatisch wirkenden Verankerung in den Entwürfen einer lebenswerten Zukunft!

Wenn Ernst Bloch schreibt: "...Das geschehende und vorliegende Multiversum der Kulturen ist ja selber ein Ausdruck dafür, daß das Humanum noch im Prozeß des Bewußtseins seiner Freiheit und Selbstheit steht, also noch nicht gefunden, wohl aber überall gesucht und experimentiert worden ist, so gibt dies immer noch im Schwang befindliche Humanum, mit den vielen versucherischen und beitragenden Wegen zu ihm hin - den einzig echt toleranten ...Zeitpunkt. Und je mehr Nationen, Nationalkulturen zum humanistischen Lager gehören werden, desto breiter und sicherer wird auch die Zieleinheit für die Multiversa in der neuen Kulturgeschichte wirksam, als faßbar sein." Ergänzen wir mit der Sicht von Junas: "...Das Wohlergehen, das Interesse, das Schicksal Anderer, ist durch Umstände oder Vereinbarung in meine Hut gekommen, was heißt, daß meine Kontrolle darüber zugleich meine Verpflichtung dafür einschließt...".

Professor Helmar Franks Werk "Kybernetik und Philosophie" klingt aus mit dem Akkord einer suchenden Frage: "Wird Kybernetik über den Gegensatz jüdisch-christlich-islamischer zur buddhistischen Ideologie hinaushelfen, weil die Einsicht sich durchsetzt, daß letztlich weder das eine Ziel ohne das andere, noch das andere ohne das eine erreichbar ist?"

Unsere besinnliche Betrachtung hat eine Ebene in die Diskussion der "Wesenheit" der Kybernetik einzubringen versucht, von der aus Kulturperspektiven aus einer "inneren Befindlichkeit" heraus entwickelt werden können. Diese innerweltliche Disposition erscheint gleichzeitig der geistige Mutterboden zu sein, auf dem Distanzfähigkeit und Toleranz, Kreativität und Humanität gedeihen! Sollten wir daher nicht alle auf das äußerste bemüht bleiben ihn hingebungsvoll zu pflegen, als eine der Regelgrößen und somit auch der Conditio der Überlebenschance von Systemen?

Kybernetisches Denken erweist sich somit nicht allein als eine Denkkultur von hohem Rang sondern verstetigt selbst die Chancen einer Wiedergeburt vielgestaltiger Kultur.

6. Literatur

E. Jantsch, "Unternehmung und Umweltsysteme". In: "Systemorientiertes Management" Schriftenreihe: "Führung und Organisation" Bd. 18, Bern/Stuttgart.

C. Pümpin, Unternehmenkultur, Unternehmensstrategie und Unternehmenserfolg, Schweizerische Versicherungszeitschrift, 9/85